Yeni Edisyon

HACI BEKTAŞ VELİ

Işık Eri Hünkâr Hacı Bektaş

VELİLER SERİSİ 3

Kevser Yeşiltaş

Copyright © Kevser Yesiltash 2017
Copyright © Bookcity.Co 2017

The right of Kevser Yesiltash to be identified as the author of this work has been asserted by her in accordance with the Copyright, Designs and Patents Act 1988.

All rights reserved. No part of this publication may be reproduced, stored in a retrieval system, or transmitted, in any form, or by means (electronic, mechanical, photocopying, recording or otherwise) without the prior written permission of the author.

Designed, Published and Distributed by Bookcity.Co
www.bookcity.co

ISBN: 978-1-912311-16-3

Yedi kat gökleri aştım geldim sana Güvercin Donunda

İçindekiler

Önsöz vii

Giriş 1
Hacı Bektaş Veli "Soyu ve Hayatı" 7
Hacı Bektaş Veli "Kırkbudak Sırrı" 17
Hacı Bektaş Aleviliği 25
Hacı Bektaş Veli "Ahlâkı ve Felsefesi" 35
Hacı Bektaş Bâtınîliği 39
Bektaşi Aleviliği Tanrı Kavramı (Çalab, Tengri) ... 99
Evliya Makamları 113
Hacı Bektaş Veli "Akıl" 123
Hacı Bektaş Veli "Âşk ve Sevgi" 135
Hacı Bektaş Veli "Makalat" 157
Bektaşi Aleviliğine Mansur Etkisi 203
Bektaşilikte "Sayılar" 209

Bektaşilikte "Semboller" 215

Sonuç *239*
Kaynaklar *243*

Önsöz

Bazen, manasızca ve sebepsizce yaptığın bir şeyin karşılığını çok farklı bir yerden alırsın. Çünkü hayat dönüşümden ibarettir. Mucize gerçekleştiğinde şunu dersin, **hayat alış veriştir** bu kesin, ancak Tanrı ile alış veriş olmaz. O sadece yaşamın devamlılığını **tanzim** eder.

Gerçek, tam karşındadır, yanındadır, olması gerektiği yerdedir, en basitliktedir ve daima sana göz kırpar ama sen hep onu dışarlarda olmadık yerlerde ararsın. İşte bu yüzden de gerçeklikle asla karşılaşamazsın. Çünkü O, bir avazla kulağına seslenendir. O, görendir senin gözünden. Ve işaret eden. O işaretleri takip et ve güven. Çünkü şüphe imanı öldürür. İnançsızlık da.

Gerçek oralarda bir yerlerde değildir, gerçek bizdedir, hem içimizdedir, hem her yerimizi kuşatmıştır. Gerçek bizizdir. Biz olan biz, çünkü bizizdir sevgiyle yoğrulan, içimize kudretle kutsal ruhtan üfürülen. Ve o emaneti taşıyan. Tek Hakikat, Sevgi'dir.

Sevilen bizleriz. Gönlümüzdeki Sevgi Nokta'sıdır. Tüm Âlemleri içinde barındıran, hiçbir yere sığmayan sadece insan gönlünde taht kuran, **Sevgi Nokta**'sı.

Herkesin tefekkürü gönlünde gizlidir, sözle hakikat beyan olmaz. Gönülde gizli olanı tek O bilir.

Kevser Yeşiltaş 2018

Giriş

Işık Eri Hünkâr Hacı Bektaş kitabı Alevilik, Bektaşilik ve Bektaşi Aleviliği ile ilgili bir araştırma kitabıdır. Ayrıca kitapta, 13. Yüzyılda kaleme alınmış olan Hacı Bektaş Veli'nin çok kıymetli Makalat eserinin de günümüz Türkçesi'ne ve kavrayışa uygun Batınî yorumu da yer almaktadır.

Kitabın amacı, Batınî kavramların, İslâm ezoterizm ışığında, anlayışlara en uygun şekilde aktarımıdır. Hakk olanın, Doğruya en yakın biçimde sunulmasıdır.

Kitabı hazırlarken, Prof. Dr. M. Fuat Köprülü, Doç. Abdülbaki Gölpınarlı ve Sefer Aytekin'in **Makalat** kitabı çevirisinden yararlandım. 96 sayfalık bu 15/11/1954 basım tarihli Hacı Bektaş Veli Makalat kitabı, orta büyüklükte, yıpranmış ve eşsiz bir eserdi. Zamanında dedem Salih Yeşiltaş, amcama hediye etmiş Makalat Hacı Bektaş Veli kitabını. 60 küsur yıl sonra benim elime geçtiğinde tarif edilemez duygular hissettim.

IŞIK ERİ HÜNKÂR HACI BEKTAŞ

İlk sayfayı açtığımda kendi el yazısıyla yazdığı Arapça ve altında Türkçe bir yazı bulunuyordu.

*"Bu kıymetli eserleri anlamalı ve bilhassa bilgiler edinmeye çalışmalıyız. Yoksa bu mühim bilgileri çözmeye bizim fani bilgilerimiz kâfi gelmez." / **10.02.1961 Salih Yeşiltaş***

Eski ve oldukça yıpranmış sayfaları arasında gezinirken, ne kadar kıymetli bir eseri elimde tuttuğumun farkında değildim ta ki naçizane yorumlayıp bir kitap yazana kadar. Sonra anlamaya başladım ki; bir gerçekle karşılaşacağın An'a kadar olan her şey ama her şey yalandan ibarettir. Ve bir gerçekle karşılaşmanın bedeli çok ağırdır. "Şey"lerin basamağı olmadan, gerçeğin basamağını tırmanamazsın. Ve şunu öğrendim ki, *"milyonlarca zan, bir gerçek etmez, milyonlarca gerçek bir Hakikat etmez, milyonlarca Hakikat de bir Hakikatin Hakikati etmez. Bulduğun kadar ararsın, aradığın kadar bulamazsın."*

Herkes tek tek, bir sır peşinde, hatta sırlara vakıf olma peşinde koşar durur. Oysa *Gerçek Sır'rın ne olduğunu bilmek istiyorsan Arzın ve Beşerin hâline bir bak, orada görürsün* demekten kendimi alamıyorum. Erenlerin sarfı, ruhi dile gelmişliğiydi ve kendilerineydi; beşeriyete değil. Onlar tüm hissettiklerini, ulaştıkları makamlarda seyrettiklerini, müşahede ettiklerini, yanmış bir gönül avazı ile feryad ettiler. Öğretici ve yol göstericiydiler ama onlar da kendi yollarındaki taşları kendileri bizatihi topladılar. Işık tutmakla, yol açmak farklıdır.

Herkes kendi Hakikatine kendi yolunda ulaşacaktır. Erenlerin, Velilerin sözleri nice güzeldir de, ruhumuzu derinden okşar, hatta tekrar tekrar söyler dururuz. Ancak, idrak

GİRİŞ

edemeyene, laf değil, kelimeleri hap yapıp yuttursan, bir ömür faydası yoktur. Nefsine doymamışsa, zamanı gelmemişse hiçbir faydası olmayacaktır. *Kimi dünya ister, kimi Mevlâ.* Toprak insanı, neyi dilediğini iyi bilir ve ne yapması gerektiğini de. İşte bu kitapta bu yazdıklarımızın her bir kelimesinin yorumunu bulacaksınız.

Her biri ölümsüzdü, bedenlerini teslim ettiler, geriye sadece sözleri kaldı, bir de öğretileri. Kimi, Onların Güneşine Kamer oldu, kimileri de hiç ışık görmeyen yerdeki gölgeleri. Gittiler ama şu da bir gerçek ki, *"Şems gitmişse, ne işe yarar ki Kamer? Dünya yine karanlık yine karanlık.."*

Karanlık bir cehalettir. Cehalet ise nefs karanlığıdır. En karanlık olandır. Bu yüzden gece, ibadet için en uygun olan zamandır. Çünkü nefsin karanlığının aydınlığa ihtiyacı vardır. Kuru bedenin de sevgiye ve huzura.

Seçenekler sonsuzdur. Kader anında belirlenen seçenek, önünüzde iki yol ayrımı yapar. Son bir hamlede birinin seçilmesi gerekir. Yardım beklersiniz, oysa size kimse yardım etmeyecektir. Ne ilahî, ne de fiziki olanlar, adımınızı atmada size güç vermeyecektir. Ayağı kaldıracak ve adımı atacak olan kişi sizsiniz. İnsan iradesi, en güçlü olan ilahî irade yasasının en başıdır. İnsan iradesine hiçbir kudret karşı koyamaz.

Çünkü insan iradesi temelinde, gerçek Sevgi yasası vardır.

Ve Sevgi yasasının önünde hiçbir ilahî güç ya da fiziki güç engel duramaz. O adımdan sonra olacaklar tamamen sizin sorumluluğunuzdadır. İşte orada yardım da görürsünüz, ilhâm ve fiziki her türlü imkân ya da şans karşınıza gelir. Buna rağmen seçim seçene aittir.

Tüm ruhlar eşit ve ölümsüz yaratılmışlardır sevgi ile. Oysa bazı insanların bedenleri, nefs bedenlerinin ötesine çıkıp ilahîleşir ve ölümsüzleşir. Halk arasında bunlar Veliler, erenler, Âşıklar olarak bilinir. İşte onlar, *"bazılarınızı diğerlerine üstün kıldık"* ayeti ile ifade edilen erdemli ölümsüzlerdir. Sevgi insanlarıdır. Aktardıkları, sarf ettikleri her cümle, kelime, belirli aşamalarla elde ettiklerini bir avaz ile dokundurmalarıdır. Çünkü Rabb onlara bir avaz ile dokunmuştur. Rabb'in eli vardır onların elleri üzerinde. Yürüyen ayağı, gören gözü, dokunan eli, işiten kulağı olmuşlardır. Kendileri için çok büyük bir adım, insanlık için ise küçük bir adımdır. Bu, beşerin idrak edemeyeceği genişlikte ve büyüklüktedir.

Zerredir bir cümlesi, oysa güneş kadar etkindir. Katredir bir cümlesi, oysa debi derya kadar derindir. Küçük olan, nokta olanın anlaşılmazlığı ile insan gönlünün noktası, bir Âlemdir, bir kâinat. Ve insan kâinata tanıklık eder, kâinat da insana tanıklık eder. Bu alışverişten nice hayatlar nice canlar türer, yayılır arz âlemlerine.

Oysa insan bir ömür şikâyet eder şükredeceği yerde. Nefesini tüketir nefsine. *Ey sevgili Ney'den şikâyet edersin? Sana Âşık olan, senden yansıyan O'nu görmede, O'nu duymada. Sır sadece sahiplerine gelir. Kimden kime aktarıldığının ne önemi var. Aşk bir ruhun iki bedende görünümü değil de nedir? Âşıklar birbirlerinde sadece O'nu görmezler mi? O Nedir? Yine kendi ruhları değil midir? Öz bilgi, gönül yolundan geçer, tecrübeyle harmanlanıp Aşkla damıtılır, idrak yoluyla Cevhere akar damla damla.*

Son olarak bilmemiz gereken en önemli şey şudur ki, bize verilmesi gereken her şey verildi. Tüm bilgiler, Nebiler, Veliler

GİRİŞ

ve mesajcılar vasıtası ile aktarıldı. İdrak etmek ve bilmek ise bizim meselemiz.

Kullarım, beni senden sorarlarsa, gerçekten ben (onlara çok) yakînım. **(Kur'an-ı Kerim, Bakara Suresi, 186. Ayet)**

IŞIK ERİ HÜNKÂR HACI BEKTAŞ

Hacı Bektaş Veli "Soyu ve Hayatı"

İbrahim Sani ve Hatem Hatun'un oğlu Bektaş'tır.

Velâyetname-i Hacı Bektaş Veli Kitabında bahsedildiği gibi, ayın on dördüne benzer bir yüz berraklığı ile doğmuştur. Velâyetname (Sefer Aytekin)'e göre, ilk sözleri şahadet olmuştur. Ömrü boyunca nefse boyun eğmemiştir. Hiç kimse bir kusurunu, bir ayıbını görmemiştir. Bir saat bile ibadetsiz geçirmemiştir. Nesli Seydel Mürselin ve Zübde-i nakdi Emrül Müminin ve İmamül Müttekin Keremullahı vecdir.

Soyu şu şekildedir.

Hz. Muhammed kızı Fatıma ve İmam Ali oğlu İmam Hüseyin oğlu, Zeynel Abidin oğlu Muhammed Bagir oğlu Cafer Sadık oğlu Musa Kazım oğlu Seyit İbrahim el Mucab oğlu Musa Sani oğlu İbrahim Sani oğlu Hacı Bektaş Veli'dir.

IŞIK ERİ HÜNKÂR HACI BEKTAŞ

Horasan bölgesinde Nişabur şehrinde 1209 olarak kabul edilen bir yılda doğmuştur.

Hacı Bektaş Veli, Şeyh Ahmed Yesevi'nin ölümünden yaklaşık kırk yıl sonra doğmuştur.

Türk Sofisi Şeyh Ahmed Yesevi'nin Müridi Lokman Perende'nin öğrencisi oldu daha küçük yaşlarda Bektaş. Küçük yaşlarda gösterdiği üstün yetenekler ve kerametlerle etrafını hayretlere düşürüyordu. Özellikle hocası Lokman Perende'yi.

Yetişkin bir hâle gelince Anadolu'ya gönderildi. O yıllarda Anadolu'nun büyük bir bölümü Türklere aitti. Ve yönetici idareci olanlar, büyük şehirlerde kasabalarda ikamet edenler mezhep olarak Sünni idiler. Oysa bunların dışında kalan köylerde ve göçebe olanlar Alevi idi. Yeni Çeriler Alevilerdi.

Selçuklu ordularına karşı Anadolu halkı ile savaşan ve savaşta şehit düşen Baba İshak'ın hassı, halifesi olarak görülen Hacı Bektaş Veli, Baba Rusulullah yani *Tanrının Elçisi* baba olarak tanınmıştır. Baba İshak halifesi olduğu "İbni Bibi"de de kayıt olarak bulunmaktadır. Bunun dışında, en eski vesikalar Vakfiyelerde, Ba vakfiyelerde merhum ve Kuddise Surrehu olarak yani sırrı kutlu olsun anlamına gelen isim ile geçmektedir. Suluca Karahüyük'e onun adı verilmiş ve bu yörenin adı Hacı Bektaş olmuştur. Bunun dışında Hacı Bektaş Veli'nin soyu ve hayatına dair belgelere, Seyit Ali Sultan, Abdal Musa ve Hacem Sultan Menakıbleri'nde de rastlamak mümkündür. Eğirdir'de bir tekkeye bağlı olan Muhiddin isminde bir derviş şairin yazdığı Hızırname adlı kitabında da Anadolu'nun büyük Evliyalarından olan Hacı Bektaş Veli'den hürmetle bahsetmesi de kaynaklarda yer alır.

HACI BEKTAŞ VELİ "SOYU VE HAYATI"

"Göründü Hacı Bektaş'ım, ayağına yüzüm sürdüm."

Hacı Bektaş Veli henüz yaşarken çok büyük bir üne ve kudrete sahipti. Kurduğu gönül bağı, muhabbet ve insan sevgisi ile padişahların bile sahip olamadığı görkemli bir sevgiye, birliğe ve insanlık ihtişamına sahip olmuştur. Kılıç kullanmadan, top tüfek olmadan, savaşmadan, gönülleri fethetmiş ve sevenleri çok olmuştur. Horasan erleri onu Pir olarak tanıyor, onun bilgisi ve ilmi ile aydınlanan müritler ve dervişler Anadolu'ya yayılıyor ve insan sevgisini, ilmini yayıyorlardı. Tarikatının genişliği ve ilmi, sadece Anadolu'da değil, Rumeli, Arnavutluk, Sırbistan, Mısır ve Suriye'ye, Irak'a kadar yayılıyordu.

Hacı Bektaş Veli'nin Türklüğe ve Türk diline katkıları büyüktür. Bunun dışında diğer dinlerdeki unsurların Müslümanlaşmasında ve Türklerle kaynaşmasında Hacı Bektaş'ın hizmeti büyüktür.

Hünkâr İsmi

Babası Sultan İbrahim Sani, Bektaş'ı ilim öğrenmesi için ehil biri olan Piran-ı Türkistan Sultan Hoca Ahmed Yesevi halifelerinden bir er olan, Şeyh Lokman Perende'ye emanet etti.

Bir gün Lokman Perende ilim öğretmek için Bektaş'ın yanına mektebe girer. O sırada iki nur sağında ve solunda Bektaş'ın etrafını aydınlatmaktadır. Ve Kur'an'ı azim öğretmektedirler.

Hocası Lokman Perende içeri girer girmez bu iki nur birden kaybolur. Bektaş hemen o iki nur kişisinin kim olduğunu hocasına açıklamak ister. *"Sağ yanımda oturan iki dünyanın*

IŞIK ERİ HÜNKÂR HACI BEKTAŞ

güneşi Hz. Resul Muhammed Mustafa'dır. Sol yanımda oturan ise, kutbu velâyet, Saki-i Kevser, Siri Hüdayi Rabbel Âlemin Hz. Emin el Mümin Alliyül Murtaza'dır" der. *"Batın ilminden Kur'an-ı öğretmektedirler."* der.

Yine bir gün Hocası Lokman Perende, Bektaş'a ilim öğretmekteydi. "Ya Bektaş, namaz için çık dışardan ibrikle su getir" der. Bektaş "Hoca ne olaydı da mektep ortasından billur bir su çıksaydı" der. Hocası "bunu yapmaya bizim gücümüz yetmez" der.

Bektaş o sırada dua etti, hocası "âmin" dedi. Elini yüzüne sürüp secdeye vardı, tam o anda odanın ortasından billur bir su çıktı ve kapıya kadar aktı. İşte o sırada Hocası şaşkınlıkla ve büyük bir sevinçle bu kerameti görüp öğrencisi Bektaş'a "Ya Hünkâr" dedi. Orada olanların hepsi bu olaya şahit oldu, bundan sonra Bektaş'ın ismi Hünkâr olarak nam saldı ve yayıldı.

Hacı Olması

Şeyh Lokman Perende, Beytullah'a gitti, tavaf etti, Arafat'a çıkıp vakfeye durdu. Tam o sırada yanındaki yoldaşlarına "Bugün bizim Arife günüdür, pişi pişer" dedi. Bu sözler Hünkâr Bektaş'a malum oldu. O sırada da evde pişi yapılmaktadır. Evdekilere "bir tepsiye pişi koyun ve bana verin" dedi. Nişabur'da bulunan Hünkâr Bektaş, pişi dolu tepsiyi aldı ve Arafat'ta olan Lokman Perende'ye sundu. Lokman Perende ve yoldaşları pişiyi yediler, haclarını tamamlayıp Nişabur'a döndüler. Onu gören halk Lokman Perende'ye "Haccın mübarek olsun" dediler.

Fakat Lokman Perende "Hacı olan Hünkâr Bektaş'tır" dedi.

Ve bundan sonra Bektaş'ın adı Hünkâr Hacı Bektaş olarak anılageldi ve ün saldı, yayıldı.

Tapduk Emre

Rum erenlerinden, o yörenin kuvvetli bir eri vardı, adına Emre derlerdi. Yoldaşları "Hünkâr Hacı Bektaş"ı görmeye gidiyoruz *sen de gel* dediler. Rum erenlerinden Emre dost divanına gelir ancak Hünkâr Bektaş'ı göremez. Bu durumu Hünkâr'a bildirirler. Hünkâr Zahirden gelerek, Kadıncık evine yol aldı. Her taraftan müridler gelmeye başladı. Hünkâr Bektaş, Sarı İsmail Padişahı Emre'nin yanına gönderdi.

"Ya Emre duyduk ki, dost divanında Hünkâr Bektaş adlı kimseyi görememişsin. Divanda nasip ulaştıran Hünkâr'ın elinde nişanı vardır bilir miydin?"

Emre cevap verdi "Divanda yeşil bir perde ardında bir el çıktı, bize nasip ulaştırdı. Elin avuç içinde yeşil bir ben vardı. Şimdi bile görsem mutlaka tanırım."

Tam o sırada Hünkâr Bektaş elini açtı, elinin avuç içinde yeşil bir ben olduğunu gördüler. Hünkârın elinin avuç içinde yeşil beni gören Emre "Tapduk Hünkârım" dedi üç kere. O andan sonra Emre'nin ismi Tapduk Emre olmuştur. Tapduk Emre, Hünkâr Hacı Bektaş Veli'den izin alıp, el alıp, geri döner makamına.

Tapduk mahlası, gördüm anlamına gelmektedir. Lâkin bu görüş, gözler ile görmek değil, gönül gözü ile görme anlamını taşır.

Zülkadirli İbrahim Hacı

Hacı Bektaş Veli, Rum ülkesine Türkmen içinde, Zülkadirli ilinde Bozok'dan girer. Burada yol üzerinde bir çoban koyun gütmektedir. Koyunlar Hünkâr'dan Velâyet kokusu alarak ona doğru koşarlar. Çoban, sürünün önünü keserek dağılmalarını engellemek ister. Ancak bu kez arkadakiler de Hünkâra koşunca, çoban kendi kendine, olsa olsa bu er Tanrı dostlarındandır, koyun kadar da aklım yokmuş diyerek, Hacı Bektaş Veli'nin ayaklarına kapanır.

Hacı Bektaş Veli çobana "Çoban, adın nedir?"

Çoban "İbrahim Hacı" diye cevap verir.

Hacı Bektaş Veli "Başındakini çıkar, nazara indir" der. İbrahim Hacı başındaki geyik postundan dikilmiş börkü çıkarır. Hünkâr, o börkü tekbirleyip İbrahim Hacı'nın başına giydirir. "Yürü, Bozok'la Üçok'u sana yurt verdik ekmeğin olsun, koyuncuklar da beraber varsınlar" diyerek yoluna devam eder.

Ondan sonra, herkes onun adını "Zülkadirli İbrahim Hacı olarak bilir ve tanır. Kerametleri ile ün salar. Ayağına taş dokunan "Ya İbrahim Hacı" der.

Hıdır Nebi ve Hacı Bektaş Veli Hikâyesi

Velâyetname'de anlatılan rivayet şöyledir. Hünkâr Hacı Bektaş Veli, Hz. Hıdır Nebi ile çok vakit buluşurdu. Yine günlerden bir gün Kayseri'de buluşurlar. Saklan Kalesi üzerinde bir bostan tarlasına gelirler. Bostancı oturmuş bostan diker görürler. Hünkâr bostancıya seslenir "Kardeş". Bostancı hemen "lebbeyk" der.

"Bize bostan getir de yiyelim, gönlümüzü ferahlatalım." Bostancı Hünkâr'a "Yeni diktim bostanları, yetişsin büyüsün, öyle birlikte yiyelim."

Hünkâr bostancıya "Sen hele bir dolaş, yetişmişleri getir yiyelim." der. Bostancı tam Hünkâr'a cevap verecek Hıdır Nebi "Erenlerin sözünü çevirme, isteğini hoş et, bostanı gezin, yetişmişleri getir yiyelim" der.

Bostancının kalbi birden uyandı, Hünkâr'ın sözüne itimat etti. Bostanı dolaştı ve yan yana üç tane yetişmiş mis gibi kokan bostanı gördü. Kopardı ve erenlerin önüne koydu.

Erenler gittikten sonra bostancı pişman oldu. Ayağına kadar gelen bu uluların ayaklarına yüzünü sürmediği ve ellerini öpmediği için kendi kendine kızdı. Koştu gitti arkalarından bulamadı. Evine vardığında baktı ki, erenler evinde oturmuş, daha önce verdiği bostan da önlerinde duruyor. Birlikte bostanları kesip yediler. Hünkâr, bostancının Tacı kisvet eyledi, eliyle sırtına bastı. "Nasibini aldın" dedi.

O zamandan bu zamana, Bostancı Çelebi Kayseri ilinde kerametler gösterdi, zamanın insanları adını "Bahaeddin bostancı Çelebi" olarak andı. Merazı şerifleri hala Kayseri'dedir. Soyu ise, Sivrihisar civarında Sakarya suyuna yakın yerdedir.

Ahi Evran Padişah ve Hacı Bektaş Veli

Hacı Bektaş Veli, Karaüyüğe geldi. Denizli'den Konya'ya, oradan Kayseri'ye gelen ve Gülşehir'de yerleşen Ahi Evran bulunuyordu. O zamanlar Kırşehir'in adı Gülşehir'di. Gülşehir okumuş âlimlerin şehriydi, mescitler, camiler ve medreseler çoktu. Memur şehriydi.

Ahi Evran Padişah, ululardandır. Velâyet erenlerindendir. Gayb erenlerinden, Fütüvvetdar'ların serveri ve ser çeşmesidir. Ahi Evran Padişahın aslını, soyunu ve hakkında bilgi sahibi olan kimse yoktur. Onun adını, Şeyh Sadreddin Konevi Hazretleri söylemiş ve herkese tanıtmıştır. Ondan öncesini kimse bilmiyordu ve sırrına eremedi.

Hünkâr Hacı Bektaş ile Ahi Evran Padişahın sohbetleri meşhurdur ve birbirlerini çok severlerdi. Birçok dervişe el vermişler ve yetiştirmişlerdir.

"Kim ki bizi Şeyh edinir, Hacı Bektaş Hünkâra varır" sözü Ahi Evran Padişah'ın zikridir. Denizli'den Kırşehrin'e kadar bu söz anılır.

Ahi Evran Padişah adı ile anılan kul, erenlerden oldu, kulluktan gönlü Âşık oldu. Ve sürekli Hacı Bektaş Veli ile buluşmaları gerçekleşti. Erenlerin her işinde bir hâl vardır. Her hâlin arkasında bir gerçek vardır. Gönüllerinde bir yol vardır, kendi yollarını mekânlarını, koordinelerini iyi bilirler. Ve birbirlerini görmek için yola çıkarlar ve yolları birbirlerini buluşturur. Çünkü birbirlerini görmek istediklerinde, görüşüp konuşmak istediklerinde bu onlara malum olur. Ahi Evran Padişah Kırşehir'den yola çıkar, aynı anda Hünkâr Hacı Bektaş'a bu malum olur ve yerinden kalkar ve bulunduğu velâyetten yola çıkar

HACI BEKTAŞ VELİ "SOYU VE HAYATI"

ve ortada bir yerde bir tepe üzerinde buluşurlar. Hâlleşirler, konuşurlar, birbirlerini bilirler. Vedalaşıp, geldikleri yerlere geri dönerler.

Bir zaman yine buluştuklarında, Ahi Evran Padişah "Erenler şahı, şurada bir pınar olsaydı. Hizmetlenir, namaz kılar, içerdik."

O anda, Hünkâr Hacı Bektaş Veli, mübarek eli ile işaret eder ve bir yeri eşer. Eştiği yerden, bir pınar çıkar ve akar.

Ahi Evran Padişah "Buyurduğun gibi, serin bir pınar oldu. Ama bir gölgelik ağaç da olsa ne iyi olurdu. Bu sıcak günde, serinlerdik. Hacı Bektaş Veli "Nola Ahim" dedi, Ahi Evran Padişahın bir asalarından alıp, toprağı eşti ve dikti. Hemen o zamanda diktiği kavaktan olan asa yeşerdi ve ağaç oldu. Ağaç altındaki serinlikte sohbet ettiler, sonra da vedalaşıp kendi makamlarına geri döndüler.

Rivayetlere ve anlatılanlara göre, o ağaçtan kim dal koparsa ya da bir parça kesse, o kişiye hayır getirmedi.

IŞIK ERİ HÜNKÂR HACI BEKTAŞ

Hacı Bektaş Veli "Kırkbudak Sırrı"

Hacı Bektaş Veli Velâyetnamesinde yazılı olan **"Dünya Güzeli"** hikâyesi vardır. Anadolu halkının arasında en fazla bilinen hikâyedir. Anlatıla gelinir.

Dervişi Güven Abdal, Hacı Bektaş Veli'nin hizmetinde bulunan bir derviş idi, canı gönülden bağlıydı. Bir gün Hacı Bektaş'tan izin isteyip bir soru yöneltti.

"Şeyh nedir? Sadık nedir? Muhip nedir? Âşık nedir? Erenler bize anlatır mı?"

Hacı Bektaş hiç cevap vermedi, anlatmadı da. Dervişlerden birini çağırıp sordu.

"Kara Reiste bizim adımıza adanmış bir para vardır gidip onu al gel."

IŞIK ERİ HÜNKÂR HACI BEKTAŞ

Derviş, "Nereye gideyim, Kara reisi nerede bulayım?" diye sorar.

Hacı Bektaş Veli "tamam" der ve onu gönderir. Başka bir derviş çağırır. Ona da aynı soruyu sorar ve aynı cevap ile karşılaşınca yine "tamam" der ve onu da gönderir.

Hacı Bektaş Veli, asıl soruyu soran Güvenç Abdal'a döner ve ona aynı soruyu sorar:

"Güvenç Abdal, bu adanmış parayı git sen al getir". Güvenç Abdal emri duyar duymaz pirin önünde boynunu eğer, ağzını açıp tek bir söz söylemeden, Kara reisin kim olduğunu sormadan, nerede olduğunu sormadan yola çıkar, yollara düşer. Bir iki gün gider üçüncü gün bir şehre ulaşır. Sorar burası neresidir diye Hindistan diye cevap alır. Üç günde Anadolu'dan Hindistan'a ulaşır. Oranın sahibi kimdir diye soracak iken, birden birinin ona el salladığını yanına geldiğini görür.

"Beri gel derviş". Meğer aradığı Kara Reis bu adam imiş. Kara Reis, Güvenç Abdal'ı alır, evine götürür ağırlar, yedirir içirir. Sonra kemerine bin altın koyar. Derviş sebebini sorunca da şöyle anlatır:

"Hint denizinde seferdeydim, ansızın bir rüzgâr esti, şiddetlendi. Deniz kabardı, bindiğimiz gemi az kalsın batıyordu ve biz de ölecektik. Velâyet erenlerini imdada çağırdım. Bin altın adadım. O saat bir er çıkageldi ve gemiyi kurtardı, bizi de selamete ulaştırdı. İleri varıp elini öptüm, adını ve yerini sorunca bana Hacı Bektaş Hünkâr olduğunu, Rum diyarından, Suluca Karahöyük'te olduğunu söyledi." (Rum diyarı eskiden Anadolu'nun ismiydi.)

HACI BEKTAŞ VELİ "KIRKBUDAK SIRRI"

"Adağımı nasıl ulaştırayım?" diye sorduğumda ise, "zamanı gelir sana birini yollayacağım." diye cevap verdi. "Uzun zamandır bekliyordum ve sen çıkageldin".

Kara Reis, adamış olduğu bin altını Hacı Bektaş Veli'nin dervişi olan Güvenç Abdal'a teslim ettikten sonra "ayak teri olsun" diye de bin altın daha verir. Sonra bin altın daha verir "Dergâhtaki canların kaşığı yağlansın" der. Eder üç bin altın. Güven Abdal üç bin altını da alır ve oradan ayrılır. Sokakta yürürken güzeller güzeli bir kız görür. Ona bin can ile Âşık olur. Üç gün üç gece kızın evinin pencere önünden ayrılmaz olur, hiç kımıldamadan öylece durur.

Onun bu hâlini görenler şunu söylerler. "O ulu bir hocanın kızıdır, o sana el vermez, bol altının olmadan da kızını vermez. Yüz yıl buradan öylece dursan yine kızını sana vermez" derler. Bu sözü işitince derviş Güvenç Abdal çıkarır üç bin altını meydana koyar ve eve kabul edilir.

Görüşme esnasında derviş ile kız arasında duvar birden yıkılır, yeşil bir el çıkar ve dervişi göğsünden ittirir, derviş yere yıkılır. Kız bu hâli görünce aklı başından gider, düşer bayılır. Kendine geldiğinde sorar bu yeşil elin kime ait olduğunu.

Güvenç Abdal "Gördüğün benim pirimin elidir. Rum yerinden (Anadolu'dan) Hindistan'a uzanmıştır eli. Küstahlık edip yanlış yolda olduğumu göstermek istedi ve altınları size vermemde bana "rıza" vermedi."

Kız bu anlatılanları duyunca, bu velâyeti gözüyle gördü. Gönül gözü açıldı, bulunduğu yerden, Rum diyarını gördü, kokladı, içine çekti, uzaktan Âşık olup Hazreti Hünkârı görmek, ayağına yüz sürmek istedi.

IŞIK ERİ HÜNKÂR HACI BEKTAŞ

"Beni o erenin huzuruna ilet, mübarek cemalini göreyim, yüz süreyim."

Kız aldığı üç bin altını derviş Güvenç Abdal'a iletir. Akşamüzeri gizlice yola çıkarlar. Şehrin kapısından geçip tenhalara ulaşırlar, orada yorgun düşerler, yatıp uyurlar. Sabah olur kalkarlar bir de bakarlar ki, bulundukları yer Hindistan değildir. Güvenç Abdal "Erenler bizim eksik hâlimize acıyıp yol zahmeti çekmemizi istemediler, bizi bir an önce Rum velâyetine (Anadolu'ya) ilettiler."

Kalktılar biraz yürüdüler, bir de baktılar ki ilerde Suluca Karahöyük görünmeye başladı. Güvenç Abdal kız ile birlikte dergâha girer. Pirin huzuruna ulaşırlar. Üç bin altını çıkarıp pirine teslim ederler. Kız ileri yürür ve Hünkârın önünde eğilir, mübarek elini öper, ayağını bastığı yere yüzünü sürer.

Hacı Bektaş Veli, dervişi Güvenç Abdala döner ve derki "Hiç hikmet nedir bildin mi? Rıza nedir bildin mi? Sırrına erdin mi?"

Güvenç Abdal yalvarır cevabı öğrenmek için.

"Buyurun Erenler Şahı, bilelim" der.

Hacı Bektaş Hünkâr anlatmaya başlar:

"Sen bizden sordun, şeyh nedir, sadık nedir, muhip nedir, Âşık nedir diye. Biz de sana anlatarak değil, yaşatarak cevap verdik. Şimdi. Sadık sensin. Senin gibi Sıdk yani Sadık yoktur. Biz seni bir hizmete gönderdik, bir görev verdik, ama hiç sormadın kime varayım, kimdir, nerededir diye. Gittin, gönlünün Âşkı seni yönlendirdi. Ulaştırdı.

Muhip nedir diye sormuş idin, muhip de Kara Reistir. Seni görünce bildi, kimsin nesin diye sormadı, o bildi. Gönlünden bildi kim olduğunu ve adağını sana verdi, seni yedirdi içirdi, iyi baktı ve sen de adağını bize ulaştırdın.

Âşık kimdir diye sormuş idin, işte Âşık da şu yanındaki kızdır. Velâyeti görmeden gördü, bizi bilmeden bildi. Duramadı, gönül gözüyle gördüğünü dünya gözüyle görmek, elimizi öpmek yüz sürmek istedi. Her şeyi göze aldı seninle yola çıktı. Gerçek Âşık nedir bilir misin? Gerçek Âşık, Hakk olana yönlendiren, ışık tutan, yol gösterendir. Kendi nefsine çekmez. Gerçek Âşık nefsten, masivadan geçer, maşuk ile bir olur hem olur. Gerçek Âşık, görmeden gören, bilmeden bilendir. O gönül gözüyle gördüğüne ulaşandır. Ulaşmak için her şeyi göze alandır. İşte o An, her zerre Can bulur, seferber olur, Âşıkı sırra ulaştırır. Gerçek Âşık hiçbir şey bilmediğini bilir, ulaşılacak bir yer olmadığını bilendir. İşte Âşık budur.

Şeyh nedir diye sordun idi, şeyhliği biz sana ettik. Seni kolaylıkla ilettik, gitmekte ve gelmekte hiç zorlanmadın. Zahmet çekmedin. Hem ayrıca, yanlış yola sapacaktın ki hemen engel olduk. Elimiz, senin olduğun yere ulaştı, yanlışı önledi."

Güvenç Abdal, yere yüz sürüp tekrar erenlerin elini öptü, özür diledi, niyaz eyledi. Hünkârın rızası ile de üç bin altından bin altını Güvenç Abdal'a geri verdiler.

"Rıza nedir diye sormuştun işte budur. Üç bin altının dergâha ulaşmasıyla içinden rıza ile bin altının sana geri verilmesidir. Rıza olmadan o bin altının sana helâl olmamasıdır. Rıza olunca o bin altın sana verildi. Rıza lokmasını, gönül rızası olmadan yiyemezsin."

Dünya güzeli kız, Hünkâra döner "eyvah benim buraya lâyık bir hediyem vardı, geldiğim yerde kaldı." der. Hünkâr Hacı

Bektaş Veli elini duvara doğru uzatır ve oradan bir şey çıkarır. "İstediğin bu muydu?" der ve ortaya koyar.

Kırk budak işte böyle gelir. Kırkbudağın efsaneleşmiş hikâyesi budur.

Bin altını alan Güvenç Abdal ile kız evlenir, nikâhlanırlar. Hindistan'dan yola çıkarlarken, kız ile Güvenç Abdal yanlarında bir de cariye vardır. Ancak cariye, Hünkâr Hacı Bektaş Veli emri ile sır olmuştur. "Üçünüz bir olun, biriniz sır olun!" emri ile. Uzun süre evli kalırlar ve üçünün de mezarı kırklar meydanı bitişiğinde ayrı bir türbede içerisinde yan yana yatmaktadırlar.

Kırkbudak nedir?

Kırklardır. Kökü bir, dalı bir, budağı kırk olandır. Biri hepsi, hepsi biridir. Kökü gökte, dalları dünyanın dört bucağında olandır. Her biri dünyayı çepeçevre sarmıştır, An zamanda, An mesafede bir olur, dem olurlar, An zamanda, An mesafede yine yerlerine dönerler. Yerli olmayan yer, zamanı olmayan zamandadırlar. Her zerrede Can bulur, her zerrede Nefes olurlar. Yetiş! diyenin yanında biterler. Nasıl geldikleri, neyle geldikleri, kim olarak göründükleri hep sırdır. Sözünü söyler, dileği yerine getirir yine sır olurlar. Ermişler de bu kökü gökte, dalları yerde olan ağacın, kökü yerde, dalları göğe uzanmış olanlardır. Erenlerin kökleri toprağın ne kadar derinine dalarsa, bir o kadar da dalları göğe uzanır. Dallanır budaklanırlar. Budak, daldan ayrı değildir, budak kökten de ayrı değildir, budak yapraktan da ayrı değildir. Erenler ellerindeki asaları ile gelirler, ancak asanın içi boş değildir. Üç damla su(kutlu su) ile gelirler. Çorak toprağa da dikseler verimli kılar toprak, asa ağaç olur dallanır budaklanır. İşte Eren budur, işte budak budur, işte **kutlu su** budur. Hayırlı olsun duasının ardından **"dallı budaklı ol"** denir. Bereketin en iyi hâlidir bu. On iki gül bir budakta olur. Budağın kökü, gülden ayrı değildir. Budak kökten aldığını, on iki güle yetiştirir, gül kokuları her yeri sarar, sarmalar. Gül kokusunu duyanlar bilir. Her yeri gül kokusu sarmıştır. At ölür meydan kalır, yiğit ölür şan kalır, sel gider kum kalır, bal akar petekte mum kalır, beden (nefs) ölür can kalır. Köklü medeniyetler yok olup batmaz, helak olmaz. Yeri değişir, sınırları değişir, gidişi akışı değişir ama ruhu değişmez.

İşte Türklük budur. Türk milleti ölmez milletlerdendir. Türklük tüm adamların birliği, İlahîdir, insan olmanın manası ve anlamıdır. Türklüğü yaşatmak, can vermek için, erenler can ile baş ile yerlerini yurtlarını bırakıp gelmişler, ellerindeki asaları ve içlerindeki üç damla kutlu suyu, zemzem pınarını, asa suyunu Anadolu'ya dikmişler, dallanıp budaklanmasını sağlamışlar ve yüzyıllar boyunca Can ile kalması için ruhlarını koruyucu olarak bırakmışlardır. İşte Türklük budur. Gün olur döner, yaz olur, gün olur döner kış olur. Seller kurur, rüzgârlar durur, devletler çöker ama medeniyetler yok olmaz, göçer. İşte Orta Asya'dan Anadolu'ya göçen Türk Milleti, açları doyurdu, çıplakları giydirdi, az halkı çok etti, çoğaldı. Türk Milleti bir ruhtur, candır. Ölmez, bitmez, ancak göç eder yine dallanır budaklanır. İşte Hacı Bektaş Veli de, Türklüğün yaşaması, can bulması, ruhu sonsuzlaşması için kendi yerini, yurdunu, ocağını bırakıp Anadolu'ya gelmiş, her şeyi Türkçe kullanarak yaşatmak için var gücü ile çalışmıştır. Hatta kendi yöresi olan Horasan'da ailesi sırra sır olup vefat ettikleri hâlde, Anadolu'yu terk etmemiş, görevinden asla vazgeçmemiştir. Orta Asya'dan göç eden Türkler, elleri boş gelmedi, gelenek göreneklerini de beraberlerinde getirdiler. Ve bu soydan soya nakledilir durur. Aile olmanın, nikâhlı olmanın, çocukların önemi her daim devam etmekte ve her evde bir ocak yanmaktadır. Ocak kutsaldır. İlahîliğin, bereketin simgesidir. İşte Türklük budur. Türklük ilimdir, kutsallıktır, berekettir, budaktır, azı çok etmektir. İşte kırkbudağın anlamı budur. Kırk budaklı şamdanın sırrı budur. Bu şamdan iki tanedir ve Hacı Bektaş Veli dergâhında bulunmaktadır.

Bir idi, çorağı bereket eyledi. Kırkbudak oldu, kökü toprağa, başı göğe erdi. Azı çok etti, çok Bir'de oldu Âşık, Gök eşik, yer beşik, seyran eyledi. / **Kevser Yeşiltaş**

Hacı Bektaş Aleviliği

Hacı Bektaş Aleviliği, kendi adına kurulmuş Alevi tarikatıdır. Tarikata katılan, nasip alan, öğretiyi benimseyen kişilere de **Bektaşi** ismi verildi. Halk arasında ise **Hacı Bektaş Aleviliği** olarak yaygınlaştı. Yaptığımız araştırmalarda halk arasında *"Hacı Bektaş Veli ne mübarek insandır ki, bastığı toprak bile mübarektir"* diye anılır. Hz. Muhammed'in *"İslâm dinini sevdirin, korkutmayın, uzaklaştırmayın"* sözünden yola çıkarak, İslâm'ı Anadolu'ya sistemleştirerek yaygınlaştıran ve sevdiren bir Veli'dir.

Konuya açıklık getirmek amacı ile bazı kelimelerin manalarını açıklamak istedim. **Bektaş** mana anlamı itibari ile sıra arkadaşı, akran, bey ya da prens anlamına gelmektedir.

Hz. Ali'yi, onun soyundan gelenlere ve on iki imamları sevenlere genel anlamı itibari ile **Şii** denir. **Şia** taraftar anlamına gelir.

Türk Bektaşi Alevileri ise, Hz Muhammed, Hz Ali ve bunların soyundan gelenlere bağlıdır. Mezhepleri Ca'feridir. Ca'feri topluluğu ise Türkiye'de iki esaslı koldur. Babagan kolu yani Bektaşi, Dedegan kolu yani alevidir. Anadolu Alevileri, Bektaşi'dirler. Hacı Bektaş Veli'yi Pir olarak tanırlar. Ve soyu Cafer Sadık'a oradan da Hz. Ali'ye dayandığı için Hz. Ali ve soyundan gelenleri, on iki imamları da severler.

Alevi kelime mana itibari ile Hz. Ali'ye ve onun soyuna candan gönülden bağlı anlamına gelmektedir. *(Dipnot olarak şunu da belirtmekte yarar vardır, çok küçük bir azınlık ise, Hz. Ali'yi Tanrılaştırır. Bu kesime de Gaaliye ve Müellihe denir. Araştırmalar ve bilgi için sunulmuştur.)*

Hz. Ali ve eşi Hz. Fatma soyu aslında Hz. Muhammed soyudur. Hz. Muhammed'in erkek evlatları vefat edince, soyunun tükeneceğinden endişelenmiş, fakat daha sonra Kur'an-ı Kerim, Kevser Suresi'nde belirtilen *"Biz sana Kevser'i verdik, sana hıncı olanın soyu kesiktir"* ile soyunun devam edeceği belirtilmiştir. Buradaki Kevser manası, son Nebinin kızı ve amcaoğlu Hz. Ali'nin eşi olan Hz. Fatma'nın Cennetlik ismidir. Ve birçok dini yazılarda İslâm Peygamberinin, Hz. Ali'yi sevdiği ve hem Zahirde hem de Bâtında, kardeşim dediği, önemle belirtilmiştir.

Ben, tebliğe karşı bir ücret istemiyorum, yakînlıkta sevgiden başka. **(Kur'an-ı Kerim, Şura Suresi, 23. Ayet)**

Bahsedilen yakînlıkta sevgi, Bana(Rabbe) yakîn olanlara sevgi gösteriniz anlayışıdır. Soyun devamı sadece Peygamberin kızı Hz. Fatma ve eşi Hz. Ali'den olan çocuklardan devam etmiştir. Ve ayette de belirtilmiştir.

Muhammed, kimsenin babası değildir. O elçidir, Nebilerin sonuncusudur. **(Kur'an-ı Kerim, Ahzab Suresi, 40. Ayet)**

Bektaşi Alevileri de dâhil olmak üzere, tüm Alevi inançlarında, Hz. Muhammed ve Hz. Ali ilahî nurdan yaratılmış kabul edilir, bu yüzden de beraber sevmek, soyunu sevmek ve On iki imamı sevmektir.

Gerçek anlamda, Anadolu Aleviliği, Hacı Bektaş Veli vasıtası ile Yesevi, Kalenderi, Haydari, Ahi'lik gibi Türk-Tasavvuf kurumları ile Vahdeti Vücud-varlık birliği inanışı ile birlikte, eski Türk geleneklerinin de karışımından meydana gelmiş, Türk göreneği, Türk halk şiiri, Türk halk sazı ile yaşayan mümin Müslüman topluluğudur. Eski Türk gelenek ve göreneklerine ilerleyen sayfalarda daha fazla yer vermeye çalıştım. Bektaşilik ile Alevilik, ayrı gibi düşünülmüş olsa da, ayrı değildir. İnançlar aynıdır, sadece yönetme farklıdır.

Anadolu'nun, Müslümanlığı kabul etmesi çok büyük değişikliklere sebep olmamıştır. Müslümanlıkla gelen yeni sosyal düzen, eski Türklerin sosyal düzeninden pek de farklılık göstermemişti. Anadolu'da Türkçe konuşulmaya başlamış ve Oğuz Türkleri Müslümanlığı kabul etmişti, ancak gönüllerinde yine eski Türk gelenek, anane ve görenekleri devam etmişti. Müslümanlığı kabul etmekle, yaşantılarında çok büyük bir fedakârlık yapma ihtiyacı doğmamıştır. Şamanlara kadar dayanan gelenekler sürdürülmeye devam etti. Kadın toplum içinde erkeği ile birlikte yer alabiliyor, toplantılara katılabiliyor,

IŞIK ERİ HÜNKÂR HACI BEKTAŞ

günlük işlerini de yapabiliyordu. Hacı Bektaş Veli'nin gelişini ilk hisseden bir kadın olması, Suluca Kara Höyükte ona ilk yiyecek veren ilk müridi bir kadın olması, kadının yerinin Hacı Bektaş Aleviliğinde büyük yeri ve önemi olduğunu gösteren bir işarettir. Mezhebin törenlerinde, eski Türk geleneklerinden izler bulunması, kadının toplumdaki yerini kuvvetlendirmek ve erkek ile eşitlenmesini sağlamak, Şamanizm felsefesinde olduğu gibi kutsal törenlerde, müzik, şiir ve raks yani Simaya katılımını sağlamak amaç olmuştur.

Hacı Bektaş Veli'nin Anadolu'ya gelmesi, Nevşehir ilinde Pir evi dergâhı oluşturması, esas temeli Türk ruhu, Türkçülük, Türkçe konuşan, Türkçe yazan, musikide şiirde, resmi toplantılarda Türkçe kullanması, geniş kitlelerce tutuldu ve yaygınlaştı. Hacı Bektaş Veli, Din Türkçülüğü hareketini başlatması ve yürütmesi öncülüğünü üstlenmiştir.

Osmanlıların ilk yıllarında, bütün Anadolu halkı, Ehli Beyt Âşığı, Hz. Muhammed ve onun soyundan gelenlere bağlı Horasan erenlerine ve pirlerine uymuş, Osmanlı hükümdarları da bu pirlere bağlanmıştır.

Bektaşiliğin ve Aleviliğin dayanağı, Hz. Muhammed'in son hac dönüşünde, Hudeybiyye mevkiinde bir ağaç altında kendisine inananlar ile sözleştiği ve onların kabul ettiği, **Gadiri Humm** adlı yerde, Hz Ali'yi de yanına çağırarak Hadisler söylediği olaya bağlıdır. Kutsal kitap Kur'anı ve Ehli Beyti, ümmetine emanet etmiştir. Gadiri Humm bayramı Türkiye'de Hatay bölgesinde her yıl kutlanmaktadır.

Biad etmek teslim olmaktır. Bektaşilik Aleviliğinde, dergâha girmek ve öğretileri öğrenmek isteyen istekli Âşık, Mürşit'e teslim olur, el alır, yani nasip alır. Bu yolla Hz. Muhammed'e ve Hakk'a biad etmiş yani teslim olmuş olur. Buna Bektaşi Aleviliğinde "el ele, el Hakk'a" sırrı denmiştir. Fetih suresi 10. ayetinde *"Onların eli üzerinde Allah'ın eli vardır"* ayeti üzerine. Gerçeğe giden yol bin birdir, yani halkın nefesleri kadar çoktur. Yolların çok olması, birliği vahdeti bozmaz. Çünkü tüm yaratılanlar Tek yaratıcının tasarımıdır. Hepsi aynı nurda birleşecektir. *Sonunda hepiniz O'na döndürüleceksiniz* ayeti üzerine.

Bektaşilik, hümanist bir tarikattır. Yaratılışta, kutsal ruhtan üflenmesi, Allah'ın insana şah damarından akraba olması, Âdeme tüm isimlerin öğretilmesi ve varlıkların secde ettirilmesi, doğada ve insanda ayetlerin olması, insan olgusunun ne kadar kutsal olduğunu açıkça ortaya koymuştur. Ancak sadece bir tarikat da değildir, müstakil bir mezheptir de. Öğretisinin amacı ise, İnsan-ı Kâmil liyâkatine erişmektir. Bektaşiliğin formülü Edeb'tir. Eline Diline Beline sahip olmaktır. Kısaca 'ölçülü' olmanın, insan olmanın erdemini belirtir. Ölçülüyü bir formül olarak kısaca Edeb ile yani EDB harfleri ile eline, diline beline sahip olmak olarak ortaya koyar. Bektaşilik, Türk milletinin damarlarında akan asil kanda bulunan Sevginin, tüm dünya insanlığına yayılmasının bir misyonunu taşımayı ve yaymayı öğreti olarak benimsemiştir. Türklük, Tek Tanrı inancıdır. Ve bu atalarından gelen, genlerinde taşıdığı, asil kanında mevcut olan Sevginin en büyük sırrıdır. Bu sır Bektaşilik sırrı olarak anılagelir. Allah, Hz. Muhammed ve Hz. Ali Sevgisi. Sevgi Türklüktür, Türklük Sevginin ta kendisidir. **Asil kanın** sırrı bu sevgidedir. Sevgi konusunu ilerleyen bölümlerde detaylı olarak aktarmaya çalıştım.

Bektaşilik, Sevgi üzerine kurulmuş bir tarikattır. İslâm dini ve Ehli Beyt sevgisi üzerine kurulmuştur. Bektaşi Aleviliği,

IŞIK ERİ HÜNKÂR HACI BEKTAŞ

Türk milletinin damarlarında akan **asil kan** olan **Sevgi**'nin, insanlık üzerine yayılışı, bütün insanlığın barış, huzur ve güvenli yaşaması amacıdır. İyi amel yani vazife, insan olmanın, dünyaya gönderilen halife olmanın, erdemli insan olmanın en büyük faziletini, insanlığa örnek olarak duyurmaktır. Türklük bir milletin ismi değil, tüm adamların birliğidir. Türklük, tek Tanrıya inanan, özünde ve asil kanında taşıdığı o sırrın, sevgi ışığının insanlığa aktarımıdır. Bu da en güzel Bektaşi Aleviliği ile sistemleştirilmiş ve yaygınlaştırılmıştır. Bir inanış, bir öğretiden ziyade, bir yaşam felsefesi, düşünce felsefesi olarak sistemleştirilmiştir.

Hacı Bektaş Aleviliği anlamı, Kur'an-ı Kerim'in buyruklarını yerine getiren, uyan, en büyük savaş nefs iledir felsefesi ve öğretisi ile tasavvufi bir anlam olan Masiva yani görünen eşya ve her şeyden el çeken ve '*Allah, Hz. Muhammed, Hz. Ali ve Ehli Beyt'i seven*' olmaktır.

Nefs ölür, ama bu ölüş son nefesini verip bedenin yere düşmesi değil, bilakis Nefsin Zahirdeki yüzünün aslında Bâtında Sevgi olduğunun açığa çıkmasıdır. Tüm renkler varsa beyaz, tüm renkler yoksa siyahtır. Yani Sevgi varsa Nur, sevgi yoksa gölge, karanlık yani nefstir. Fakat birbirinden bir farkları yoktur. Fark bizim yanılma payı yüksek zihin ile görmemizdir.

Alevi ve Bektaşilikte üçleme, Allah-Muhammed-Ali, bir sırdır. Elif, Lam ve Mim sırrına vakıftır. Ancak bu sır, Hristiyanların, Baba-Oğul-Kutsal Ruh üçlemesi ile asla karıştırılmamalıdır. Benzerlik sadece rakamsal olarak üçtür bunun dışında bir benzerlik yoktur. İmam Cafer Sadık "*Din Muhammed, iman Ali*"dir. Kim biad edip ikrar getirir, dini ve imanı kabul eder, Sekiz Uçma kapısı açılır, yedi tamu kapısı kapanır" demiştir. (Caferi Sadık Buyruğu Adil Ali Atalay) (Sekiz Uçma Cennet, yedi tamu Cehennemdir.)

Vücudun mum gibi yanmaz, gözün masivadan geçmezse, can içinde canan nuru ışıldamaz. Tanrı ile arandaki perde yerler gökler değil, Sen-Ben düşünceleridir. **/ Hacı Bektaş Veli, Fevaid eseri**

Masivadan geçmek manası, eşyadan el çekmek Allah'a yönelmektir. Hakk yolu ÂŞK yoludur, tefekkürle, nazarla esastır, Edb-ü Erkân bilmek ile olur. En büyük Cihad-ı Ekber nefsedir. Edeb'de tefekkür, inanışta Türklüktür.

Onlar ayaktayken, otururken ve yanları üzerine yatarken Allah'ı zikrederler. Göklerin ve yerin yaratılışı üzerinde tefekkür ederler. **(Kur'an-ı Kerim, Âli İmrân Suresi, 191. Ayet)**

Tefekkür derin düşünüş, derin hissetme, bize bahşedilmiş olan en büyük hazine olan akıldır. **Akıl**, Kur'an-ı Kerim'de en çok bahsedilen kavramlardan biridir. Akıl, delilleri takip ederek, vicdan yani gönül ile birleştirerek idrak etmek ve bunun bilgisini cevherimize yansıtmak, tekâmül basamaklarında ilerlemenin yoludur.

Rabbin yüzü her yerdedir. Rabb her yerde, her zerrededir. Ancak Rabb insana "hiçlik"te dokunur. Çevrilen ve aşağıların en aşağısına atılan varlık, dipteyken her şeyi eşya zanneder, kendini de bedenden ibaret. Ancak her şeyini yitirdiğinde, kaybettiğinde Rabbi ile karşılaşır. Bu karşılaşmada ancak uyananlar Rabbini bilirler.

IŞIK ERİ HÜNKÂR HACI BEKTAŞ

Kırklar meclisinin kapısını iki defa çalan ve "Allah'ın Peygamberiyim" dediği için Kırklar Meclisine alınmayan Nebi. "Zamanın Peygamberi bizim aramızdadır" diye cevap gelir. Çünkü ruhu zaten kırklar meclisindedir. Son kapı çalışında "fakirim" dediğinde kırklar meclisine alınır. O zaman kendinden geçer, kendinden kendine varır, ölmeden ölür. Orada görür ki, büyük sevgili, tek sevgili kendi gönlündedir. / **İmam Caferi Sadık Buyruğu kitabından alıntı.**

Sadece Tanrı sever, kul sevemez. Kul Âşk duyar Rabbine. Beden hücrelerinde hissedilen sevginin yansıması Âşk'tır. O Âşkı sevgiye çevirebilen, herkesi her şeyi bir gören ancak Mansur makamına ulaşandır.

Mansur mana itibari ile ölmeden henüz yaşarken Tanrıya ulaşan, Tanrılaşan manasındadır. Gönülde yol bulup yaklaşabildiği kadar yakınlaşan ve ayakları yerde iken, başı ile âlemleri an zamanda dolaşan ve özündeki tüm bilgileri anda hatırlayan ve döndüğünde ise tüm kâinat bilgisini tek bir cümleye sıkıştırılmış ve mana ile her anlayış düzeyine hitap eden kelâmları sarf edenlerdir. Hakkın görünür kâinattaki elçileri, eli, ayağı, **ayn** bakıştaki **gözü** olanlardır. Aktaranlardır. İlahî alışverişin kilidi ve anahtarı olanlardır. Hak'tan aldığını insana, insandan aldığını Hakka aktaranlardır. Onlar sadık olanlardır, onlar Âşk yolunda olan, Âşka ulaşan ve Âşkın sahibi olanlardır.

Sen-ben düşüncesi ancak her şeyini kaybeden, kayıplar yaşayanda bir "hâl" olarak ortaya çıkar. Çünkü hiçbir şeyi olmayan insan, BEN davasından vazgeçer. Varlık hiçbir şeyin kendine ait olmadığını, kendinden olmadığını anladığı anda sen ben davası son bulur, hiçleşir. İşte bu kutsal ayetlerde anlatılmak istenen secde hâlidir. Orada fakirleşir. Fakirleştiği an perdeler kalkar, Hakk kapısı açılır ve Rab tanınır. Her şeyini yitiren Kendini bilir, kendini bilen Rabbini bilir. Rab hiçlikte dokunur Can'a. İşte O dokunuşta sır fısıldanır. Sır sahibine ulaşır. Sırrı hiçbir Veli, eren, pir, şıh, Nebi söylemez. Bilen söylemez, söyleyen bilmez. Sırrı söyleyen bizzat Hiçlikteki dokunandır. Hakikat sırlarının insanlar tarafından aktarılmasının hiçbir değeri yoktur. Çünkü sırla birlikte insana güç de verilir. Bu gücü hangi bedenli verebilir Rabden başka? Evliyalar, pirler, Nebiler, ölmeden önce karşılaşanlar sırrı bilenlerdir. Ölünce zaten bilinecek bir şeyi ölmeden önce bilenler ve güce sahip olanlar. Ölmeden ölünüz!

*Her nereye baksam Allah'ı görürüm. Görmediğim Allah'a inanmam. / **Hz. Ali***

Burada çok üstün bir anlayış ortaya konmuştur. *Hem Zahirdir Hem Bâtındır* **(Kur'an-ı Kerim, Hadid Suresi, 3. Ayet)** bahsedildiği gibi, hem Zahirde olan tüm zerrelerde görünen, hem de Bâtında olan Bütün ve Som olandır manasını taşır.

Her nereye dönerseniz O'nun yüzü oradadır. **(Kur'an-ı Kerim, Bakara Suresi, 115. Ayet)**

Nereye baksam Allah'ı görürüm, görmediğim Allah'a tapmam sözü bir imansızlık, dinsizlik değil, tamamen iman ile tefekkür eden, tasavvufi bir Bâtın bakış ile anlama ulaşmak ve teslim olmaktır. Allah bizden ayrı değildir, gökyüzünde, ulaşılmaz yerlerde olan değil, bizzat şah damarından yakîn olandır. Uzak olan perdeler koyan yine insanın kendisi ve düşünceleridir.

Ben dediği sürece de benlik olarak kalacak ve kâinatta iki varlık yaratmış olacaktır. İhlâs'ın manasında açıklandığı üzere, ilahlar yoktur, yani benlik-senlik yoktur, Tek İlah vardır yani Tek O vardır. Bu idrak edildiğinde, her zerrede O'nun yüzü görünecektir.

İman eden belli bir anlayış liyâkatine ulaştığı için, nefsani üstünlüğün olmadığını bilir. Üstünlük nefsaniyette beşerîlikte değildir. İç huzurundadır, manevi doygunluktaki zenginliktedir. Bunu ancak o liyâkate ulaşan idrak edebilir.

Ve elbet bu üstünlük ancak ve ancak insan ile Rabbi arasında bir sırdır. Bilen söylemez, söyleyen hiçbir şey bilmez. Sır ancak ikisi arasındadır.

Hacı Bektaş Veli "Ahlâkı ve Felsefesi"

Felsefesi **çalışmak** üzerinedir. *Gündüz şevk ile dünya işine, gece Âşk ile ahiret işine* sözü herkesin dünyadaki işine severek koyulması, çok çalışması isteğini gösterir. Hacı Bektaş Veli de bizzat, gündüz tarlada çalışır, gece de ahiret için Âşk ile ibadet ederdi. Hz. Muhammed'in, *"elinizde bir fidan varsa kıyamet günün de bile dikiniz"* sözü ile çalışmanın ne kadar önemli olduğunu göstermektedir. Hiç kimse, dünya işinden elini eteğini çekmemelidir. Çalışmak insanın bedenini ve zihinsel yapısını diri tutmaktadır. Kıyamet kopsa da, kimse elindeki fidanı dikmekten vazgeçmemelidir. Çünkü yapılan hiçbir şey boş değildir. Şevkle dünya işinin yapılması da bir ibadettir. Çalışmak en büyük ibadettir.

IŞIK ERİ HÜNKÂR HACI BEKTAŞ

Felsefesi, *Allah ile kul arasına girmemek* idi. Din konusunda kimse ile tartışmaz kimseye bir şey kabul ettirmezdi. Büyük bir kalkınma lideriydi. Topla, tüfekle değil, gönül kazanarak savaşırdı. En büyük savaşın, başka ülkeleri istila ederek insan öldürmek değil, insanın kendi nefsiyle savaş yapması ve nefsini öldürmesi üzerinde dururdu. Öğretisinde, korkutmaya yer yoktu. O sevdirmeye ve sevgiyi insan gönlüne enjekte etmek için misyon üstlenmişti. İnsanların arasında "efendi" gibi yaşamış ve hala gönüllerde öyle yaşamaya devam etmektedir.

Sevginin gösterişte olduğunu değil, "gönülde" olduğunu anlatmış ve bunu hareketleri ile göstermiştir. Sade yaşamak onun felsefesiydi. Hiçbir zaman kendisine verilen kudreti ile böbürlenmemiş, kibirlenmemiş, tamamen alçakgönüllü bir insandı. Eski Türk inanışlarında olan *"toprak ana, gök baba"* prensibinden yola çıkarak, ailenin kutsallığını ortaya koymuştur. Ailenin kutsallığı da Türk adet gelenek ve göreneklerine yerleştirmiştir.

Hacı Bektaş Veli, sadece vecd hâlinde şiirler söyleyerek, ruhi bir takım bilgileri vermenin yanında, Makalat eserinde, davranışlar ile ilgili kuralları ve manaları aktarmış, nasıl bir insan olunacağı ile ilgili formülleri de vermeyi ihmal etmemiştir. Hayat boyunca karşılaşılacak tüm olaylarda neler yapılabilir bunun da bilgisini aktarmıştır.

Eserlerinde ve ibadetlerinde Türk dilini kullanmış, Türkçeyi yaygınlaştırmak ve ibadetleri de Türkçeleştirmek için mücadele etmiştir. Hacı Bektaş Veli kadına değer vermiş, ibadetlerinde kadınları uzak tutmamış, onlara topluluk için mümtaz bir yer vermiş, söz hakkı vermiş ve nikâhlarını güçlendirmiş ve yaygınlaştırmıştır.

HACI BEKTAŞ VELİ "AHLÂKI VE FELSEFESİ"

Eski Türk inançları, gelenek ve görenekleri yaygın iken, Anadolu'ya İslam dinini yaymak, anlatmak ve sevdirmek çok kolay bir mücadele değildir. Hele hele, bu eski inançların konuşulması ve eleştirilmesinin bile sakıncalı hatta söz açmak bile mümkün değil iken. Tamamen kendi yaşantısı ve hareketleri ile örnek olarak, bu mücadeleyi zorluklarına rağmen göğüslemiş ve Anadolu'nun Türkleşmesi ve dini sever hâle gelebilmesi için elinden geleni yapmıştır. Felsefesini, ilmini ve öğretisini anlattığı eserleri şunlardır:

Besmele Şerhi

Fatiha Suresi Tefsiri

Makalat

Kitabu'l-Feva'id

Hacı Bektaş'ın Nasihatleri

Makalat-ı Gaybiyye ve Kelimat-ı Ayniyye

Hacı Bektaş Veli'nin tanıtılmasında çok büyük emek harcayan ve dedebaba seçilen Dr. Bedri Noyan'a da teşekkür ediyoruz. Dr. Bedri Noyan, 21 Mart 1960'da Alevi ve Bektaşi toplumu tarafından Dedebaba seçildi. 1997'de ölene kadar Bektaşi toplumunun en üst düzey liderliğini yaptı.

Sen Seni Bilirsen Yüzün Hüdâ'dır; Sen Seni Bilmezsen, Hakk Senden Cüdâ'dır. / ***Hacı Bektaş Veli***

IŞIK ERİ HÜNKÂR HACI BEKTAŞ

Hacı Bektaş Bâtınîliği

Makalat kitabının açıkça belirtildiği üzere, Hacı Bektaş Veli muhabbed (Mahabbed) yolunu seçmiş, gönül yolu ile Tanrıya ulaşmayı her şeyin üzerinde tutmuştur. Tanrıya sevgi ile bağlanmak, gönülden yaklaşmak, her şeyden üstündür. Bedenin temizliğinden ziyade nefsin temizlenmesi, nefsteki şeytanın yenilmesi üzerinde durmaktadır. Gönül Kâbesi, diğer Kâbeden üstün tutmakta *"Ve hem beytülma'mur var, Kâbe var, Lakin gönül ikisinden dahi üstündür"* demektedir Hacı Bektaş Veli.

Mahabbed (Muhabbed) yolu, Mahabbetin hakikatidir. Hakikati şu manaya gelir: *Her şeyini sevdiğine bağışlaman, kendine de, sende olan hiçbir şeyi bırakmamandır.*

Mahabbed yoluna giren ehli kişi, üç hâl içinde bulunur.

Birinci hâl **fiili Mahabbet**tir. Yani görünen sevgi şekli. Kalpler sevgi ile yaratılmıştır. Doğal olarak kalp sever. Sevginin fiili çeşidinin yansıması bu hâl içinde olan ehli kişinindir. Her insan doğduğundan ölene kadar sevgi içindedir. Her şeyi sevebilir, birkaç şeyi de sevebilir. Bu fiili Mahabbettir ve beşerî bir hâldir.

Sıfat-ı Mahabbed içinde bulunan hâl ehli kişi. Bu da Mahabbetin ikinci hâlidir. Sadıkların ve sadıklarla beraber olanların Mahabbed hâlidir. Yaratıcının, ilmine, kudretine derin Mahabbed hâli içinde olmaktır. Hüseyn en Nurî şöyle der: *"Mahabbet, perdelerin yırtılması, sırların ortaya çıkmasıdır."*

Üçüncüsü **zatî Mahabbet**in hâlidir. **Mahabbeti Asliyye** olarak da bilinir. Asli sevgidir. Yaratıcıyı bir sebep olmaksızın sevme hâli, derin Mahabbettir. Allah'ın zatına olan Mahabbettir. Bu şekildeki sevgi Sıddîklar ve Ariflerinkidir.

Mahabbed yolu, tamamen İhlâs hâlidir ki, Sadece Allah sevgisi vardır. Hiçbir şey Allah sevgisinin önüne geçemez ve daha fazla sevilemez. Şirk koşulmasını asla kabul etmez. Kimi dünyayı ister, kimi ahireti. Dünyayı isteyen dünya beşeridir. Mahabbet yolunu seçen ise, ulaşılacak bir yer olmadığını idrak eden ve o hâle ulaşandır.

Mahabbetten kaçan kişi, insan sayılmaz: Sevginin insan için kaçınılmaz ruhî bir öğe olduğunu anlatmak için kullanılır.

Gönül Kâbe'si Hacı Bektaş Veli'nin Bâtınî yönünü açıkça belirtmektedir. Makalat kitabında anlattığı üzere, Âdem yaratılırken, Âdemin özü yani kalbi Medine toprağından alınmıştır. Kalp et parçası olduğu için öz kullanılmıştır.

Kalbin öz olan yönü gönüldür. Bu yüzden tüm Evliyalar Veliler ve Âşıklar Gönül'den önemle bahseder.

Bir gönül kırmışsan, kıldığın namaz, namaz değil der Yunus Emre. Çünkü gönül, Âlemlerin Rabbine açılan yoldur. Kâbe yani Âlemlerin Rabbinin evidir. Gönül, insanın Rabbinin korunağı, evidir. Çünkü Âlemlere, göklere, yerlere sığmayan Yaratıcı, insanın gönlüne sığabilmiştir. Sırlardan biri de budur. *Bin kapıdan, yüz bin kaleden içeri girebilirsin de küçücük bir gönülden içeri giremezsin* demiştir Hz. Ali.

O küçücük gönülde, tüm kâinatın bilgisi ve sırrı saklıdır. Gönül Âlemlerin Rabbine açılan bir Işk (Âşk) yoludur. Çünkü şah damarından yakîn olan, aynı zamanda *"benimle kulum arasına kimse giremez"* diyendir. Rabbi ile kul arasındaki Işk yolu, gönüldür. Kendi gönlüne girebilen tüm gönüllere girer. Çünkü gönüller bir olandır. Birlik gönüllerdedir, farklılık ve çeşitlilik suretlerde. Gönül bir nokta gibi insanın kalbine yani gönlüne yerleşmiştir. Gönül Rabbin evidir.

İlim bir nokta idi, cahiller onu çoğalttı der Hz. Ali. Kâinatın sırrı o noktada, o nokta gönüldür. O nokta da B nin altındaki noktadır. B'nin altındaki noktayım der İmam Ali, gönüldür o nokta. Ve imanlı olarak teslim olmanın manasını taşır.

Gönül ırmağı, Âlemlere açılan rahmet okyanusuna ulaşandır. Gönül Bir'dir. Farklılık ve çeşitlilik suretlerde. Gönül Gayb'da dürre, Suretler Zahirde. Suretin gerçekliğini gören gönül gözüdür. İşte gönül, Hakikatin dürresi yani incisidir.

Hacı Bektaş Aleviliğinde üçleme sırrı şu şekilde açıklanabilir. Eski Türklerde, **atam gök, anam yer** ve bunların arasında insan üçlemesi vardır. İslâmiyet'te de **Ulûhiyet, Nübüvvet** ve **Velâyet** bir üçlemedir.

Kısaca bunları açıklamak gerekecektir.

Ulûhiyet yani Allah en güzel İhlâs suresinde anlatılmıştır. Doğrulmamış ve doğurmamış, hiçbir şey O'na denk değildir. Görünen her zerrede ve aynı anda görünmeyende olan bütünlüktür, birdir. Som'dur, Samed'dir.

Nübüvvet de Kur'an'da önemle vurgulanmıştır. Nübüvvet elçi anlamını taşır. Kendisine kitap verilen ve ümmete gelen elçiler, Peygamberler ve resuller olarak vurgulanmıştır. Son Peygamber, Mim olan Hz. Muhammed'dir.

Velâyet ise Allah dostlarıdır. İleri derecede yakînlık manasını taşır. Çünkü şah damarından yakîn olan Rabbdir insana. Secde et ve yaklaş ayetinde, Rabbe en yakîn olan, Allah dostu olarak tanımlanır. Velâyet alan yani Evliya-Veli, Pir manasını taşır. Alevi Bektaşiliğinde Pir'lik Hz. Ali'nindir. Kur'an'da Yunus suresi 62. ayetinde Evliya sözü geçer. Ve Evliyaların korku taşımadığı anlatılır. İleriki bölümlerde, Evliyaların on sekiz makamı açıklanmıştır. *Velâyet, Nübüvvet'ten üstündür.*

Hacı Bektaş Veli'ye göre, Allah korkulacak değil sevilecek ve sadakatle bağlı olunacak iman edilecek bir Yaratıcıdır. Öğretisinde, nefse *hâkimiyet* en büyük savaştır buyurur. Allah'a götürecek yani hidayete erdirecek vasıtanın Işk (Âşk) olduğunu bahseder. Işk yani Âşk her zerrededir. Bektaş kelimesi yakınlık ve yoldaşlık manasını içerdiği için, Hacı Bektaş Veli, İslâm dininin Türk temsilcisi olmuştur. Hacı Bektaş Veli'nin temsilcisi de Dedebaba'dır. Elden ele, El vermek ve El almak ile bu görev, Dergâh post babalarına kadar geçer. Uyarıcılar(Mürşidler) için 'baba' kelimesinin kullanılışı, yakînlık ve sevgi ifadesidir ki, kullanılacak en güzel kelimelerden biridir.

Hacı Bektaş Veli Bâtınîsinde, *"bu dünyada görmeyen, bulamayan, ötede de göremez ve bulamaz"* anlayışı vardır. Çünkü bu dünya, öte dünyanın bir yansıması, bir imtihan yeridir. Eğer bu dünyada nefs ile savaş hâlinde olmadan, onu yenmeden ölmeden ölemeyen, teslim ve rızada olmayan, öte dünyada da muvaffak olamaz. Öğretinin en önemli Bâtınî bilgisi, **sonunu**

düşünerek atılan adımdır. Çünkü insana akıl verilmiştir ki, akıl tasavvufta Cebrail olarak geçer. Âdem yaratıldığında, tüm isimler ona öğretilmiştir. Bu yüzden insan gönlünde, kâinatın tüm sırrı saklıdır. Ancak bunu fark etmesi, uyanması, uyanık kalması, Büyük Sevgiliyi sadece zorda değil, her an anmalı, edeb içinde olmalıdır ki açanlara kavuşabilsin. **O aklın anahtarıdır.** Ancak zorda ve kolayda, her an anmakla olur. Çünkü Hacı Bektaş Veli'ye göre, kul "Ya Rabb" dediğinde, Allah "lebbeyk" der, yani **buyur** anlamına gelir. O vakit yer, gökler ve tüm Âlemler sevgi ile titrer.

4 kitabın sırrı Kur-an'da, Kur'an sırrı Fatiha'da, Fatiha sırrı Besmelede, Besmele sırrı B'de, B'nin sırrı altındaki noktada. O nokta nedir? Alnın tam ortasında bulunan "salgısal bez". Mercimek kadar. İşte aklı yöneten merkez. Akıl ile beden arasındaki alışveriş merkezi. O zarar görürse işlevini yitirirse, insan rahatsızlanır ve dünya ile iletişimi kesilir. **Nefeha**, yani nakilde ruhtan ruha nakledilen ve burundan alnın ortasına yerleşen.

Bu Zahirde olan bir manadır ve açıklamadır. Oysa Bâtın bilgisi? *"Ben B'nin altındaki noktayım"* diyen Hz. Ali.

Bâtında olanı öğrenmek için Acı çekersin, bedel ödersin. O kadar kolay değildir o noktayı öğrenmek. Hakikatin gözüdür gören Ayn bakışı. B'nin noktası ile Bayn'dır.

İdrak. O bakar ama insan bilmez. (uyuyan beşer) O bakar ama insan idrak eder. (Kendini bil, Rabbini bil manası açılımı). İşte o zaman halife (arda olur). (Tekâmül eder manası).

O bakar insan bilmez (uyur) beşerdir. O bakar insan idraktedir o zaman halife olur. Her biliş, her hatırlayış etki yaratır ve beraberinde bir tepki getirir.

IŞIK ERİ HÜNKÂR HACI BEKTAŞ

Bilgi zuhur ettikçe Aklında ve Gönlünde, zıttı ile karşılaşacaksın ki, o bilginin idrakine varabilesin. Yani Aklında bilgi açıldıkça, yaşamda zıtlarla karşılaşır insan ki bilginin idrakine varabilsin.

Acı kavramı sadece duygusal bir tanım. Dar'da acı yoktur. Ölümüne Sevgi vardır. Bu yüzden Dar-ı Mansur'da ölüm yoktur. Sevgi vardır. Ölen tamamen nefstir yani hayvanî beden. Can ölmez. Dar'a kadar gelmişsen can olmuşsundur. Can ölmez. Diridir O. Bu yüzden kâinatta rastlantı ve tesadüf yoktur. Rastlantı ve tesadüf duygusal terimlerdir. Gerçeği açıklayamayan, anlamayan beşer ifadeleri. Bilge insan ilahî düzende rastlantının olmadığını bilir.

Hacı Bektaş Veli Bâtınîsinde, *"kapı ancak fakire açılır"* düşüncesi hâkimdir. Burada fakir hâli, tamamen nefsini Müslüman etmiş, ehlileştirmiş, dürüst ve ahlâklı, edebli olan için kullanılmıştır. Hiçbir şeyin kendinden olmadığını, kendine ait olmadığı anlayışına ulaşmış bir düşünce felsefesidir. Kendinden olmayan, kendinin olmayan, var olan her şeyi ancak ve ancak bir amaç için vasıta kılan manasındadır. Emanettir her şey, düşünce, mal, eşya, tüm hayatında sahip olduğunu sandığı her şey ve en önemlisi de bedeni. Beden de bir emanettir, hiçbir zaman bedene sahip değilizdir. Beden de O'nun vasıtası ile can bulur, yine O'nun vasıtası ile Can gider beden aslına döner. Bu anlayışı idrak edebilen herkes, zaten insanlarla dost, barış ve hoşgörü içinde olur.

Tüm büyükler, çobanlıktan, fakirlikten, kayıblardan gelmişlerdir. Her şeyini kaybeden kişi (adam) sanma ki, erdem varlıktadır. Erdem kayıplarda, Sevgi, yıkıntılar arasında, çöllerde, mağaralardadır.

Sevgide ayrılık yoktur, Sevgide olanlar baştan beri beraberdirler. Son ile başlangıç aynıdır.

İnsan kendine ait olanları kaybeder. Kayıpların yoktur çünkü hiçbiri sana ait değildi. Dünyanın, araç olarak sunduğu olanaklardı. Ve sen o olanakları kendinin zannedip öyle yaşadın ve elinden acımasızca sökülüp alınınca da kaybettiğini sandın. Oysa hiçbir şey kaybetmedin. Sevgin, Âşkın, Bilgeliğin, Aklın, Güvenin, Sabrın, bunlar senin kendi öz olan değerlerin. Bunları kimse alamaz çünkü onlar gerçekten senin. Diğerleri sahteydi ve sana sunulmuştu geri alındı. Bu yüzden hiçbir şey kaybetmedin. Beden bile bize ait değildir, her şey gibi o da emanet verilmiştir. Kendisine belli süre verilenlerdendir. Hiçbir şeyin sahibi değiliz. Bu üstün bir anlayıştır. Bunu idrak ettiğimiz an her şeyle bütünleşiriz.

İman etmiş yürek her şeyini de verse, hiçbir şey kaybetmez.

Hiçbir şeyin bize ait olmadığını idrak etmemiz, bize üstün bir anlayış kazandıracaktır. Bu anlayışa, eşyaya ve maddenin cazibesine gömülmüşken ulaşmamız mümkün değildir. Bektaşiliğin en önemli Bâtınî yönü ise, sade olmak, yılmadan çalışmak, çalışmak ve asla vazgeçmemektir. Dünyada iken dünyanın hakkını en ahlâklı ve erdemli olarak verebilmektir.

Kendisinden öğüt isteyen bir cana, bir uyarıcının (mürşidin) öğüdü şu olmuştur. *"Yazın çamaşır astım kurudu, kışın hoşaf yaptım soğudu."*. En büyük sır, en büyük öğüt, yaşam içerisinde ve basitlikte yani sadeliktedir. Doğa kanunları vardır ve bunlar şaşmaz bir prensip içerisinde yürümektedir. Ömür baki değildir fanidir, beşerîler eser yel gibidir, yiğitlik akarsu gibidir, pirlik üstü çürümüş dam gibidir, manasız işler yapmak kirişi kırılmış yay gibidir, elinin ermediği işlere bulaşmak, ayağının yorgandan uzun olması gibidir, sözü dinlenilmeyen yerde boşa söz tüketmek yaysız ok atmak gibidir.

Toprak insanı, ne istediğini bilir, ne dilediğini de. Hacı Bektaş Veli Bâtınîsinde, insan önce kendini toprak yapmalıdır. Çünkü zaten can teslim edilince beden toprak olacak, toprağa karışacak, yüzyıllarca her zerrede olacak, gübre gibi verim sağlayacak, üzerinde ekin yetişecek ve unutulup gidecektir. Oysa amaç, ölmeden henüz can bedende iken, bedeni toprak yapmaktır. Beden toprağına Ma'arifet tohumu ekmeli, tevhit yani birlik suyu vermeli, gerçek ve doğru orağı ile biçmeli, olup biten her duruma hoşnutluk ile rıza harmanında dövmeli, şevk yeli ile savurmalı, sevgi dostluk tartısı ile ölçmeli, yasaklardan sakınma değirmeninde öğütmeli, edeble yoğurmalı ve sabır fırınında pişirmelidir. Bu ham olan bedenin pişmiş hâlidir. Pişme ve yanma hâli Bâtındaki anlamı budur. Beden ölmeden, toprağa karışmadan önce, ham hâlinden pişme ve yanma hâline gelmelidir.

Hacı Bektaş Veli Öğretisinde, *öfke başta olmak ister, utanmazlık(tama) yüzde olmak ister, haset yani kıskançlık da gözlerde yer bulmak ister.* Oysa o yerler tutulmuştur. Akıl baştadır, utanma yüzdedir, bilgi gözlerde yerleşmiştir. Fakat o yerlere öfke gelirse akıl baştan gider, utanmazlık gelirse utanma yüzden gider, kıskançlık gözlere yerleşirse bilgi gider.

İlim yani bilgi, Hacı Bektaş Veli Öğretisinde en önemli yer tutmuştur. *İlim Çin'de dahi olsa onu arayınız demiştir Hz. Muhammed. Bana bir harf öğretenin kölesi olurum demiştir Hz. Ali. Ben İlmin şehriyim Ali de o şehrin kapısıdır* demiştir Hz. Muhammed.

HACI BEKTAŞ BÂTINÎLİĞİ

Kur'an-ı Kerim'in ilk kelimesi de "Oku!" olmuştur. İnsanda ve kâinatta ayetler vardır ve bunların bulunması için akla ihtiyaç vardır. Akıl ve vicdan ile bırakılan delillerin bulunması için ilim gereklidir. Hacı Bektaş Veli'ye göre *okunacak en yüce kitap insan*dır.

Hacı Bektaş Veli Bâtınîsinde rızk çok önemlidir. Herkesin bir rızkı vardır ve gelen rızkı ile gelir. Kendi dergâhlarında üç gün yedirmek içirmek ve huzur ile yolcu etmek esas alınmıştır. (Misafirlik üç gündür inanışının ana temeli buradan gelmektedir.) Gayb erenler payı olarak bilinen ve yaygınlaşan yemek ayırma çok önemlidir. Gayb erenler payı, her yiyecekten bir pay ayırmaktır. O payın sahibinin gelmesi beklenir. Yoldan geçen, uğrayan ya da aç kalan birinin gelmesi, gelen herkese mutlaka sofra açılması çok önemli bir kural olmuştur. Eğer kimse gelmezse de **Gayb erenleri için ayrılan yemek** mutlaka bir fakire ulaştırılır. Gayb erenler payı olarak ayrılan daha sonra Anadolu Türklerinde evlere yerleşmiş bir gelenek olmuştur. Her geleni Hızır bil düşüncesi ile Gayb yani Gayb gizli erenler payının yiyecek olarak sunulması adet olarak kabul edilmiştir. Evde aşın pişmesi bereketttir. Gerekirse su kaynatılır çorba yapılır yine gelene sunulurdu. **"Allah kimseyi açlıkla terbiye etmesin"** düşüncesi Türk evlerinde yaygındır. Bu yüzden yemek yani aşın pişmesi ve dağıtılması esas alınmıştır. Çünkü Allah katında rahmet ve rızk kapısının ne zaman açılacağı hangi vakit kabul olacağı kesin ve belli olmadığı için (her an olabileceği üzere) tam bir iman ve erdemli insanî davranışla davranma düşüncesi, Bâtınî bir düşünce hâline gelmiştir. Bu yüzden Bektaşi anlayışında **konukseverlik** çok önem taşır. Her gelen "Hz. Ali" (mihman Ali'dir, yani konuk Ali'dir) olarak kabul edilir içsel olarak.

IŞIK ERİ HÜNKÂR HACI BEKTAŞ

Ve misafire davranışlarda asla kusur edilmez ve misafir en iyi şekilde ağırlanır. Bektaşilikte konuksuz kalındığı gün *"bugün ne kusur işledim de Allah bana konuk göndermedi"* düşüncesi vardır. Konuk yani mihman, misafir baş tacıdır. Konuksuz sofralar olmaz. *Konuk dokuz rızıkla gelir, sekizini yer birini eve bırakır* düşüncesi hala halk arasında bir inanıştır. Bir lokma ekmekle yüzlerce kişiyi doyurma rivayetleri çok bilindiktir ve halk arasında anlatılır. İşte bu Gayb yani **Gayb erenlerin payı** olarak bilinir ve Nebilerin-Velilerin, pirlerin bu tip mucizeleri de anlatıla gelir.

Hacı Bektaş Veli Bâtınîsinde, *Ehli Beyt sevgisi* yer tutar. Hz. Ali mana ve öz anlam olarak, tüm çağların Birliğidir. Her çağda, her zamanda, insan özünde olan Hak ve Adalet manasına gelir. Ve Alevilik de tüm zamanların inancı. Âdem yaratılmadan önce de Alevi inancı vardı. Çünkü Zahirde yani dünyada görünüş olarak bir inançtır. Oysa Bâtınîde, İlâhi Düzen, Adalettir. Adalet de Aleviliktir, mana açıklaması olarak. Hak-Adalet ilk yaratımda yaratılanlardandır ve dünyada Zahirde yansıması Alevilik, görüntüsü Hz. Ali'dir. Bektaş Aleviliğinin, Hz. Muhammed, Hz. Ali ve Ehli Beyt sevgisi budur.

Hacı Bektaş Veli Bâtınîsinde *"yüreğini fenalığa döndürmezsen, huzur ve sükûnet de seninle olur. Yüreğin Darlaşmaz"* anlayışı yer alır. Erdemli insan, incitmez, incitene de mertlikle karşılık verir, yine incitmez. **"İncinsen de incitme"** manası budur. Bu bir döngüdür, halk arasında dava olarak anılır. Bunu incitme davası olarak kabul eder ve döngüye devam ederse, insanlık büyük bir kaosa döner ve her yer savaş alanına dönüşür. İncinen incitmezse işte döngüyü (yani dönen çarkı) durdurmuş olursun. Bu da ancak şükr ve sabır ile gerçekleşir. Her olayın bir hayır olduğunu bilen idrak eden için, incinse de incitmeyen bir anlayışa sahip olacaktır.

Dinde zorlama yoktur. İslâm Peygamberinin *"İslâm'ı sevdiriniz, korkutmayınız"* sözü ile Hacı Bektaş Veli Bâtınında, **"hoşgörü"** çok önemli bir düşünce hâline gelmiştir. Olgunluk ile yaklaşma Bektaşiliğin anlayışındadır. "bana gel" diye kimse zorlanmamış, kimsenin vicdanını rahatsız edici, korkutucu bir düşünceye yer vermemiştir. Baba Kemal Hocendi *"Biz bir pergele benzeriz. Bir ayağımız şeriatta sabit, öteki ayağımız çizdiği dairenin içine yetmiş iki millet dâhildir"* demiştir. Tüm insanlığı sevgi ile kapsayan ama hiçbir zorlamaya mahal vermeyen bir anlayıştır. *Yaradılanı hoş gör, yaratandan ötürü* anlayışı önemli yer tutar. Bu yüzden Bektaşiliğe atılan tüm iftiraları da susarak, büyük bir erdemle ve olgunlukla karşılamıştır. Çünkü her zerreyi ve Âdemoğullarını da yaratan Tek Yaratıcıdır. Yaratıcıdan ötürü hoşgörü bir erdemdir.

Hz. Ali ve Hacı Bektaş Veli buyruğu olarak önemle vurgulanan *"cömertlik"* de Türk halkının bir milli karakteristiği hâline gelmiştir. Cömertlik ruhsal ve Bâtınî bir anlayıştır.

İstemek utanılacak bir durum olarak görülür bu yüzden, yüksek anlayışta olanlar, istenmeden vermeyi bilenlerdir. İhtiyaca yönelik olarak gönülden verilen her şey **"gönül cömertliğidir"** ki bu Bektaşiliğin anlayışında büyük yer tutar. Az veren candan çok veren maldan sözünün açılımı şöyledir:

Hacı Bektaş Veli cömertliği dört ana gruba ayırır.

Mal cömertliği: Malının belli bir oranını paylaşmak.

Ten cömertliği: Aile kurmak ve çocuklar yetiştirmek.

Can cömertliği: Canını yüksek ve milli değerler uğruna feda etmek.

IŞIK ERİ HÜNKÂR HACI BEKTAŞ

Gönül cömertliği: Bildiğini bilgi olarak aktarmak, herkese iyilik yapmak, iyi bir insan olmak, imanı ve bilgiyi örnek davranışlarla sunmak, **gönül cömertliği**dir. Bu da ruhun cevherinde var olan, yaratımın gerçekliğinin dünyada Işk olarak yansımasıdır. Bu yüzden Bektaşilikte, herkes bir Işk yani ışık olmalıdır ve güneş gibi yanmalı, karanlığı aydınlatmalıdır. Yeryüzüne gönderilen halife olma özelliğini Işk ile yani Âşk ile ışık olarak yansıtmalıdır. Gönül cömerti, muhabbeti ve sohbeti ile hâlleşip, helâlleşerek, birbirlerine hoşgörülerini sunmaktadırlar. İnsanlar birbirlerinin Hakikatlerini sevebilir, ama birbirlerini sevmek zorunda değildir. Ancak hoş görmek ve saygı duymak **gönül cömertliği**dir.

Hacı Bektaş Veli, çalışmanın ne kadar önemli olduğunu şu sözünde vurgulamıştır. *"Gündüz şevk ile dünya işine, gece Âşk ile ahiret işine"* Bektaşilikte, alın teri ile çalışıp ailesinin geçimini sağlamak çok önemlidir. Ne iş olduğu önemli değildir, tüm işler kutsaldır. İnsana yaraşan en önemli erdem çalışmaktır. Çalışkan olmak Bektaşiliğin bir anlayış felsefesidir. Kendisi de çalışmış, tarlada orak biçmiş, hayvanları otlatmış hiç boş durmamış durmadan çalışmıştır.

Hacı Bektaş Veli Bâtınî düşüncesinde *en önemli dost "Allah"tır*. Gece Âşk ile ibadet etmek, tüm günün muhasebesini yapmak, helâlleşmek ve dua etmek bir sırdır. Kişinin yani kulun Rabbi ile arasındaki ibadettir. Orada olanlar, söylenenler, dualar sadece Rabbi ile kulu arasında kalır. Sır gibi kalır. İşte "dost" kavramı buradan gelir. Sır gibi dost olmak, Bektaşilikte çok önemlidir. Dost sır saklayandır, ancak iki kişinin arasındaki dostluk sır olarak elbette kalmaz. Çünkü şah damarından daha yakîn olan Rab Gayb 'da yani gizlide olan her şeyi bilir. Bu

HACI BEKTAŞ BÂTINÎLİĞİ

Bâtınî düşüncede daha dikkatli olmaya sevk eder. Çünkü gizli olan hiçbir şey yoktur. İki kişinin bildiği sır, sır değildir artık. Bu dostluk anlayışında her şeyin en dürüst olması ve yardımseverliğin karşılıksız yapılması çok önemlidir. Çünkü gönüldeki sırrı ancak Gayb'da olan bilir. Hayvansal dürtülerde ve hayvanlarda dostluk kavramı yoktur. Onlar birbirleri ile anlaşamazlar ve birbirlerine kafa tutarlar. İnsan ancak dost kavramına sadıktır. Eğer kalamıyorsa hayvansal dürtülerle hareket ediyordur. Dostluk ve hoşgörü kavramı insani ve ruhsal bir özelliktir.

Dost acı söylemez, *Dost acıyı tatlı söyler*, tatlı söylerken gönlüyle, ruhuyla, tüm benliğiyle konuşur. Konuşan kendi değildir, söyleyenin varlığından aldığı etkiyle bütünleşir. Ve sonuç ne olursa olsun değişmez bir şekilde her zaman varlığı ile yanında yer alandır.

Dostluk da Âşk gibidir, İkisinin de Sevda'sı okyanustur ama birbirlerine karışmazlar aralarında daima görünmeyen bir mesafe vardır. Mesafe olmadan mesafeler.

Kuantum evreninde ve ilahî düzende, her şey her şeyle etkileşim hâlindedir ancak her birinin Bâtında sonsuzca açılımları, Zahirde sınırları vardır. Bu sınırlar, sınırları olmadan sınırlardır. Ölçülü olmanın, iradenin, meydana vuruşudur.

Hacı Bektaş Veli Bâtınî anlayışında, *"Hayrıhi ve şerrihi min Allahü Teâlâ"* anlayışı çok önemlidir. Hayır da şer de Allah'tandır anlayışı, hem iyinin hem kötünün de Allah'tan olduğu anlayışı doğru değildir. Burada kullanılan şer de iyilik olarak algılanır. Bu Bâtınî anlayışında, hayır da Allah'tan, hayır da Allah'tan anlayışı üzerine kurulmuştur. Şer yaparak, bu da Allah'tan, Allah böyle istedi beni kullandı diyerek, bahane uydurmak ve günaha girerek insanlara zulüm yapmak Hacı Bektaş Veli Bâtınî anlayışında yoktur.

Hacı Bektaş Veli Bâtınî anlayışında, *"insan"* çok üstün bir yaratımdır. *"Yeryüzü halifesi"*dir. Âdem yaratıldığında, bütün isimleri öğretti, ancak melekler bu isimleri bilmiyordu, ancak Rabbin öğrettiklerinden başka. Ancak Âdem meleklerin de bilmediği isimleri açıkladı. Allah *"gizli tutulan her şeyi bilir"*. Halife kelimesi ile tüm yaratılanlardan en üstün, en şerefli kılındığı Bakara suresinde açık bir ifade ile ayet ayet aktarılmıştır. İnsan cevherinde, ruhunda, tüm isimler mevcuttur. Gizlide ve görünürde olan her şeyin gerçek manası, Batını ve Zahiri bilgisi mevcuttur. Bu da gönülde yer almaktadır. Çünkü tüm kâinata yerlere göklere sığmayan Rabb, insan gönlüne küçücük yere sığmıştır. Tüm isimler gönülde yer almaktadır. Bunların açığa çıkması ile insan, İnsan-ı Kâmil durumuna gelebilecek ve yaratılan gerçek halife olma özelliğine kavuşabilecektir. Bektaşiliğin gerçek öğretisinde, insanın olgunlaşması ve halife olması felsefesi vardır. İnsan eşyanın boyunduruğu altında olması dünyanın en aşağı seviyede olduğunun bir göstergesidir. Tüm eşyanın bilgisine sahip olan halife yani insan, aslında eşyanın efendisidir. Oysa eşyanın efendisi olmuştur. En güzel şekilde **ahsen-i takvim** olarak yaratılan insan, çevirdik aşağıların aşağısına attık ayeti ile dünyanın karanlığına gönderilmiştir. Ona ruhumdan üfledim ayetinde, Yaratıcı, Âdeme kendi kudretinden ruhundan üflemiş ve onu en şerefli ve üstün kılmıştır. İnsan, üstün bir tasarımdır. Ruh burundan üflenmiş, beyne yerleşmiştir. Kırk yıl boyunca Âdem, canlanmak için titremiş ruh/can göbeğe kadar inmiştir. Yaratıcının emri ile "dur" denmiştir. Ve Canlanma, beyinden göbek deliğine kadar olan yere kadar oluşmuştur.

HACI BEKTAŞ BÂTINÎLİĞİ

Azazel kırk yıl boyunca gelip Âdemin kafasına vurarak onun canlanması için çaba harcamıştır. Göbek deliğine kadar gelip de can bulan Âdem kalkmış ve kendisine canlı cansız, Zahir Bâtın tüm isimler öğretilmiştir. Sadece yaratıcının öğrettiğinden başka hiçbir şey bilmeyen melekler Âdeme secde etmişlerdir. Bir tek yalın ateşten yaratılmış ve başlangıçtan beri Rabbine hizmet eden ve en çok ibadet eden Azazel secde etmemiştir. Ve Yaratılmış olan Âdemin ve Âdemoğullarının akıllarını caydıracağına dair söz almış, kendisine belli bir süre tanınmıştır. Kur'an-ı Kerim'de yedi surede şeytanın secde etmesi emr olunmuş olarak geçmektedir.

Secde etmenin anlamı, himayesi altına girmek, tapmak manasında değildir. Saygı duymak manasında ele alınmıştır. Önünde eğilmek, saygı ile varlığını kabullenmek anlamındadır. İnsana niyaz edilir. Niyaz saygı duymak ve varlığı kabullenmektir. *"Nebinin emrine giren, benim emrime girmiştir"* **(Kur'an-ı Kerim, Fetih Suresi, 10. Ayet)** Ayette açıkça belirtilen, Peygambere yapılan niyaz etme yani ona saygı ile varlığını kabullenme, Yaratıcının varlığını kabul etme ve iman etme anlamıdır. İnsan insana, kul kula niyaz eder, tapmaz. İhlâs suresinde O'ndan başkasına tapmayınız ayeti vardır.

Hacı Bektaş Veli Öğretisinde, gizlilik bir prensip olmuştur. Bu da asılsız dedikodulara yol açmıştır. Oysa halk arasında *"Müslümanlık dini aşkâredir"* denir. Bu yüzden aslında Bektaşilikte de gizlenecek bir şey yoktur. Birlik sırları gizlenmiş, halka açıklanmamış, ancak tövbe eden ve dergâha girmeye liyâkat kazananlara aktarılan bir takım sırlar, şimdilerde bilinir hâldedir ve pek bir sakıncası yoktur.

IŞIK ERİ HÜNKÂR HACI BEKTAŞ

Bektaşilikte esas olan, **merkez** olmaktır, herkese eşit uzaklıkta olan, mesafe olmadan bir mesafesizliktir bu. Her zerreyi eşit görmek ve bir görmek, Yaradan'dan dolayı inşanı hoş görmek, sevebildiğin oranda da sevebilmektir. Bir yol gösterici olmadan da ilerlemenin mümkün olmadığıdır. En ışık tutucu yol gösterici Kur'an, Hz. Muhammed, Hz. Ali ve Ehli Beyt Âşkı, Sevgisidir. Allah, Hz. Muhammed'e Hz. Cebrail vahyi ile Kur'an gönderdi. *"Ben konuşan Kur'anım"* diyen Hz. Ali de, insanın içinde olan ayetleri vurgulamış ve okunacak en önemli kitabın insan olduğunu da aktarmıştır. Kur'an hem vahiy yolu ile hem de Hz. Ali'den zuhur ederek, gerek yaşantısı, gerek sonsuz sevgisi ile kendini açığa vurmuştur. Tüm ayetlerde, Hz. Muhammed, Hz. Ali ve sevgileri de bizimledir.

"Meydan Odası Erkân" Sırları

Bektaşi Aleviliğinde, ibadet yeri, Erenler Meydanı, Kırklar Meydanı ya da İbadet Meydanı olarak bilinir. Odanın giriş kapısının iç kısmına **Eşik** ismi verilir. Eşik Anadolu kültüründe büyük bir yer tutar. Eşikten atlama, eşikte durma iyi sayılmaz, eşikte oturma iftiraya uğrarsın, eşik bekçileri gibi sözler, eşikten içeri girerken, tüm kimliklerden soyunma ve negatif olan her şeyin eşikte ve dışında kalması söz konusudur. Bu yüzden eşik, odaya girişte negatiflerden ve dünyevî kimliklerden arınma için manevi bir görev üstlenmiştir adeta. Geçiş kapısıdır. Dünyadan, manevî ibadet yerine geçişte arınma yeridir adeta.

Odaya girdikten sonra odanın tam ortasında geniş bir alan bulunur. Burası Dar-ı Mansur'dur. Giriş kapısının karşısında bir ocak bulunur bu da Hz. Fatıma ocağıdır. Hz. Fatıma ocağı bereketin, rızkın ve bolluğun simgesidir. Çünkü **Kur'an-ı Kerim, Kevser Suresi, 1. Ayet**inde, *"biz sana Kevser'i verdik"* ayetinin manası, rızkın bol ve bereketin bolca verildiği manasındadır ve ayrıca Kevser mahlası, Hz. Fatma'nın Cennetlik ismidir. Bu da rahmetin bolluğun simgesidir. Fatma eli, Fatma ocağı kelimeleri halk arasında dolaşır ve bir adak yemeğine ilk el atan Hz. Fatma Anamızın eli diye niyet eder. Ateş varsa ocak, ocak varsa aş vardır, aş varsa huzur ve birliğin daimîliği vardır. Ateş, ocak sembollerinin hem Bâtınî hem de spiritüalizm açıklamaları ileriki bölümlerde daha kapsamlı yapmaya çalıştım.

Odanın sağ tarafında Mürşid postu, Ahmed-i Muhtar postu da denilir, bulunur. Odaya girenin sağında kalan duvarın önünde de Çerağ tahtı bulunur. Buna, Taht-ı Muhammedi de denir. Dört basamaklı bir kürsü olup, üç basamağında mumlar yanar. On iki mum Talip çerağlarıdır. Çerağ tahtının önüne en alt basamağına tek olarak üç fitilliği bir kandil konur buna Kanunu Evliya çerağı denir. Fitiller, Allah-Muhammed-Ali nurunu temsil eden bir sembol manadır. Çerağ anlamı kandil demektir.

Tahtın önüne, beyaz örtü üzerine Meydan taşı, kanaat taşı, mürüvvet taşı denilen bir taş konur. Taş ezoterik manada, ağırlığı temsil eder. Aynı zamanda da negatif etkileri yok eder. *"Taş gibi yattım, kuş gibi kalktım"* atasözü halk arasında çok kullanılır. Bir takım enerji çalışmalarında, ibadet yerlerinde kullanılan tılsımlı taşlar, çevrelerine belirli tesirler yaydıklarına ve canlı organizmalar üzerinde hem psişik hem de fiziksel etkilerde bulunduklarına inanılır. Taşlara eski uygarlıkların kültürlerinde ve ezoterik çalışmalarda *"Tılsımlı Taşlar"* ismi verilmiştir. Ezoterik

IŞIK ERİ HÜNKÂR HACI BEKTAŞ

prensiplere göre bazı taşlar evrendeki ve yerküredeki birtakım güçleri çekme, biriktirme, dönüştürme ve yayma özelliklerine sahiptir. İnisiyatik çalışmalarda, ibadet yerlerinde, bu tür taşların enerjetik özelliklerinden yararlanılır.

Çerağ tahtının solunda rehber postu vardır. Buna *Aliyyel-Murtaza* postu denir. Gayb erenler postu diye de anılır. Meydanda 12 post bulunur. Horasan Pir postu, Ahmed-i Muhtar postu Hz. Muhammed makamını temsil eder,

Ali postu rehber makamını temsil eder, Aşçı postu Seyyid Ali Sultan makamını temsil eder. Ekmekçi Postu Balım Sultan makamını temsil eder. Nakib postu Kaygusuz Sultan makamını temsil eder. Atacı postu Kanber Ali makamını temsil eder. Meydancı postu Sarı İsmail Sultan makamını temsil eder. Türbe Dar postu Kara donlu Can Baba makamını temsil eder. Kurbancı postu Hz. İbrahim makamını temsil eder. Ayakçı postu Abdal Musa Sultan postudur ve en son da Muhman Dar postu Hz Hızır makamıdır Seyyid el Hıdır makamını temsil eder. Üçüncü post olan Ali postuna Gayb Erenler postu da ismi verilir.

Meydan denilen erkân odasına, sadece gece girilir. Zata mazhardır. Yani kişinin ortaya çıktığı yerdir. Zatı Mazhara erişen sadece Hz. Muhammed'dir. Miraç'a çıkarken zatı ile mazhar olmuştur. Yani tamamen ruh ve bedeninin bir bütün hâlde uyanışı tam bir görüş hâlidir. Meydan odası, zatı ilahî sırlı yerdir. Meydan odası Ma'arifet ve Cennet cemalinin hakikati vardır. Meydan odasında tevhid için toplanılır. Meydan odasının ibadet yeri olması şu ayete göredir: *"Nereye baksan O'nun yüzü oradadır."* **(Kur'an-ı Kerim, Bakara Suresi, 115. Ayet)** Her yer O'nundur, O'nun yüzü oradadır. Nereye dönerseniz orası ibadet ve itaat yeridir lüzumundadır.

Meydan odası, **Beytül mukaddestir**. Kutsal evdir. Gayb erenlerinin toplantı yeridir, mahşer yeridir. Uhrevi yani öte dünyaya doğuş alanıdır. Yaşarken öte dünyanın içe doğuşudur. Meydan odası manası, ezelin başlangıcı, ebedin sonudur. Can alınıp can verilen, yemin söz alınıp telkin verilen yerdir. Meydan manası, övülen kabirdir. Yani ölmeden ölen içindir. Ezeli kudretin meydana vurduğu yer, **nun velkalem** noktasıdır. **Nun** hokka, **kalem** araç, **vel** ise yazılan ayetlerdir. Hokkadan yazılan ayetler noktasıdır. Noktadır. İlk başlangıç olan nokta ve yukarı uzantısı olan Elif'tir. Besmelenin başlangıcıdır. Her şey nokta ile başlar. İşte o noktadaki sır Meydan manası. Âdem'in önü ve sonu, meydan ezeli sahne, Ali'nin tecelli makamıdır. Tecelli yani her zerrede görünen anlamındadır. Görüntü olarak değil de, meydana gelişi, ortaya çıkışı, zuhur etmesi, her zerrede açığa çıkması demektir. Bu görüntü ancak dünyasal gözlerle değil, tasavvufi bir görüş yani içsel bir görüş ile anlaşılır ve idrak edilir. Meydan odası Tanrının evi, ilahî Âşk bahçesi, Tanrının sırrının niyaz sayfası yani Tanrıya yalvarma ve yakarma yeri, yaratıcının sırlarının meydana vuruş alanı ve Âşıkların Cennetidir.

Meydan odası, Doğu tarafı da batı tarafı da Allah'ındır ayeti hükmüne uyar. Meydan yeri kurban yeridir. Dar-ı Mansur'dur. Zafere ulaşanların, ölmeden ölenlerin, nar-ı kadehten içenlerin, beden kadehlerini Allah'ın nuru ile dolduranların yeridir. Meydan ortasında **Elestü** mihrabı bulunur. Ruhlar ile Rabbleri arasındaki antlaşmadır. **Kur'an-ı Kerim, Araf suresi 17. Ayet**te geçen antlaşmanın ayeti bulunur. *Ben sizin Rabbiniz* *değil miyim?* diyen Rabb ile antlaşmanın cevabı ruhlardan *Kalu Belâ* yani evet olarak gelmiştir.

Meydan odasında kıble, karşılıklı oluştur. Meydan odasında mürid ve mürşidler bulunur. Meydan odasında Fatiha suresi okunur, sırrına vakıf olunur ve yüzler yere sürünür. Meydan odasında kendini bilen Rabbini bilir ile yola çıkılarak **"beni bilsinler" "beni ansınlar ben de onları anayım"** anlayışı vardır. Meydan odasında cem olunduğu vakit, kimse kimseye arkasını ya da sırtını dönmez, herkes yüz yüze oturur. Bektaşiliğin sırlarından biri de Meydan odasında ibadet hâlinde iken, karı kocalar aynı anda aynı yerde bulunamazlardı. Bunun sebebi ise şudur: Hz. Muhammed Miraç'a yalnız çıkmıştır, yanında eşi yoktu. Aynı zamanda Miraç'ta gördüğü aslan da yalnızdı yanında eşi yoktu. Bu yüzden **rehberler tektir yani eşsiz**dirler. Meydan odası ibadetlerinde karı koca yan yana bulunamaz. Ancak kardeşi olabilir.

Gayb Erenleri

Gayb erenlerinin manası şudur. Tanrı, kâinatı, Gayb erenleri teşkilâtı ile idare eder. Aynı zamanda Gayb Erenleri, Tanrının ordularıdır.

Göklerin ve yerin orduları Allah'ındır. Gayb'ın anahtarları Allah katındadır.

O, Âdemi en mükemmel **ahsen** hâli ile yaratmış, kendi kudretinden ve ruhundan üfürmüş, şah damarından yakîn hâli olmuştur. Tüm isimleri öğretmiş ve Âlemi, melekleri ve varlıkları secde ettirerek tanıttırmıştır. Bu kutupluluk olayıdır. Yani

HACI BEKTAŞ BÂTINÎLİĞİ

Âdem, tek ulaşan ve en mükemmel zat, Tanrı sıfatlarının bütününe sahip olan tek varlıktır. Ve tüm kâinat bu kutbun etrafında döner. Çünkü insan yani Âdem yaratılmışların en yücesi ve şereflisi, Tanrının tüm isim ve sıfatlarının bütünü ve görünür hâlidir. **Birliğin** sembolüdür.

Kutba en yakîn ve derece olarak en mükemmel olan **imaman** denilen iki imam gelir. Bunlar, sağ ve sol imamlardır. **İkiler**dir.

Birliğin sembolü Kutup ile iki imam **üçleri** meydana getirir. Ruh ve Maddenin ortaklaşa alanından oluşmuş insan varlığı Can bulmuştur. Üçüncü farklı bir birleşim, ortak alandır. Zamanın sahibi ve Hayatın sahibi enerjileri ile Can bulur. Üçler aynı zamanda Allah-Muhammed-Ali olarak da anılır.

Dünyanın dört yanını idare eden dört direk erler vardır. Tasavvufta **Evtad-ı Erbaa** olarak bilinir. **Dörtlerdir**. İki doğunun iki Batının Rabbi. Su ve ateş, hava ve toprak. Yaşamın temelini oluşturan bu dört elementtir. Bir de dört kuvvet vardır. Bugün modern fiziğin kabul ettiği, evrendeki tüm fiziksel hareketler ve yapılar, dört kuvvetin birbiri ile iletişimi ve dengesi sayesinde olur.

O'nun ilminden göklerde ve yerde zerre kadar bir şey kaçmaz. Daha küçük ve daha büyük ne varsa. **(Kur'an-ı Kebir, Sebe Suresi, 3. Ayet)**

Daha küçük ve daha büyük diye bahsedilen atom ve galaksilerdir. Onun ilminden demesi kuvveti ve kanunların bahsedilmesidir. Ve zerre kadar olan da atomdur. Bir şey kaçmaz derken, kaçmaz kelimesi kuvvetin şaşmaz bir düzende olduğunun kanıtıdır.

Bu dört temel kuvvetten ilki atomun çekirdeğindeki dev güç olan güçlü Nükleer kuvvettir. İkinci kuvvet, atomun emniyet kemeri olarak anılan zayıf Nükleer kuvvettir.

Güneşin Aya, gece gündüzü geçmez. Her biri kendi feleklerinde (yörüngelerinde) yüzerler. **(Kur'an-ı Kebir, Yasin Suresi, 40. Ayet)**

Ayette, her biri kendi feleklerinde demesi, yerçekimi kuvvetini işaret etmektedir. Hiçbiri birbirine çarpmaz ve dengesizleşmez. Üçüncü kuvvet, Evreni yörüngelerde tutan en önemli kuvvettir, Yerçekimi kuvveti. Dördüncü kuvvet ise, Elektronları yörüngede tutan kuvvet, elektromanyetik kuvvettir. Bu kuvvetlerden birinin olmaması ya da görevini yerine getirememesi evrenin ve galaksiler arası, cisimler arası çarpışmalara ve kaosa sürükleyecektir.

Maddi bedenini manaya, nefsini ruha, varlığı ile yokluğu bir olan, Zahirde ve Batında olan, maddi bedeni ile ruhun mutlak ve gerçek varlığa dönüştüren Salihlerden biri vardır. Bilinen dört elementi varlığı ve manası ile buyruktan çıkmadan kullanabilendir. Bunları yönetir, istediği şekle bürünebilir. Bu da Hz. Hızır olarak bilinir. Hakkın, yeryüzündeki görünmeyen elidir. **Beşler** diye bilinirler. Beşler, Muhammed-Ali-Fatma-Hasan-Hüseyin olarak da anılır. Bir başka manada da, Dört direk ve Can ile beşler meydana gelir.

Bilimsel olarak da dünyanın dört ana temel katmanı vardır. Beşinci ise dengeyi sağlayan Ağır küre olan Çekirdek. Çekirdek,

Demir Nikel karışımından oluşmuştur ki, yine Kur'an-ı Kerim Kehf suresinde Zulkarneyn ile ilgili ayetlerde demir ile yapılan setten bahseder. Demir dünyanın koruyucu ve dengeleyici unsurudur.

Gaz Tabakası (ATMOSFER) HAVA
Taş küre(YERKABUĞU) TOPRAK
Su küre SU
Ateş küre (MAĞMA TABAKASI) ATEŞ
Ağır küre (ÇEKİRDEK) dengeyi sağlayan.

Halk arasında yedi sultanlar olarak da bilinen **yediler**, yedi iklimi yönetendir. İklim, yedili sistemdir. Farklı boyutlar, katmanlar, farklı yaşam tarzlarıdır. İklimin hakiki anlamı, iklimsel değişikliği vurgulamak amaçlı. Her iklimin kendine has özelliği olduğu gibi, her katmanın, her boyutun da kendine has özellikleri ve düzeni vardır. Kur'anda *seb'a semavati* olarak geçer. Yedi semalar. Ve *seb'a semâvâtin tibâkâ* olarak bahseder. Yedi semalar tabakalar hâlinde.

Bilimin bugün ortaya koyduğu bilimsel verilere göre de atmosfer yedi tabakadan oluşmaktadır.

1 Troposfer
2 Stratosfer
3 Ozonosfer
4 Mezosfer
5 Termosfer
6 İyonosfer
7 Ekzosfer.

Yeryüzünün, yer kabuğunun yedi katmanları ise,

1. Kat: Litosfer (su)
2. Kat: Litosfer (kara)
3. Kat: Astenosfer
4. Kat: Üst manto
5. Kat: Alt manto
6. Kat: Dış çekirdek
7. Kat: İç çekirdek

Gayb Erenleri, dünyanın sevk ve idaresinden sorumludurlar. Fiziki ve ruhsal kanunların insanlar ve yeryüzü için en uygun olanını, ilahî irade yasalarına uygun, emirler doğrultusunda uygulamaktadırlar. Abdallar olarak bilinirler. Dört direk ile insan üçlüsünün toplamı **yedileri** oluşturur. Kur'an-ı Kerim'de yedi kat gökler ve yedi kat yer, yedi Cehennem olarak bilinen yedi tamu ile ilgili ayetler de sıkça geçmektedir. Yediler, katmanlar arasındaki koordineyi sağlar ve dirlik ve düzenin tanzimi ile uğraşırlar.

Halkın ihtiyaçlarını karşılayan, yetişen ve kısmetlerini rızklarını şaşmaz bir düzende tertipleyen **kırklar** vardır. **Nüceba** olarak bilinirler.

İnsanları gözetleyen, canlarının enerjilerini sağlayan **üç yüzler Nükeba** olarak bilinirler.

Daima Hayy olan ve Kayyum olan Yaratıcı, uyku tutmaz, uyumaz, daima görüp gözetleyendir. Hayy'dır yani diridir.

Kayyumdur yani idare eden ve yöneten. Şaşmaz düzenin tek sahibidir.

Hiyerarşik düzen, Arştan, yere kadar olan her katmanda, kademede, tabakada mevcuttur. Her katmanın koruyup koruyucusu, terbiye edicisi vardır. Sonsuz bir hiyerarşik düzen mevcuttur. Bu da şaşmaz düzenin göstergesidir.

Kur'an-ı Kerim'de önemle belirtilen hiyerarşik tabirler vardır. "Kâbe'nin Rabbi". Kâbe insanın gönlündeki sultandan biridir ve Râhman olarak bilinir. "Sabahın Rabbi" Aydınlanmış, uyanmış insanın tanımıdır. "İki Doğunun iki Batının Rabbi", madde ve ruh dünyasının görüp gözeticisidir. "Rabbü'n Nas" tabiri ise her insanın kendine özge terbiye edici sistemidir. "Rabbil Âlemîn" tabiri ise, Âlemlerin Rabbi olan Allah'tır ki, tüm Âlemleri ve üzerinde bulunan varlıkların terbiye edici, görüp gözeticisidir.

Ayn-ül Cem Anlamı

Tanrının, her zerrede kendini açığa vuruşunu bilmek ve mertebe alarak bunu oluş hâline getirmektir. Topluluk ve toplanma anlamına gelir. Ayn gözü ile bakış, içe bakış ve Tanrının her zerreden baktığının açıkça ifadesidir. Ayn öz anlamındadır. Özün her zerreden bakışı ve bir araya toplanma ifadesidir. Her çeşitliliğe ve farklılığa rağmen, özün zerrelerden çoğul olarak toplanma ve bir araya geliş ifadesidir.

Ayn-ül Cem, nasip alma yani Miraç olarak da bilinir. Ölünce edinilen sırrın, ölmeden önce henüz yaşarken bilinmesi ve bunun sonucunda yeniden doğuş anlamındadır. Yeni bir yolculuktur bundan sonraki. Aşk yolculuğudur. Aşk bir sefer olarak yorumlanır. Ana babadan doğan kişi, Miraç olayı ile ana babadan doğumdan yeniden aynı bedende bir kez daha doğmuştur. İşte bu dünya dilinde uyanış ve farkındalık olarak bilinenin çok daha derin manası olan bir tekâmül aşamasıdır. Burada **mürşid babadan doğuş** vardır. İkinci doğum olarak bilinir.

Büyük Yaradan, Hz. Âdemi topraktan yarattığında kendi ruhundan üflemiştir. Üfleme Âdeme güç ve kudret de vermiştir. Kendi suretinden yaratması, sonsuzluğunun ve ölümsüzlüğünün bir işaretidir. Hz. Âdem ölümsüz ve sonsuz yaratılmış en mükemmel insan formudur. Tek yaratım ve tek ruhtan üfleme. Hz. Âdeme verilen bu ruhi kudret, tek candır. Tek Özdür. Mükemmel Tanrısal Formdur. İşte dünyada, eşi ve Âdemin çocukları olarak çoğalan Âdem nesli, bu mükemmel olan Ruh'tan, Öz'den, aldığı pay, **Nasiptir**. Derece derece insan bedenine doğru inen kademelerde Özden alınan payın cevher ve diğer ruhsal bedenler olarak yorumlanması spiritüalizmde ve ezoterik bilgilerde genişçe yer almaktadır. İşte herkese düşen bu Özden Tanrısal boyuttan alınan nasip yani payın, insan bedeninde ne derece olgunluk gösterdiği ve bu olgunluğun tedricen yani yavaş yavaş olgunlaşarak tekâmül etmesi, Tanrısal boyuta ulaştırılması da İnsan-ı Kâmil olma özelliğidir.

Dergaha nasip almaya gelen öğrenci, o ruhun kendisine verilmesi ve o ruhun da İnsan-ı Kâmil olgunluğuna erişmesi için bir Mürşide tabi olması gerekmektedir.

Nasip almaya niyetli öğrenci, uyarıcısının himayesinde (mürşidi) yol göstericiliği, ışık tutması ile ilk adımı atar. İkrar töreninin manası, nasip alan beşer insanının, asli ruha doğru yücelişini sağlayacak yola adım atışının kutlanışıdır. Bu yolculuk, Âşk yolculuğudur ve **kendinden kendinedir.**

Kendini bilen Rabbini bilir, işte o zaman aşağıların aşağısından yücelere tırmanan gelişim yani tekâmül merdiveninde, tedricen yani yavaş yavaş, hazımla, idrakle, sevgiyle Erdem sahibi olgun insan özelliğinin tekrar liyâkatine ulaşır.

"Bir ben var bir de benden içerü" der Yunus Emre. **Bir ben var** manası, nasip almadan önceki kişiyi, **bir de benden içerü** manası, nasip aldıktan ve Âşk yoluna girdikten sonraki kişiyi temsil eder. Ortada iki kişi değil, tek kişi vardır.

Kendinden kendine yolculukta ulaşılacak nihaî yer, Öz yani ilk yaratımdaki üflenen Tanrısal ruhtur. O da Hz. Âdem'in Yaradan'dan aldığı nasip olan bir paydır. Hz. Âdem ve insan çoğalan insan nesli de belli bir olgunluğa eriştiğinde ise, ilk yaratında üflenen payın yolculuğundadır. Erişeceği nokta ise Tanrısallığın Tanrısallığı olandır. Beşer kendinden kendine Âşk yolculuğunu yaparken, Hz. Âdem yani İnsan formu da gelişmekte ve o da nasip aldığı kudretli pay olan Ruhun yolculuğudur. O da kendinden kendine olan yolculuğunu yapmaktadır.

Dergâha nasip almaya gelen istekli öğrenci, çar-darp tıraş olur, yani tüm başındaki uzamış kıllardan arınır. Bu olaya Cevlak adı verilir. Halk arasında çısçıplak ya da cascavlak sözleri bu olaydan türemiştir.

Nasip alma bir nevi ant içme, yemindir:

İlk yemin Kalu Belâda, ruhların Rabbe olan yeminidir.

İkinci yemin de dergâhta mürşide verilir. Mürşide verilen yemin Kur'an'a el basma ile gerçekleşir. Topluluk huzurunda istekli öğrencinin nasip almak için ettiği yeminidir. Daha sonra da tatlı yenir tatlı konuşulur. Şeker şerbeti tadılır.

Tatlı meselesi, Türk halkı arasında bir anlaşmadan sonra mutlaka yerine getirilen bir adet hâline gelmiştir. Kız istemelerde, düğün derneklerde, anlaşma sonrası tatlı yenilir. Çünkü tatlı, beyindeki ön lobları besler, kan şekerini dengeler, (heyecandan sonra) idrak ve anlayış hâlini kuvvetlendirir ve verilen anlaşmanın bedenin her hücresinde hissedilmesine yardımcı olunur. Kur'an'a el basma ve yemin etme, hala Türk mahkemelerinde kullanılır.

Bu öğrenci eğer Müslüman değilse, yemin töreninden önce Müslüman olur. On sekiz yaşını doldurmuş şartı aranır. Kendi isteği ile gelmiş, aklı başında olması, vücudu kusursuz düzgün ve ahlâkı iyi olması şartları aranır. Bilgisi olması ya da olmaması sorun teşkil etmez. Sadece o bilgiyi alabilecek zekâ şarttır. Bu şartlar hala günümüz devlet anlayışında geçerlidir.

Nasip aldıktan sonra, öğrencinin ağzı sıkı olmalı, sır saklamalıdır. Herkesle her şeyi konuşmamalı, düşünmeden söz sarf etmemelidir. **Bilen konuşmaz, konuşan bilmez** deyimi buradan gelmektedir. **Az konuş arif sansınlar** sözü de yine buradan gelir. Diğer bir şart ise, kardeşlerini yani birlikte olduğu tüm topluluktakileri küçük görmemesi gerekir.

Hacı Bektaş Veli Hurdenamesi'nde şöyle buyurur:

"Şeriatta bu senin bu benim, tarikatta hem senin hem benim, hakikatte ne senin ne benim, cümle varlık Hakk'ındır".

"Zerre Almak" Bâtınî anlamı

Mürşid yani aydınlatıcı yanında bulunan delili/mumu Hakk-Muhammed-Ali diyerek, üç yerinden öpüp, çerağcıya verir. Çerağcı da delili üç kez öpüp, ona niyaz ederek ve aynı sözleri söyleyerek delili alır.

Mürşide niyaz ettikten sonra da Kûre (ocak) makamına gelip ocaktaki ateşten ya da ocak yanmıyorsa çerağ Alevinden delili uyandırır. Bektaşilikte delilin uyarılmasına **"zerre almak"** denilir. Kûreden (ocaktan) uyarılan çerağ aynı zamanda Horasan'dan gelen Pir'in irfanını da simgeler.

Çerağların uyarılması esnasında okunan tercümanlarda **"Kandil Nur-ı Muhammed Ali'dir ezeliden ezeli"** sözleri geçer. Bu sözler ile Hz. Muhammed, Hz. Ali ve Alevi-Bektaşi'lerin Piri Hünkâr Hacı Bektaş Veli çerağa benzetilir. Özellikle Horasan çerağının üç fitili Hakk, Muhammed, Ali'yi simgeler ve üçünün birliğini gösterir.

"Rıza" Bâtinî Anlamı

Rıza, belâyı hissetmemektir. *Her başa gelmez belâ, erbabı istidat arar.* Talipli yola girdiği vakit rıza gösterir. Yani o yolda başına ne gelirse gelsin hissetmeyecek yoluna devam edecektir. Tasavvuf yoluna, rıza kapısı denmiştir. Kulun Allah'tan, Allah'ın kulundan razı olması "râzıye" ve "merzıyye" gibi tekâmülî iki nefs basamağını gösterir. Sufiyye yolu çok meşakkatlidir, demir leblebi çiğnemeye benzer, yenmesi zor bir lokma olduğu için, bu yola **rıza lokması** denmiştir. **Rıza pazarı**, tasavvufî yolda, her şeyin Allah'ın rızasına bağlı olduğunu bildiren bir sözdür. Her şey rızaya bağlıdır; rızasız lokma yenmez.

Razı mısın? Allah razı olsun. Rızan var mıdır? gibi halk arasında yaygın kullanılan tabirler, bir nevî helâlleşmek anlamındadır. Razı olmadan, rızası olmadan yani haberi ve bilgisi olmadan, bihaber bir şey yapılmaması anlamındadır. Rızası alınmadan yapılandan hak geçer. Bu en büyük haksızlık ve adaletsizliktir. Çünkü Yaradan, *"neyle gelirseniz gelin, karşıma kul hakkı ile gelmeyin"* der. Bu yüzden *rıza bir lokmadır, yiyemezsin* denmiştir.

Rıza Şehri

Bir zamanlar, bir sofu dünyayı gezmeye karar verir ve yola koyulur. Yolu bir şehre düşer. Şehir pek bilindik bir şehre benzemiyordur. Herkes sabah çok erken kalkıp işine gücüne gidiyor, sessizlik ve huzur içinde yaşayıp gidiyorlardır. Sofunun karnı acıkır bir fırına girer, ekmeğini alır, cebinden parayı çıkarıp fırıncıya uzatır. Fırıncı parayı görünce şaşa kalır. Anlar ki bu sofu bir dünyalıdır, bu şehirden değil. Hemen alır sofuyu meclise götürür. Meclis denilen basit bir yapı, yerlerde eski ama temiz kilimler olan, şehrin ileri gelen yaşlı bilgelerin oturduğu ve şehir hakkında toplantı düzenledikleri yerdir. Fırıncı durumu anlatır ama meclis ihtiyarları kızarlar, neden dünyalıyı meclise getirdiği için. Onun yeri konakta ağırlanmak, aş evinde yemek yemektir. Çünkü töre budur.

Dünyalı sofuyu alıp konağa götürürler, üstünü pak yaparlar, aş evinde yedirir içirirler. Şehirde nasıl davranmasını nasıl dolaşması gerektiği ile ilgili bilgilendirirler. Bu şehirde paranın pulun geçmediğini anlatırlar. "Rıza şehridir burası, para pul geçmez, rızalık alırsan, dilediğini yer içer, gezersin. Bunu da hiç unutma" diye durumu izah ederler.

HACI BEKTAŞ BÂTINÎLİĞİ

Hiç kimse ne yaptığını hiç sormadı dünyalı sofuya. Yedi içti, gezdi, istediğini rızalıkla aldı, gönlünü hoş etti. Sonra eşyalarını toplar ve gitmeye hazırlanır. Ancak görevliler, uzun zamandır konakladığını, rızalıkla yaptığını belirtirler. Ancak kendilerinin de razı olması için bir müddet onlar için çalışması gerektiğini belirtirler. Sofu buna karşı koymaz ve sabah akşam çalışmaya başlar. Onu konaktan alıp büyük bir eve yerleştirirler. Rahatı keyfi yerindedir, çalışmaya da başlamıştır.

Yavaş yavaş arkadaş ve dost edinmeye başlar. Kim onu görse "sen dünyalı mısın" diye sorar olur. Sofu iyiden iyiye sever olur bu şehri. Ve şehre yerleşip Rıza şehirli olmaya karar verir. Önce evlenmesi gerekir ki bunun nasıl olacağını yetkililere bildirir. Onlar da ona yol yordam gösterirler. Tüm gençlerin bir araya geldiği birbirlerini beğenip evlenmek üzere anlaştığı mekâna götürürler. Orada bir "bacı" görür ve kendine yakîn bulur. Anlaşırlar. Bacının ilk sorusu "sen dünyalı mısın" olur. Sofu dünyalı olduğunu belirtir. Bacı da "olsun, sen beni kendine eş seçtiysen ben de buna razıyım. Hem sana rıza şehrinde yaşaman için yardımcı olurum" der. Sonra boş zamanlarında buluşup anlaşmaya çalışırlar.

Bir gün yine konuşmak için bir yerde sözleşirler, sofu bacının yanına giderken bir bahçede "nar" ağaçlarını görür. Bir iki tane koparır, ancak yakalanırım korkusu ile tedirgin olur ve bir ağacın dalını kırar. Narları alır ve buluşma mekânına giderler. Onları bir güzel kabuklarından ayırır ve hazırlar. Bacı gelir, narları görür, pek hoşlaşmaz bu durumdan. "canım isteseydi ben de o narlardan koparır yerdim, ama şu an bunu istemiyorum, yazık çürüyüp heba olacaklar. Oysa başkalarının karnını doyurabilirdi, onların rızıklarını boşa harcamış olduk, hakkını çiğnedik.

IŞIK ERİ HÜNKÂR HACI BEKTAŞ

Hem biliyorsun ki, burası Rıza Şehri. Burada rızalık aldıktan sonra istediğin kadar yeyip içebilirdin. Ama sen bunu tedirginlikle yaptın, üstelik de bir ağaca zarar vermiş dalını incitmişsin, hepsinden haberim vardır. Sen bu şehre ayak uyduramayacaksın, bunca zamandır bir türlü alışamadın." der. Ve durumu yetkililere bildirir. Yetkililer de durumu anlarlar ve sofuyu Rıza Şehrinden uzaklaştırırlar.

Rıza üç türlüdür. Kişinin kendisine olan rızalığı, ikincisi topluma olan rızalığı, üçüncüsü de tarikata olan rızalığıdır.

Kendi ile olan rızalığında, kendi ile yüzleşmesi, hiç kimsenin tanıklığı olmadan, Rabbi ile kul arasında olan bir hesaplaşmadır. Bu rızalıkla kendi ile halvet olacak, kendini ele verecek ve yüzleşecektir. Secdeye durmanın manası budur. Secde et ve yaklaş manası, yakîn olmadır. Tanrı her şeyi gören, duyan ve bilendir. Gayb'da olanları yalnız O bilir. Onu kandırmak mümkün değildir. İşte secde olayı insanın nefsiyle, kendi ile hesaplaşmasıdır. Orada sadece kendi ve Rabbi vardır. Secdede kendini bilir, Rabbini bilir. İşte o zaman gelişme için adımı atmış olur.

Topluma olan rızalığı, Edeptir. *Eline, diline ve beline sahip olma*nın formülüdür. İşte bu mühür kelime olan "edep", bir makamdır, ulaşılması gereken bir "hâl"dir. Bu insanı tüm kötülüklerden koruyan bir kalkandır. Bu formülü bedenine, nefsine, ruhuna yerleştiremeyen, nefsinin kurbanı olur. Nefs insanı kurban eyler. O zaman köle olur. Oysa insan "kul" olmak için yaratılmıştır. **Abd**, yani kul. Kul olma manası, insan için en üstün İnsan-ı Kâmil olma özelliğidir. Secde eden, yaklaşan, edep makamına ulaşan insan, üstün ve şerefli insandır.

Üçüncü rıza ise, **tarikata olan rızalığı**dır. Dinde zorlama yoktur, herkes gönül ile girdiği yolda ilerleyecektir. *"İster pir olsun, ister öğrenci, herkes rıza ile gönül ile işbirliği yapacak ve işlerini halledecektir. Herkes birbirinden razı olmalıdır".* Bu yüzden herkes kardeştir.

Üç rızanın birleşimi, el ele el Hakka prensibini oluşturur. Hakk yolu, Nur yoludur. Gölge yolu değil. Çünkü insan gölge insanıdır. Nurun yansıyan Bâtındaki tarafı değil, Zahirde kalan yani gölgede kalan tarafındadır. Bâtınî nur ile aydınlıktır, oysa Zahirde gölge ve karanlık içindedir. Rıza ise gölge dünyasında karanlıklar içindeyken, Nur tarafını hissetmek ve bilmektir. Zahirde gözünü açanın Bâtında bilme hâletini de yaşamasıdır.

Tevhid-ül Maarifi

Tevhid **birleme**dir. Maarif ise **kalbe doğan ince seviyede ilim**dir.

İlim iki yolludur:

Birincisi okuyarak, öğrenerek, tatbik ederek, duyarak, aktarılan ilimdir.

İkincisi ise, gönle, kalbe doğan bilgilerdir. Bunlar ince seviyede oluşur. Eskiden dergâhlarda sohbet esnasında kalbe doğan ilmi aktarırlardı. İçe doğuş, kalbin gönül ile oluşturduğu köprülerden akan ışık, sızan Nurdur. Ve o bilgilerin akıl ile yoğrularak dil ile aktarılmasıdır. Bu ilmi alan kişi, bir Lahza An'da tüm Âlemlerin, kâinatın bilgisini içinde hisseder, Kâinat ile nefes alır, Birlenir, nefesini yine olduğu yerde yani arzda verir. İşte o An'da içe doğan tüm güzellikleri bir nebze olsun hisseder.

Ve onda kalanları aktarır. Hepsine sahip olamaz, ancak kanca atabildiği kadarını getirir ve aktarır. Bir huşu hâlidir bu. İçe doğuşta kendini bedenli olarak görmez. Bedenden çıkmış, bedenini kâinatla Birlemiş ve tekrar arzdaki bedenine dönmüştür. O bir anlık zamanda bin yıllık tecrübeyi yaşar, ancak bu tecrübe hallerini arz bedenine döndüğünde, çok azını dile getirebilir. Çünkü arz bedenin çekim alanı ancak buna müsaade eder. O sevgiyi hisseden insan, hepsini aktarsa idi parçalara ayrılıp yok olabilirdi. Bunu ancak Gönül taşıyabilir, Gönlün kalbe aktardığı cüzziler bile ne muazzam bilgileri ortaya çıkarır. Velilerin, Pirlerin aktardığı o **bir cümle zenginliği** olan kelimeleri okuduğumuzda bile kendimizden geçeriz. İşte bu o gücün eseridir.

An ve Zaman Sırrı

Tanrı kavramı, Makalat kitabında Bayık Tanrı, Çalab, Padişah, Gönül Sultanı olarak çeşitli yerlerde geçer.

"An", zamanın içindeki büyük zamandır. Zamanın sahibi manasındadır. Zaman bir varlıktır ve ilk yaratımda, yokluktan varlığa geçen bir Cevherdir.

Zaman bir enerjidir. An ise, tüm zamanların, evvel ve sonraki olan tüm zamanların birliğidir. Aslında zaman çoğul değildir, birdir ve tekdir. Tek bir zaman içinde tüm zamanlar mevcuttur. An ise bütünselliğin bir cüzzisidir ancak bu cüzzi de tüm Âlemlerin, yaratılıştan sonsuzluğa kadar olan tüm zamanların birliğini anlatır. An kelimesinde, gün, ay, yıl, saniye, salise kavramı yoktur. Bu kavramlar dünyasal kavramlardır. Oysa An kelimesi Ruhun bütünselliğinin zamanını içinde barındıran bir kesittir. Fakat o kesit bir parça değil, parçadan çok bütünlüğün kozmik enerjisini taşıyan bir parçadır. An, Yaratımdaki Ol! ile aynıdır. Yani Kün! dilediğinde An'da yaratım gerçekleşmiş, yokluktan varlığa geçiş olmuştur. An'da Yokluk, Varlıkta Can ve Hayat, Yaşam varlıklarını oluşturmuştur. An yani zaman mevhumu, kavramı, manası, her boyutta, her yaşam formunda, Arştan Arza kadar olan her kesitte vardır. Farklıdır ancak zamanın olmadığı hiçbir yer mevcuttur değildir.

Kutsal kitaplarda, zaman manası konu edilmiştir. *Sizin dünya zamanınız olan "elli bin yıl, biz de bir gün olarak geçer"* diye bahsedilir. Zaman görecelidir. Her boyutta hissedilen zaman akışı farklıdır. Einstein bize bunu *"sevgili ile geçirilen bir dakika ile kızgın bir tavanın üstünde geçirilen bir dakika aynı değildir"* olarak görecelilik kanunu açıklamıştır. Bizim evrenimizde ışık hızı ulaşılan en son zaman kavramıdır. Ve tüm hesaplar ışık hızına göre yapılır. Zaman hislere ve algılara göre de değişir. Bir An içinde binlerce yıllık bir hâl de yaşanabilir.

An *Zamandan Bildiri*
O An'dan Birliğini bildirdi.
O An'dan kâhr'ın bildirdi.
O An'dan izzettin bildirdi.
O An'dan Celalin bildirdi.
O An'dan Mahabbetin bildirdi.
O An'dan nusretin bildirdi.
O An'dan kısmetin bildirdi.
O An'dan hısbetin bildirdi.
O An'dan Rahmetin bildirdi.
O An'dan kullarına ilim öğrenmek bildirdi.

O An'dan hikmetin bildirdi.

O, An zamandan türlü türlü nesleler bildirir, hesap olunmaz, anlaşılamaz. Aklın bunları kavrayışa gücü yetmez. An'da kendini bilen, Büyük Tanrı'yı da bilir.

İnsan kendi soyunu, sopunu bilir, öğrenir. Kimden doğdu, atasının ne olduğunu, nereli olduğunu, konumunu bilir. Ancak varlık olarak "kendi" ilmini bilebilir mi? Kendi ilmini bilmek, Arştan tahtı saraya (gönle) kadar ne varsa bilebilir mi? Âlemlerin kendi gibi olduğunu bilebilir mi? Tüm kozmik inşanın kendi bedeninde var olduğunu bilebilir mi?

Âdem-i Vücud

Arş ile arz arasında çok çeşitli varlıklar, nesneler mevcuttur. Ancak Âdem bunların en şereflisi, en ulusudur. Tüm Âlem, Âdem içinde vücut bulmuştur. Tüm görünen madde Âlemlerinden yukarı on sekiz bin kandil asılıdır. Bir kandilin genişliği, yetmiş kez dünyadan büyüktür. Bunlar O'nun hazineleridir. Ve bu hazineler baştadır. Can hazineleri de baştadır. Çünkü O'nun Ruhu, burundan üflenmiş, baş köküne yerleşmiştir.

Baş, Arş'a benzer. Akıl, İlham, Fehm(anlayış, kavrayış), His, İlmin gönle akması Ma'arifet, Mahabbet yani İlahî Âşk, Bin Arş gibidir ve görünenden uzaktır. Yani görünen Âlemde değil, Gaybda olanlar, gizlide olanlardır. Baştadır ancak gizlidedir.

Gönül, Uçmağa (Cennete) benzer. Gönül, dünyadan ve öte dünyadan uzaktır, farklıdır. Dünya Mahabbet yani ilahî Âşkın bedende hissedildiği yerdir, arayış ve bulunuştur. Öte dünya ise, nimet evidir. Nimetten beslenilir. Oysa Gönül Ma'arifet evidir. Rab ile Gönül arasında perde yoktur. Bu yüzden Kudret ve Azim ilminin akması Gönledir. İşte bu hem dünya, hem öte dünyadan çok daha üstündür.

Yedi kat gök diye bahsedilir, Ten yani beden de yedi kattır. Kan, ilik, kemik, damar, et, deri, sinir yedi kat gök gibi insan bedenini örter, bir ağ oluşturur.

Dünyada dört od, yani ateş vardır. Taş odu, çekirdekte erimiş olarak bulunan lavdır. Ağaç odu, carbon molekülleri, oksijen ve hidrojen atomlarının canlıları oluşturması ve hayati önem taşıması. Ağaç odu diye bahsedilen, Karbon atomunun, tüm zerrelerde yaşam oluşturduğudur. Yıldırım odu, eksi ve artı kutupların oluşturduğu enerji biçimi. Yağmurlu havalarda, toprak ile gökyüzündeki bulutların, elektriksel alışverişidir. Tamu odu, yani Cehennem ateşi diye bahsedilen, insanın vicdanının adaleti, yargılaması ve içten yakmasıdır.

İnsanda da ateş vardır diye bahseder Makalat kitabı. Mide odu, mide asididir. Çok kuvvetli bir asittir ve ateş gibi bir benzetme yapılmıştır. Tüm yenilen maddeleri parçalar, çok küçük zerrelere ayırır ve gerekli olanı hücrelere taşınması için gereklidir. Bu bilinen tarafıdır, bir de bilinmeyen "açlık" ateşidir. İnsan aç kaldığında, tetikleyen bir mekanizmadır bu. Mide odu, açlık mekanizmasının tetikleyici gücünün simgesidir. Şehvet otu, nefsin arzularının ateşidir. Üreme, istek, arzu ve her türlü yaşamı daim kılar tetikleyici unsurlardır. **Soukluk odu** diye bahsedilen, insanlar arasındaki iletişimdir. Şimdiki dili ile **"elektrik alma-alamama"** meselesidir. Görünmeyen bir ateştir ancak tetikleyici bir unsurdur. Sevgi ve kaynaşma, hoşlanma ya da hoşlanmama, nefret ve kin gibi güdülerin de oluşmasına sebep olur. Mahabbed odudur ki, bu da ilahî Âşkın ateşidir. Herkeste kısmi olarak bulunur. İbadet etmekten, yaratıcıya inanmaya, Allaha yönelmeye ve masivadan vazgeçip tamamen ruhi hâlin bedende yaşanmasına kadar olan bir ateşleme mekanizmasıdır. Bilmek başka, Ma'arifet başkadır, öğrenmek başka Ma'arifet başkadır. Bilmek ve öğrenmek duymak ile Ma'arifet ise gönle düşen bilginin hislenmesi ile yaşanması ile mümkündür. İşte bu Mahabbettir. Gönülde yaşanan tüm hâletin yaşanmasıdır. Yüzlerce sayfa okumak ile bir Andan akan ilmin yaşanması başkadır.

Dünyada dağlar ve denizler varsa, Âdemde de dağlar ve denizler vardır. Tüm kemiklerin başları dağlara benzer. İskeletin oluşması için en önemli oynak yerlerdir. Ve onlar olmasa hareket kabiliyeti olmaz, insanı dik durmasına yardım eder. Dağlar da böyledir, dünyaya dikilen dağlar da hem sabittir hem de akandır. Sabittir çünkü kökleri ile yerin sağlamlığını daim kılarlar, hem de hareket ederek kıtaların ve konumların değişmesinde rol oynarlar. Denizler, yaşam için gerekli dönüşümü, akışı sağlarlar. İnsandaki denizleri de Makalat kitabı şöyle açıklıyor. Göz görür, dil söyler, kulak işitir, gırtlak gıdanın geçişini sağlar (kursak eritir) karın boşaltım sistemi ile canlılığı daim kılar, elem ve üzüntü denizi, sevda denizi de yedi deniz olarak aktarılır.

Dünyada ırmaklar varsa, Âdemde de ırmaklar vardır. Gözyaşı ırmağa benzer. Dünyada su varsa Âdemde de su vardır. Safi su (yağmur suyu), acı su (bitkilerdeki zehirli su, denizlerdeki tuzlu su) koyu su (bataklık), yer suyu (içme temiz su). Âdemde de su vardır, ağız suyu tatlı sudur. Göz suyu acı ve tuzlu olandır. Kulak suyu saf su dengeyi sağlar, burun suyu koyu sudur.

Dünyada mümin vardır inanır, teslim olur, kâfir vardır inanmaz, inkâr eder. İlham mümine benzer vesvese kâfire.

Dünyada yel(rüzgâr) varsa, Âdemde de yel vardır. Ağızda öğütülen besini, kursağa sürükleyen yeldir. Kursaktan mideye öğütülmesi için süren yeldir. Nesneleri damarlara ulaştıran yeldir. Damarlara ulaşmayanları, boşaltmaya yarayan yeldir.

Gönül bir şehirdir. Ten yani deri ve tümü hisara benzer. Göğüs içi, pazara benzer. Yürek, böbrek, dalak dükkânlara benzer. Sadıklık, söz, ispat, şevk, Mahabbet, yalvarma ve korkma, derin düşünme metalara benzer. İman cevhere benzer. Akıl mescide benzer. Ma'arifet(gönle düşen ilim) kandildir, Arş'tan arza kadar aydınlatır. İman sermayeye benzer, imansız olmak sermayesiz olmaktır. Gözler teraziye benzer, dengedir, birisi Zahire bakar, diğeri Bâtına bakar. Bâtın diye bakanın terazisi ağır gelir, Zahir diye bakanın terazisi hafif gelir. Bâtın gözü gönül gözüdür. Vicdan adaleti ile hareket eder ki, edep ve erdem hâkimdir. Zahir bakanlar ise tamamen masivanın yani eşyanın, maddenin etkisindedirler, yaptıklarının hesabı yokmuş gibi davranırlar. Mühim olan iki dünyanın da dengede olması ve terazinin dengede kalmasıdır. Bâtınî bilip, Zahir bakabilmektir.

Nefis zalimdir, Can muktesiddir. (Kendine hâkim olan, zihnine ve hareketlerine sahip olan manasında.) Gönül sabıktır. (Kendinden ve arzularından vazgeçen, tamamen teslim olmuş, belâlara sevinen ve sabırla kabullenen manasında.)

Dünyada gök ve yer vardır. İnsanın başı göğe benzer, tabanı yere benzer. Akıl aya benzer, Ma'arifet güne benzer, ilim yıldıza benzer. İnsanın kaygılı hâli buluta, gözyaşı yağmura benzer.

Gönül kuşa benzer, kuş bazen sapar ancak gönül hiç sapmaz, azmaz. Çünkü gönül ile Hakk arasında perde yoktur.

Dünyada ırmaklar var, insanda da süt kanalları, kan, safra pınarları vardır. Cennette yemek var, ancak boşaltım sisteminin çalışması yoktur. Ana rahminde de bebek yer içer ancak boşaltım sistemi çalışmaz.

Gönül padişahı, Âlem Tanrının nazargâhıdır. **Sa'd bini Abdullah** eder. Hakk ile cümle nesne arasında perde vardır, gönül ile Hakk arasında perde yoktur.

Nazar, Ayn bakışı yani Hakkın gözü ile bakar ve Hakkın nuru ile görür, velâyeti tamamlayarak sıddîklık makamına hak kazanır. Gönül padişahı, Âlemlerin Rabbi bakışındadır. Yani Gönül padişahının bakışı, Âlemlerin Rabbi bakışıdır. Gönül gözü ile bakarsan, Rabbin bakışı ile bakmış olursun. Hakk senin gönül gözünün bakışından bakar. İşte böylece **Sa'd** yani arzda gezen ulaşmış olursun, yani Hakkın gözü, eli, ayağı olursun. **Sa'd Abd** yani, Arzda kul olma meselesi. **Abd** kelimesi, kul olma anlamındadır. Ki, Kutsal kitapta, katımızdan ilim verdiğimiz kul, salihlerden bir kul, diye bahseder. Kul olmak, tüm mahlûkat ve nesnelerin arasında en şerefli olan, seçilmiş, öz dost ve Hakkın eli ayağı olan anlamındadır. Bu yüzden Hak ile tüm kâinattaki varlıklar arasında perde vardır, ancak insan gönlü ile Hak arasında perde yoktur. Gönlünü keşf eden, gönlüne ulaşan, kul olur.

İnanan ve iman edenin gönlü Kâbe'ye benzer. Kâbe'ye varan ayağı ile yürür. Gönlüne yani gönül Kâbe'sine ulaşmak isteyen, yüzünün üstünde yürümesi gerekir. Âşıklar yüzlerini yere sürerler. Gönüle kılavuz Kur'andır. Gönülde Çalab (Tanrı) insanın Rabbi yoldaştır.

Burun iki deliklidir, biri beyne gider, diğeri boğaza. Mezar da iki deliklidir. Biri Cennete (Uçmak) diğeri Cehenneme (tamu) gider. Devletli kişi, kendini bilir, canını azgınlıktan uyarır ve uzak durur.

Dünyada Gayb'lar vardır. Uçmak (Cennet), tamu (Cehennem), Arş, kürsü, kalem (yazgı), Levh (maddenin kaynağı, ana formülü, sırrı), feriştehler (melekler yani kanun uygulayıcılar) Öküz(dönüşüm), Balık(diri olan can, arif ve ma'arifler). Bunların isimleri bilinir ancak kesinlikle görünmez ve bilinmezler.

İnsanda da, akıl, zekâ, idrak (fehm), ilhâm, fikir, endişe, Âşk, sevgi bulunur ancak görülmez, elle tutulmaz, ancak bilinir varlığı. Gayb'dırlar.

Dünyada çeşitli ağaçlar vardır. Başı gökte, kökleri toprağın derinliklerine ulaşan ağaçlar. Ağaç, aydınlığa, güneşe ne kadar yükselirse, yaklaşırsa, kökleri ile o kadar derine toprağa ve karanlığa iner.

Ma'arifet de, ağaç gibidir. İnsandaki Ma'arifetin dibi gönülde, başı arştadır. Ma'arifet ağacının başı tevhiddir. Özü imandır, dibi yakınlıktır. Kökü tevekküldür(Hakka bağlı olan, sağlam olan). Budakları sakınan kişi gibidir. Suyu, ümit ve korku gibidir. Ağacın meyvesi ilimdir, yeri müminin gönlüdür. Ağacın başı arştan bile yukardadır.

Ma'arifet ağacının beş ulu budağı vardır: Şevk, Mahabbet, inayet, iradet, kurbiyyet. Açıklamalarına gelince, **Şevk** dünya işine dört elle sarılma ve ne yaptığını iyi bilme manasında. **Mahabbet**, Hakk ile kulu arasındaki ilahî Âşktır. **İnayet**, Hakkın lütfu, yani kulunu görüp gözetmesi, korumasıdır. **İradet**, insanın özgür iradesidir ki bu iradenin gerçekleşmesine hiçbir varlık engel olamaz. İlahî irade çok güçlüdür. İlahî irade insan iradesidir. Her insan yaptığı ile sorumludur. **Kurbiyyet**, yani akrabalıktır. Şah damarından yakîn olma, yakînlik, kreybu, akrebu yani akraba olma manasıdır.

Bedende, akıl ve heva vardır. Akıl ve nefstir. Akıl Ma'arifettir ve başı ilhâmdır. Nefs hevasının başı vesvesedir. İkisi her gün birbirine tokuşurlar. Akıl, hevaya üstün gelirse, hem beden hem can kul olur, üstün şerefli, olgun insan olur. Heva, akla üstün gelirse, hor olur, hayvan olur, beşer olur.

Hakkın varlığını bilmek ile niteliğini bilmek farklıdır. O, kendi varlığı ile ilgili her şeyi kutsal kitapta surelerde, ayetler ile bildirmiştir.

Hakk kullarının tedbirindedir (idaresinde). Beden can tedbirindedir(idaresinde). Âlemin varoluşu, gelişimi Can iledir. Bedenin varoluşu, gelişimi de Can iledir.

Hakkın varlığı bilinir, niteliği bilinmez.

Gönlün varlığı bilinir, niteliği bilinmez, gizlidir, bilmekte de tüm Âlem acizdir.

Gönlün yedi adı vardır. Yani yedi manada gizlidir:

Kalb (yürek), Cenab (ölümsüz can, diri olan), Ruh (görünmeyen bedenler), Bal (ilmin aydınlığı), Huld (Erdem), Zamir (Ene Gizli Ben) Fuad (gönül gözü Ayn bakışı) Sadece adları bilinir ancak manaları, kavramları gizlidir. Hakikatin Hakikatidir, sırdır, ulaşmak ancak öğrenmek, okumak, bilmek ile değil, ancak ve ancak idrak ile olur.

Yaratılan Âdemdir. Yoktan var edilen Âdem'dir. Sadece Âdem yaratılmıştır. Kur'anda zevcesi olarak geçen eşi ise Âdem'in gönül seviyesinden peyda olmuştur. Âdem ve zevcesinden Âdemoğulları türeyenler, çoğalanlar, arza yayılanlardır.

HACI BEKTAŞ BÂTINÎLİĞİ

(Kur'an-ı Kerim'de Âdem'in zevce ismi geçmez. Tevrat Kutsal kitabında Havva olarak isim belirtilir).

Her kişinin (kişi, iman sahibi olmuş ilim sahibi olan) iki resulü vardır. Biri Zahir yani aşikâr - görünen, diğeri Bâtın yani gizlide olan. Görünen resul dildir, ifşa eder, açıklar, aktarır. Gizlideki resulü gönüldür. Dil, Muhammed'e benzer, Gönül Cebrail'e.

Hakk'ın da Bâtını ve Zahiri vardır. Zahir olan Hakk bu cihandır, Bâtın olan Hakk Gayb olandır.

Gökler yer ile hava kuşlar ile Bedenleri zayıflık ile Canları Mahabbet ile Âdemoğullarını birbirleri ile Yüzü gözler ile elleri ayası ile Uçmağı(Cenneti) nimet(Kevser) ile Tamuyu (Cehennem) zekkum ile dünyayı mihnet(belâ, imtihan) ile Ahireti güzellikle, Hakk kulları ile beraberdir.

*"Yere bakın Yaratıcılığımı görün. Göğe bakın Nurumu görün. Feriştehlere (meleklere), Kanunlarıma bakın Sırrımı görün. Dağlara bakın, ambarımı görün, Kıyamete bakın Heybetimi görün. Ululuğuma bakın, Güçlülüğümü görün. Kullarıma bakın Yaratılışı görün. Kur'ana bakın buyruğumu görün. Gönüller aşan Bedene bakın ulaşanı görün. Evliyalarıma bakın hazinemi görün. Sizleri sevdiğim için nice türlü kerametler verdim." / **Hacı Bektaş Veli/ Makalat eserinden***

"Tüm yaratılan nesneler, Âdeme verildi. O kendini de sizlere bildirdi. Gökler örtünüz, yerler döşeğiniz, ay ve gün çerağınız(kandiliniz, aydınlığınız), yemişler nimetiniz, otlar görgünüz, ağaçlar gölgeniz, Cennet makamınız, huriler eşleriniz, Kur'an inancınız, Hz. Muhammed şefaatçınız, Hz. İbrahim atanız, Hava ananız, Bayram günleri dinlenmeniz, diğer günler çalışmanızdır. Sizler birbirinizle kardeşsiniz. Ben Ma'arifeti çok olan (gafur) Mevlânızım. Çeşitli nesneleri, çeşit çeşit, farklı farklı emrinize verdim. Ta arştan gönül sarayınıza kadar ne

varsa hepsini size bildirdim. Beni isteyin bulasınız. Beni isteyen, dileyen bulur. Size bedeninizden, canınızdan dahi yakînım. Gözünüzün gördüğünden, kulağınızın işittiğinden, ayağınızın yere bastığı noktadan dahi yakînım. Şimdi kim kendini bilir, beni bilir. Beni bilir, gelişir, ulaşır. Kendi amellerinde kendini bilir, Beni bilir." **/ Hacı Bektaş Veli/ Makalat eserinden**

Kendi özünü bilmek, idrak etmek, Erdemli İnsan olmak için yeterlidir.

Besmele ve Fatiha Sırrı

Hacı Bektaş Veli'nin kıymetli eseri Besmele Tefsirinde Fatiha Suresi ile ilgili yer alan bilgi şöyledir:

"Tanrı Taâlâ Rasû la hitâb kıldı eyitdi yâ Ahmed dört kitab kim gökden indi ne varısa dükelin dirdüm Fâtihâda kodum. Ne kim Fâtihada varısa dükelin Bismillâhirrahmânirrahîm içinde kodum. Kim senün ümmetünden bir kez Bismillâhirrahmânirrahîm okurısa dogru itikad birle Tevrîti İncîli Zeburı Furkânı okumuşça sevâb virem dahı bunlarunıla taat kılmışca sevâb virem." **(Duran, 2007:156)**

Kur'an-ı Kerim kitabında bulunan Fatiha Suresi'ni hatırlayalım ve ayetlerin sırasınca açıklamasını yapalım:

Fatiha Suresi

Bismillahirrâhmanirrahim (Fatiha Suresi 1. Ayet)
El hamdu lillâhi Rabbil âlemîn. (Fatiha Suresi 2. Ayet)
Er rahmânir rahîm. (Fatiha Suresi 3. Ayet)
Mâliki yevmid dîn. (Fatiha Suresi 4. Ayet)

İyyâke na'budu ve iyyâke nestaîn. (Fatiha Suresi 5. Ayet)
İhdinas sırâtel mustakîm.(Fatiha Suresi 6. Ayet)
Sırâtallezîne en'amte aleyhim gayril magdûbi aleyhim ve lâd dâllîn. (Fatiha Suresi 7. Ayet)

Fatiha Suresi 1. Ayet
Arapçası: Bismillahirrâhmanirrahim
Açılımı: Elif B ism Lillah r Râhman r Rahim

Elif: Besmele, Elif ile başlar. Elif, Her yerdedir, ama hiçbir yerde değildir. Görenendir aynı zamanda görünmeyendir. Örtünendir, bürünendir, saklıdır ama gizli değildir. Nakledile gelendir, sihir gibidir. Her şeyde vardır fakat hiçbir şeyde yoktur. Hepliktir ve hiçliktir. Noktadır, yukarı doğru çizilir. Noktadan elife çıkış yapılır. Noktadan bütüne, Noktadan varlığa vücut olmaya. Aşk'la yapılan bir yaratim'dır. Elif başlangıçtır ve sondur. Hem başlangıç hem sondur. Çünkü başlangıç ve son zaten aynıdır.

Ba: Arapçadır ve insanın sembolüdür. Yaratılmış olan Âdem kâinatıdır. Be harfinin yay kısmı kâinatın kendisi, altındaki nokta ise sırlanan gönüldür. Görünmeyen olan, besleyen, destek sağlayan, can olan noktadır. Nokta olmadan Be olmaz. Noktasız bir yer küre düşünülemez. Çünkü o katre yani nokta tüm kâinata can verir.

İsm: İsmi ile veya esması ile anlamına gelir.

lillahi, illeh: Hacı Bektaş Veli Makalat kitabında "Bayık Çalab" yani Büyük Tanrı olarak geçmektedir. Ayetlerde de çokça yer alan "lillah ve illeh" kelimelerinden bazı örnekler şunlardır:

IŞIK ERİ HÜNKÂR HACI BEKTAŞ

Lillah, elhamdülillah, fi sebililllah, hasbeten lillah, elhamdü-lillah, berezû lillâhil, lillâhil hakk)

Râhman ve Rahim: Hacı Bektaş Veli kıymetli eseri Besmele tefsirinde Râhman ve Rahim için şöyle bahsedilir:

"..eyi di ümmetine Bismillâhirrahmânirrahîm desünler Allah dedükleri vaktın andan ötürü ne kadar ömür geçürdilerse dükelin taatıla geçürmiş gibi dutam Er-Rahmân dedüklerinden ötürü dünün bir nicesin taat kılanlar müzdin virem Er-Rahîm dedüklerinden ötürü dünün gün uzun oruç dutmış ve gazilik kılmış sevabın verem.." **(Duran, 2007:146)**

r: R harfi Besmelede, Lillah Râhman Rahim arasında yer alır. R harfi baskın bir harftir ve Lillah Râhman Rahim arasında bir köprü inşaa eder. Bu inşaa, İlahî Mekanizmada bir hiyerarşiden haber verir.

Besmele açılımından sonra, Hacı Bektaş Bâtınîsinde Besmelenin sırrını biraz açalım: 4 kitab olan İncil, Kur'an, Zebur, Tevrat özü Kur'an'da Besmele'de toplanmıştır. Bunun sırrını Kur'an-ı Kerim ayetinde açıkça görebiliriz.

Sana ancak, senden önceki peygamberlere vahyedilenler vahiy edilmektedir. **(Kur'an-ı Kerim, Fussilet Surei, 43. Ayet)**

Kur'an-ı Kerim'in özünün Fatiha Suresinde toplandığını da yine Kur'an-ı Kerim ayetinde açıkça görebiliriz.

Andolsun ki biz sana, tekrarlanan yedi ayeti ve pek büyük olan Kur'an'ı verdik. **(Kur'an-ı Kerim, Hicr Suresi, 87. Ayet)**

Yine güvenilir tefsirlerde bulunan hadislerde son Nebi'nin sözü de bu sırra iştirak etmektedir.

Fatiha'nın özü BismillahirRâhmanirrahim'dir.
BismillahirRâhmanirrahim Dört Kitabın Anasıdır. /
Hz. Muhammed

Fatiha Suresi 2. Ayet
Arapçası: El hamdu lillâhi Rabbil âlemin.
Türkçesi: Hamd, Âlemlerin Rabbi Lillah'a aittir.

Allah'ın gizli ismi olan Hu kelimesi, bu ayette bulunmaz. Çünkü bu ayette vurgulanan Âlemlerin Rabbi'dir. Hacı Bektaş Veli'nin Makalat kitabında bahsettiği Bayık Çalab, yani büyük Tanrı, Âlemlerin Rabbi'dir.

Kur'an-ı Kerim, ilk sure olan Fatiha Suresinde **Âlemlerin Rabbi** ile ilk Rabb vurgusunu yaparak başlar ve Nas suresinde **İnsanların Rabbi** vurgusu ile biter. İlk vahiy "Seni **yaratıp tanzim eden Rabb** adıyla Oku" seslenişidir ve burada Yaratıcı ve Tanzim eden Rabb vurgusu yapılmaktadır. Bundan sonra da Kur'an-ı Kerim ayetlerinde sıkça vurgulanan çeşitli Rabb açılımları bulunur: Sizin Rabbiniz, Bizim Rabbimiz, İnananların Rabbi, Sen Rabbine kulluk et, ben Rabbime kulluk edeyim, Âlemlerin Rabbi, İnsanın Rabbi, İki doğunun ve İki Batının Rabbi, Dünyanın Rabbi, Sabahın Rabbi, İnsanın Rabbi...

Kur'an-ı Kerim ayetlerinde, Rabb vurgusu tekil ve çoğul olarak Allah kelimesinden çok daha fazla yer alır. Ortaya birçok Rabbler çıkmış görünse de, Rabb Tektir fakat sonsuz bir hiyerarşi içermektedir. Diyanet işleri tefsirinde geçen Rabb kavramının anlamı şöyledir: *"Varlıkları yaratan, tüm ihtiyaçlarını karşılayarak onları kademe kademe geliştirip olgunluğa ulaştıran Allah"* Bu açıklamada görüyoruz ki, Rabb bir hiyerarşik silsile ile Allah manasına bağlanmaktadır. Kısaca, tüm isim ve sıfatlar Allah'ın kendisi değil ancak Zat'ıdır. Allah manası ile bütünleşirler.

Rabb kelimesi Arapça bir kelime olup, Kur'an'da Allah lafzından sonra en çok kullanılan zikirdir diye özellikle belirtmiştim. Aynı zamanda diğer göksel kutsal kitaplarda da Rabb kelimesi, Tanrı, Baba, Allah, Elohim, Yehova kelimelerinden daha fazla yer almaktadır.

Rabb, anlam ve mana olarak, terbiye etmek, ıslah etmek, mutlak otoriteye sahip olmak, efendisi olmak, sorumluluğunu yüklenmek, başkanlık yapmak, malik ve sahip olmak, sözü dinlenmek, itaat edilmek, üstünlüğü ve otoritesi kabul edilmek gibi anlamlara da gelir. Ayrıca efendi, sahip, kral anlamlarına da gelmektedir.

Çünkü dağlara biçim veren, rüzgârı yaratan, düşüncelerini insana bildiren, şafağı karanlığa çeviren, dünyanın yüksek yerlerine ayak basan işte O'dur, O'nun adı Rabb, her şeye egemen Allah'tır. **(Tevrat amos, 4:13)"**

Asaf'ın Mezburu "Zebur 1": Güçlü olan Tanrı Rabb konuşuyor.

Allah sıfatlarıyla ve isimleriyle Âlemlere, kâinata hükmeder, tahakküm eder, yönetir ve yaratır. Tüm bu kavramların mevcudiyeti ise Rabb manasını içerir. Allah anlamındadır. Allah yüce enerji ve sonsuzdur mutlaktır, ancak onun tahakküm boyutu, yaratma boyutu yani fiile geçme mertebesi ise Rabb anlamındadır.

Rabb anlamının içeriğinde yani mevcudiyetinde çok önemli bir hiyerarşi söz konusudur. Yani kademe kademe, yani hiyerarşi, aşağıdan yukarıya, yukarıdan aşağıya, kaba titreşimden, en süptil en ince titreşime, maddeden ruha, bir hiyerarşi söz konusudur. Ve her zerrede, en küçükte, görünende ve görünmeyende Rabb sistemi mevcuttur, vardır. Kademe kademe olması, senin Rabbin, sizin Rabbiniz, bizim Rabbimiz, dünyanın Rabbi ve Âlemlerin Rabbi olarak geçmesi bu yüzdendir.

Rabb kelimesi anlamı çok derindir fakat bizim dar görüşümüzle anlayacağımız en önemli Nokta, bize şah damarından daha yakın olan Allah anlamındadır. Bizim her birimizin birey olarak, insan olarak tek tek inandığımız, yolundan gittiğimiz, kulluk ettiğimiz Rabbimizdir. İnsanın Rabbi demesi ise insan kelimesi yine Allah'ın tüm sıfatlarının ve isimlerinin hepsinin toplandığı ve Âdem yaratıldığında ona varlıkların isimleri öğretildiği ve Rabbinin ruhundan üfürdüğü insan formunu anlatmaktadır. İnsanın Rabbi demesi, insan formunun inandığı, kulluk ettiği Rabb'dir. Dünyanın Rabbi demesi, tüm dünyanın topyekûn inandığı, kulluk ettiği yani namaz kılmak manasında, yolundan gittiği Allah anlamındadır. Bu yüzden rab kelimeleri tek tek anlam olarak kullanılmıştır. Herkesin Rabbi kendi Rabbi'dir, herkes, kalbinde neye inanıyorsa ve nasıl namazını kılıyorsa, kulluk ediyorsa, kendi Rabbine yani hiyerarşik olarak kademe kademe, sisteme bağlı olan yüce enerjiye yani Allaha kulluk ediyordur. "neye inanıyor ve kulluk ediyorsa" anlamı, herkesin kendi kalbinde, kendi vicdanında ve kendi imanında saklıdır. Bu yüzden şah damarından yakındır sözü kullanılmıştır.

Şah damarından daha yakın olması, kalbini ve vicdanını ruhunu bildiği ve imanının ölçüsünü ancak Rabbinin bildiği anlamındadır. Dille, hareketle, konuşarak, anlatarak iman ve kulluk aktarılamaz, bir ölçüsü yoktur. Çünkü dil başka, kalp başka olabilir. İnsanın kalbi, ruhu, vicdanı ve imanı neyse Rabbi de odur. Yani taptığı, kulluk ettiği, inandığı neyse onun kendinde saklıdır ve bunu ancak yaradan bilebilir. İnsan olarak bir ölçüsü yoktur ve ölçü ve tartıyla tespit edilemez.

Oysaki tüm Rabb sistemi birdir bu yüzden **Allah Tektir** ve **Yücedir** denir. Görüntüde ayrıymış, parçalanmış gibi görünen her şey aslında Rabbe kulluk eder, yani Allaha kulluk eder.

Ruhun özünün ve bilgisinin fiile geçirilmesi ve bunun insan formunu bedenini kullanarak yapılması namaz kılmaktır, fiildir, eylemdir, oluşumdur.

Rabb manasında kademe kademe olarak anlatılan, görünen ve görünmeyen tüm olan her şeyin yani Âlemlerin bünyesinde pek çok çeşitli enerji sistemleri mevcuttur. Hiyerarşik olarak, kademe kademe sistem mevcuttur.

Allah'ın tahakkümü ve hükmetmesi, sistemlerle olur. Fiile geçirmesi, yaratma eylemine geçirmesi sistemlerle, kanunlarla, yasalarla olmaktadır. İlahî irade yasaları tüm Âlemlerde geçerlidir. Ve hepsi Rabb sistemini oluşturur.

Herkes kendini bilerek ancak Rabbini bilebilecektir ve gelişerek olgunluğa erişecektir ve ruhsal yolculukta dönüş Rabbe olacaktır. Rabb, varlıkları yaratan ve onları aşama aşama olgunlaştıran ve tüm ihtiyaçlarını karşılayan Allah'ın nüfuzudur, eylemidir. Yani kısaca Allah ile Rabb ayrı değil, tam aksine aynı manayı içerir, aynı manaya gelir. Fakat Allah mutlaktır ve sonsuzdur, onun eylemi ve fiili tüm isim ve sıfatlarıyla yaratma fiili Rabb'dır. Kendi ruhundan üfleyerek ve tüm varlıkların isimlerini öğreterek yarattığı insan, dünyaya doğduğunda, lâyıkıyla tüm bilgilerini aktarmalıdır. Bilgiyle yönelmelidir yaşama. Yaşam onun için bilgisini tatbik edeceği ve maddenin en kaba hâlini tanıyacağı ve kendini dünya ortamında tanıyacağı bir seçenektir. Kendini tanıdıkça, kendi özündeki Rabbini de tanıyacaktır ve ihtiyaçları oranında, aşama aşama olgunluğa erişecektir. Ve Rabbine dönecektir.

Dünya yaşamında, kendini bilmesi ve Rabbini bilmesini, açılım olarak özetleyebiliriz. Kendini bilirsen Rabbini bilirsin. Kendini bilirsen, kendini gözlemlersen, nefsine hâkim olursan ancak Rabbini bilebileceksin. Yani kademe kademe olgunlaştığını, ihtiyaçlarının karşılandığını, Allah'ın yaratma fiilinin ve eyleminin amacını anlayabileceksin manasındadır. Fakat maddeye gömülüp, ne olduğunu unutursan kendi özündeki Rabbinin bilgilerine yönelmezsen, eyleme geçirmezsen inkâr eden kâfirlerden olacaksın ve bunu hatırlayana kadar dünya ortamında kalacaksın. Taa ki hatırlayana, aşama aşama olgunlaşana ve **kendini bilene** kadar bu sonsuz kere sonsuz sayıda tekrar edecektir. Çünkü kâfirler için cehennem ateşinde yanarak arınmak vardır. Cehennem ateşinde yanmak, vicdan ile hesaplaşmak demektir. Dünyada yaşarken, vicdan sesinin ne kadar yakıcı olduğunu unutmamak gerekir. Vicdan bize ne olduğumuzu hatırlatırken biz onu duymamak için var gücümüzle maddeye gömülürüz ve onun kaba titreşimlerinin oyununa kapılarak, ne olduğumuzu unuturuz, kendimizi unuturuz. Oysa Rabbini bilmek, kendini bilmektir. Kendinin ne olduğunu unutan ve hatırlamak için hiçbir çaba sarf etmeyen kişi vicdanı ile hesaplaşacaktır. Ve bunu duyana, kıyam edene, uyanana kadar uykuda kalmaya ve her seferinde yeni bir başlangıç yapmaya devam edecektir.

Uyanması için, ışığa ve yol gösterene ihtiyaç duyulduğu için, her seferinde ona enerji seviyesi yüksek, vazifeli varlıklar gönderilecek ve bu vazifeli varlıklar, bilgileri aktaracaktır ve bu aktarma işlemi de altı yüzlü yıllarda son bulmuştur. Çünkü dine ihtiyaç bitmiştir, din devri kapanmıştır, din ile insanların uykudan uyanma, kıyam etme meselesinin etkisiz olması, din aktarımını sonlandırmıştır. Artık insanlık, elindeki bilgilerle, elindeki eşsiz değerli bilgilerle, kendilerince yorum yaparak ilerlemeye ve hala uykuda kalmaya devam etmektedirler. Bu yüzden topluca bir kıyam etme zamanının yaklaşması olağandır ve tüm zamanlar ise içinde bulunduğumuz zamanı işaret etmektedirler.

Hz. İsa, *"Rabbim affet onları, ne yaptıklarını bilmiyorlar"* sözü bundan ibarettir. İnsanlık ne yaptığının farkında değildir. Sadece yapmaktadır, fakat neden yaptığını, yaptığının sonuçlarını ve birbirini tetikleyen sonsuz sonucun farkında değildir. Farkında olmadığı için affedilir. Küçük bir çocuğun hiçbir şeyden haberi olmadan zarar verme eğilimi gibidir şu an insanlığın durumu. Bilmeden yaptığından sorumlu tutulmamalıdır. Fakat iyi ve kötü ona, çeşitli zamanlarda ve çeşitli vazifelilerle bildirilmiştir. Fakat insanlık, din yoluyla aldığı bilgileri de görmezlikten gelmiş ve lâyıkıyla anlayamamıştır. Anlayamadığı için de uygulayamamıştır. Çeşitliliği ve farklılığı, ayrımcılık olarak görmüş ve ona göre hareket etmiştir. Oysaki çeşitlilik ve farklılık, yine tek kaynaktan yüce yaradan tarafından meydana

HACI BEKTAŞ BÂTINÎLİĞİ

getirilmiştir. Her şeyi o yaratmışsa, neden ayrımcılık hala hüküm sürmektedir. Dinler kendi görevlerini yerine getirmişler, fakat insanlık bunu lâyıkıyla eyleme geçirememiştir. Bu yüzden bir müdahale söz konusu olacaksa, yine bunu insanlık kendi kendine meydana getirecektir. Çünkü dünya yasaları bunu gerektirir. Sistem bunu gerektirir. Dünya gibi değerli bir gezegenin, insanlığın elinde yok olmasına hiçbir sistem izin vermeyecektir. Ya değişeceğiz ya da topyekûn ortadan yok edileceğiz. Çünkü dünya biz olmadan da varlığını sürdürebilir. Fakat insanlık, dünya gezegeni olmadan yaşayamazlar.

Yüce yaradan ne kadar sonsuz güce ve kudrete sahip olsa ve eyleme geçirdiği hiyerarşik Rabb sisteminde, kesinlikle direkt bir müdahalede bulunmamaktadır. Elçileriyle bilgi aktarımını gerçekleştirir, kesinlikle direkt müdahale etmez. Çünkü kurallar ve yasalar vardır, her Âlemde, her yaşam formunda kurallar ve yasalar hüküm sürer. İlahî irade yasaları gereğince, özgür iradeyle hareket söz konusudur. Özgür iradeye hiçbir şey müdahale etmemelidir.

İnsanlık kendini kendinin sonunu hazırlamaktadır. Ürettiği olumsuz enerjilerle, zehirli gazlarla kendi geleceğini hiçe saymakta ve bilgisizce davranmaktadır. Küçük bir çocuk gibi zarar verme yetkisini kullanmaktadır. Hiçbir zaman direkt müdahale olmadığı için de, yalnız olduğunu ve dilediği gibi hareket edebileceğini düşünmektedir. Oysaki dünya silkinmeye başladığında, ortada şok etkisi yaratacak ve dünyanın Rabbi yani kanunları ve ihtiyaçları karşılayan Allah eylemi, kıyamı ile gerçekleşecektir. O zaman herkes, zamanını ne kadar boşa harcadığını anlayacaktır. Kendini ancak kendini sorgulayacaktır. Vicdanı ile imanı ile sorgulayacaktır. Ve kendini tanıdıkça gerçekte Rabbini tanıyacaktır. İşte bu sorgulama ve tanıma işlemi, acı veren uzun bir süreçtir. Bu süreç, kutsal kitaplarda ateş olarak, cehennem olarak tasvir edilir. Yanan bedenler olmayacaktır, vicdan hesaplaşması, kendini bilme çalışması ve Rabbi bilme çalışması, binlerce kere bedenin yanmasından daha zor ve ıstırap verici bir olaydır.

Dünyadayken cennete girenlerden olma ya da ölmeden ölme sözlerinin karşılığı ise, şu anlama gelmektedir. Eğer, kendini bilir, vicdanını dinlersen, doğru namazını kılarsan, yani Rabbine kulluk edersen, Rabbini tanırsan, dünya hayatı zaten sana cennet gibi olacaktır. Ateş hâline geleceksin, sen tam bir vazife adamı olacaksın, dünya üzerinde yürüyen elçi olacaksın o zaman ateş ateşi yakamaz manası budur. Ölmeden önce diri olma, yani yüksek tesirlerden beslenme manasındadır. Daima diri kalma meselesi budur. Anlayışta oluşacaktır. Fizik bedenin ölmeden, anlayışa erişirsen, ölmeden ölmüş olacaksın. O zaman ölümün ve doğumun manalarına erişeceksin. Doğum ve ölümün birer geçiş kapısı olduğunu, bir döngü olduğunu fark edeceksin. Ölüm sana işlemeyecektir. Ateş ateşi yakamayacaktır. Kademe kademe olgunlaşmak, ihtiyaçların karşılanma meselesi budur. İnsanlar, kendi Rabb'lerini tanıyamadıkça, cennete ulaşamazlar. Kendi Rabbini tanımak ise, kendi özündeki bilgileri, yaşam içerisinde ne kadar kullanabilir bunu anlayabilmektir ve bu da ancak, kendini bilme çalışmalarıyla mümkündür.

Fatiha Suresi 3. Ayet
Arapçası: Errahmânir'rahim
Türkçesi: O, Râhman ve Rahim'dir.

Râhman, Rahim ve arada köprü vazifesi gören R harfi konunun en başında detaylı olarak açıklanmıştır.

Fatiha Suresi 4. Ayet
Arapçası: Mâliki yevmiddin
Türkçesi: Din gününün Sahibi

Din gününün sahibi yani kıyamet mahşer gününün sahibi anlamındadır. Burada tüm dünya üzerine gelen insanların toplanacağı, sorguya çekilecekleri ve iman edecekleri ateşle arınacakları gündür. Kişinin mürşidine(aslına) ulaştığı ve ruhunun Allah'a doğru yola çıktığı gün Din gününün sahibidir. Din günü esas itibariyle bütün insanlığın şuur değişimidir. Tüm gerçeklerin Hakikatin ortaya çıktığı gündür. O gün gerçek gündür.

Fatiha Suresi 5. Ayet
Arapçası: İyyâke na'budü ve iyyâke neste'în
Türkçesi: Ancak sana ederiz kulluğu, ibadeti ve ancak senden dileriz hidayeti.

Yalnız ve yalnız senden (Allah'tan) yardım dileriz ve gönül sesimizle duyacağımız göreceğimiz **sıratel mustakim** hidayetinin çağrısını yalnız senden talep ederiz. Sadece ve sadece sen bize çağrı yaparsın ve o çağrıyı hidayete ulaşmanın çağrısını biz duyabiliriz. **"iyya"** kelimesi çok vurucu bir kelimedir ve mana içerir. Yalnız, sadece, başka yok, hiç kimse yok, aracı yok, sadece ve sadece senden manasını taşır.

"İstiane" yani **nestainu** olarak yazılan kelime ise, mürşidin istenmesi, gönül sesinden yapılacak çağrının duyulması için dilemek anlamını taşır. Fakat bu başkalarının yolundan gitme, onları mürşid edinme değil, bizatihi, herkesin akıl ve gönlündeki **sıratel müstakim** ile hidayete erme yolunun çağrısını işitebilmesi ile mümkündür. Araya hiçbir şey konmayacaktır. O şahdamarından yakındır, gönlüne en yakındır, araya hiçbir şey girmeyecektir. O çağrıyı ancak hidayete ulaşanlar duyacaklardır. Hidayete ulaşmanın yolunu herkes kendisi bilir.

Fatiha Suresi 6. Ayet
Arapçası: İhdinessıratel müstakîm
Türkçesi: Hidayet eyle bizi doğru yola

Bizi, **sıratı mustakime** hidayet et (eyle, ulaştır) Mana olarak ihtiva ettiği şey ise, yaşarken Hakka ulaşmaktır. Ulaştırma manasında **ihdinas** kullanılmıştır.

Bu yüzden Kur'anın Kalbidir Fatiha suresi. Çünkü orada **ihdinas** ile yani ulaşmanın gerçekleşmesi vurgulanmıştır. Ve tekrarlanan yedi olması da bundandır. Çünkü ilk sure niteliğini taşır ve diğer ayetlerde de tekrarlanmıştır. Hacı Bektaş Veli'nin Fatiha suresi tefsiri kitabında bundan uzun olarak bahseder. Özellikle Tanrıya ulaşma ve ulaştırma ile ilgili en mühim surenin Fatiha suresi olduğunu bildiğinden bu sureye önem vermiştir.

Sıratı Mustakîme hidayet duası hemen hemen en çok okunan duadır, Fatiha suresinde geçer ve anlamı **"doğru yola erme"** meallerde kullanılır. Oysaki **Sıratı Mustakîm** yolu

Allaha kavuşma, ölmeden önce ölme ve yaşarken ruhun Allaha kavuşmasıdır.

Yaşarken ruhun Öze kavuşma yoludur **Sıratı Mustakîm**. Öldükten sonra nasılsa ulaşacaktır. Ölmeden ölmek, **Sıratı Mustakîm** yolu ile hidayete ermek, Öze kavuşmaktır. Hidayetin anlamı ulaşmak manasındadır. Fakat Türkçesi ulaşmak öyle uçularak, yürüyerek, çıktığı noktaya tekrar yapışarak, kavuşarak değil, bizzat hatırlama ile ulaşılacak bir durumdur. Ne olduğunun bilinmesi ile kavram bütünlüğünün elde edilmesi ile ulaşılacak bir durumdur. Yoksa hiç kimse bir araç ile ulaşmayı, yürüyerek ya da yükselerek değil bizatihi, farkına vararak ve hatırlayarak elde edebilecektir. Hacı Bektaş Aleviliğinde, nasip olarak ifade edilen, Asıl olan Büyük ruhtan alınan parça, payın, olgunlaşarak İnsan-ı Kâmil boyutuna erdirilmesidir.

Bu yüzden Fatiha süresinin sürekli okunması, ölülerin ardından, mezarlıklarda ve her namazda okunması buyrulur. Çünkü içerisinde çok önemli bir şifre bulunmaktadır. **Sırâtel mustakîm** hidayeti. Ölmeden önce Büyük Ruha kavuşma dileği sürekli dile getirilir. Oysaki kavram karmaşasından biz hep onu doğru yola sevk olma olarak algılarız. Mana ve kavram karmaşasından dolayı yanlış anlamışızdır. Gerçek manası ölmeden önce ulaşmadır.

Devamında şu belirtilir, sapkınların yoluna değil.

Çünkü sapkınların yolu demek, öldükten sonra zaten iman edeceklerin imanları kabul olmayacağı ve onların cehennem ateşi ile arındırılmaları ve daha sonra tekrar hidayet (ulaşma) olmaları söz konusudur. Oysaki Kur'an ayetlerinde, zaten öldükten sonra dirileceksiniz (yani hatırlayacaksınız) sadece dünyada iken, bedenli iken, maddenin sarhoş ve nahoş etkisindeyken

sırâtel mustakîm hidayetine eriniz buyurmuştur. Maddenin en kaba titreşimindeyken **sırâtel mustakîm** hidayet olunuz (ulaşınız) buyurmuştur. Hacı Bektaş Aleviliğinde buna masiva, yani her şeyden el etek çekmektir.

Daha önce ölmeden **sırâtel mustakîm** hidayetine erenlerin yoluna bizi sevk et, daha sonra öldükten sonra dirilerek iman edeceklerin yoluna değil. Çünkü kâfirlerin imanı geçersizdir onları ancak ateş arındırır.

Fatiha Suresi 7. Ayet

Arapçası: Sırâtellezine en'amte aleyhim ğayrilmağdûbi aleyhim ve leddâllîn

Türkçesi: O kendilerine nimet verdiğin mutlu kimselerin yoluna; o gazaba uğramışların ve o sapmışların yoluna değil.

O yol ki; üzerlerine nimet verdiklerinin yoludur. Üzerlerine gazap duyulmuşların ve dalâlette kalmışların (Allah'a ulaşmayı dilemeyenlerin) yolu değildir.

Şifre, anahtar bellidir, herkes yürekten iman üstü dileği ile hidayete erebilecek ve doğru yola yani **sıratel mustakim** ile ulaşabilecektir. Herkes ayrıdır, herkesin şuuru, aklı bir değildir, kalbi aynı değildir, herkesin zihninde bir Allah şekli vardır ve neye ulaştığından ancak kendi sorumludur. O inandığı ve zihninde yüreğinde yarattığı Allah, hidayete ne kadar uygunsa o oranda yolu bulacak ve anahtarı keşfedebilecektir.

Büyük bir çoğunluk hatırlamama yolundadır. Boş şeylerle gününü geçirmekte ve ne olduğundan habersiz yaşamakta yani uykuda kalmayı tercih etmektedirler. Oysaki hatırlama için sadece dilemek gerekir. Kalben ve yürekten.

Şimdiye kadar gelen her türlü mesaj, hidayete erme yolunu göstermiştir. Tüm peygamberler, veliler ve kitaplar, kutsal sözler, hidayete erme yani hatırlamanın insana özgü olduğunu ve herkesin tek tek bunu yapabilmesi olanağını sunmuştur. Ancak insanoğlu, hala insanoğlu olarak kalmayı tercih etmekte ve uykunun nahoş ve dünyanın sarhoş eden Hâlet-i Ruhiyesinden memnun mesut yaşamaktadır. Midesini dolduranın zihnini de ancak midesi kadar olan işler meşgul edebilecektir. Yarı aç olanların zihinleri daima "neyi hatırlayacağını" bilme ile meşgul olacaktır. "Sofradan yarı aç kalkınız". Çünkü midesi ile meşgul yani nefsi ile meşgul olan neyi hatırlayacağını asla bilmez, ona her türlü kitabı da ezberletseniz, tüm velilerin kürklerini de giydirseniz hatta yuttursanız da fayda vermeyecektir. Çünkü boş yeri yoktur. Tam dolu bir bardağın neresine Tanrısal Nuru doldurabilirsiniz.

Toprak geldiği yere dönmeden, ruh onu veren Allah'a dönmeden, seni yaratanı anımsa. (**Tevrat Vaiz, 12: 7**)

IŞIK ERİ HÜNKÂR HACI BEKTAŞ

Bektaşi Aleviliği Tanrı Kavramı (Çalab, Tengri)

Allah konusu, Bektaşi Aleviliğinde, Evrenin büyük sevgilisi olarak ele alınır. Allah Sevgidir. Ve o Sevgi en yücedir, yaratıcıdır ve yapıcıdır. Bektaşi Amentü'sünde kötülük yani **şerr** yoktur. Allah'tan hiçbir kuluna kötülük gelmez. Her insanın dileği O'nun isteğidir. Ve insan yücele yücele, ruhunu arındırarak O'na kavuşur. Sevenin isteği, sevilenin isteği olmalıdır. O'nun idrakinin tamamı imkânsızdır. Çünkü O bulunamayan nokta, bilinmezlik ve Ama Makamıdır. Kavuşma ve ulaşma isteği yine O'nun kendisine değil en yakın hâlinedir. Yani Yarattığı mükemmel form olan Âdem formuna olmalıdır. İnsan-ı Kâmil olgunluğuna erişme ve ulaşmadır. Yoksa Allah'a ulaşılacak, ona yapışılacak, içinde kaybolunacak, Bir olunacak diye bir şey söz konusu değildir. Ulaşılması istenilen olgun insan boyutudur.

Bektaşi Aleviliği, en üstün, olgun hale gelen insanı o büyük sevgiliye en yaklaşmış kimse olarak sayar. İşte o zaman Allah, insanın küçücük gönlünde tahta oturan olur. Yüce Sevgili, gönül tahtının sultanıdır. Gönül, Yüce Konuğa mekân olunca, tüm kötülüklerden arınır Âdem sıfatına erişir.

Allah düşüncesini bizim idraklerimizin alması mümkün değildir. Ancak Yaratılmışlara bakarak bir fikir edinebilir, ya da tefekkür edebilir belki bir idrake ulaşabiliriz. Fakat ne kadar idrake ulaşırsak ulaşalım Yüce Yaratıcı hakkında edindiğimiz tüm bilgiler eksik kalacaktır. Çünkü Tam bir idrak mümkün olamayacaktır. Bu sonsuz bir yolculuktur.

Makalat kitabında Allah'ın dört binden fazla ismi olduğundan bahsedilir. Hacı Bektaş Veli Allah ismi ile birlikte, Çalab, Bayık Çalab, Büyük Tanrı, Tanrı, Ol Padişah-ı Kadim, Hakk Teâlâ, Sübhan ve Sultan kelimelerini de kullanmıştır. Tanrı kelimesi, Hristiyanların kullandığı bir kelime olduğu düşünülse de aslında doğru değildir. Henüz Hristiyanlık ve İslâm yok iken, **Tengri** yani **Tanrı** kelimesi Hititlerde kullanılıyordu. Tanrı kelimesi bir ilâh anlamında değildir. İlâh tapınılacak bir varlıktır ve çokludur. Oysa Tanrı kelimesi, öz be öz Öztürk'çe olarak insanın Rabb'inin ismidir. Önemli olan gönüllerdeki Allah anlayışıdır.

İnsan en mükemmel Âdem boyutuna kadar da yükselse, aralarında iki yay mesafesi hatta daha az mesafe kalacaktır. Mesafesi olmayan bir mesafedir bu. Ve sembolik olarak ifade edilen iki yaydan biraz daha yakîn mesafeden daha yaklaşma aralarında bir uzaklığın olduğunun işaretidir. Çünkü Âdem yaratılmış, Allah Yaradandır. Çünkü hiçbir şey O'na eşit ve denk değildir. Ayetlerde sıkça belirtilen, yaklaşma, beraber kelimeleri hiçbir zaman O'na ulaşılınca O olunacağı anlamına gelmez. En mükemmel Âdem formu da O olduğu anlamına gelmiyor. Sadece kendisine pay olarak, nasip olarak verilen aktarılan emanet ruhtan bahsedilir. İşte Âdem nasibinden aldığı o pay olan ruh ile evrenlere Âlemlere açılmıştır. O emanet ruhu alması, Âdem'in Allah olduğu anlamına gelmemelidir. Gayb'da olan Allah ile Görünen Âlemde, Âleme şahitlik yapan Âdemdir. Aralarında sembolik ifade ile iki yay mesafesinden daha yakîn bir mesafe vardır. Şöyle anlamamız daha mümkündür.

Okyanus kadar engin ve sonsuz olan Yüce Ruhtan, Âdeme üflenen bir damla nasibi olan ruh, Okyanusun tüm özelliğini taşıması onun Okyanus olduğu anlamına gelmez. Ancak nasip alınan ruh da Yüce Ruhtan ayrı da değildir, aynı da değildir. Âdem her daim, Yüce Ruhtan nasip aldığı bir damla ruhu taşıyacaktır. O bir damla ki, Âlemlerin ve varlıkların secde ettiğidir. Ancak o bir damlayı taşıyan Âdemden, Yüce ve Sonsuz Olan Ruha secde etmesi emredilmemiştir. Çünkü o nasip olan Âdeme üflenen ruh, Sonsuz Olan Ruhun tüm özelliğini taşır. Ancak asla Bütünü olamaz. Bu tamamen bir "hâl"dir. Hâllerin hâlidir. İlahî Yaratıcının, Sonsuz Ruhun, Âdemdeki zat ve sıfatlarının meydana çıkışı, meydana vuruşudur.

Okunacak en büyük kitap insandır. **Hacı Bektaş Veli**

İnsan nefsini bilirse Rabbini bilir anlayışı Bektaşi Aleviliğin özünü oluşturur. İşte burada insan melekten de üstündür, hatta Arştan da üstündür. Yaratılış bakımından insan tüm ilahî tasarımlardan üstündür. İnsan-ı Kâmil ilahî bir kitap, Râhmani bir nüshadır. İnsan Tanrı değildir, Tanrı da insan değildir. Ancak

Âlemler içinde aranılan Allah'tır. İnsan Âlemler içinde O'nu arayandır. Çünkü O, **küntü kenz** yani gizli hazinedir. İnsan olmasa O'nu kim arar ve anar. O kimi sever? Bu yüzden insan "bulduğunu arar". İşte seven ve sevilenin serüveni, yaratılış ve Âlemlerin sonsuzluğu olarak ortaya çıkar. O sever, insan da O'nu arar, anlamaya çalışır, idrak etmeye ve O'nun sonsuzluğunun "hâli"ni yaşar gönlünde.

O hiçbir zaman Âlemlerde yer almaz, hiçbir yere sığmaz ancak **İnsan ilahî tasarımının** en mükemmel formu olan gönüle sığar. Çünkü gönül küçücük bir noktadır. Âlemlere sığmayan Yücelik, küçücük nokta olan Gönle sığar. İşte, Alevi Bektaşiliğin en önemli sırrı burada ortaya çıkar.

İnsan ile gönlü arasında perdeler vardır. Gönül Yüceliktir. Perdeler bu yücelik ile insan arasındadır. Bu yüzden insan gönlüne ulaşmalıdır ki Rabbini tanıyabilsin. Gönle ulaşması için de nefsini tanıması, masivadan yani eşyadan geçmesi gerekir. Tüm dünyaya hâkim olur yönetir, tüm kaleleri zapt eder tüm kapılardan geçer de kendi gönlüne giremez. İşte sır buradadır. Gönüle girmek, gönülde yol almak Aşk yoludur. Tüm eğitimler bunun içindir. Gönüle girebilmek içindir. Çünkü Gönülün manasını şu sözü ile çok iyi açıklar Hacı Bektaş Veli.

Allah ile gönül arasında perde yoktur. / **Hacı Bektaş Veli**

Gönül, İlk yaradılışta Âdeme üflenen nasip aldığı Yüce Ruhun bir parçasıdır. Her insanın tek tek gönlü, işte bu nasip alınan yüce Ruha bağlıdır. Ve nasip alınan ruh ile Allah arasında perde yoktur, çünkü kendi ruhundan bir parçadır.

BEKTAŞİ ALEVİLİĞİ TANRI KAVRAMI (ÇALAB, TENGRİ)

Her ne ararsan kendinde ara. **/ Hacı Bektaş Veli**

Sen kendini küçücük et kemik sanırsın, oysa sende Âlem-i Ekber gizlidir. **/ Hz. Ali**

Bu sözlerle insanın ne kadar kıymetli olduğu ortaya çıkar. Fakat günümüzde bu anlayıştan çok uzaktır. Çünkü insan insanı, yani kardeş kardeşi katletmektedir.

Bir gönlü kırmışsan, kıldığın namaz, namaz değil. **/ Yunus Emre**

Gönül öyle yüceliktir ki, Tanrısal parçadır, Yaradan'ın bir parçasıdır ve gönül ile Yaradan arasında perde yoktur. Beşer insanın en büyük amacı kendi nefsini tanıması ve gönlüne girebilmesidir. Gönlüne girebilen Âlemlerin Rabbine ulaşır. Bu ulaşma her zaman tekrar ettiğimiz gibi o insanı tanrılaştırmaz, Allah'laştırmaz. O ve insan aynı değildir ama ayrı da değildir. İnsan O'ndan bir parça taşır. Bu da gönlünde gizlidir. Bu yüzden Bektaşi Aleviliği, tamamen insan sevgisi üzerine kurulmuştur. Çünkü insan O'ndan bir parça taşıyan kutsal ve şerefli bir mahlûktur.

Yolumuz, ilim, irfan ve insanlık sevgisi üzerine kurulmuştur. **/ Hacı Bektaş Veli**

Yaradan olmasa, Yaratılan da olmazdı. Gören gözler var olduğu sürece Güneş ışığı da vardır. Gören gözler olmasa, güneşi gören kim olurdu? Gören göz varsa Güneş de vardır. Gören göz olmasa, güneşin ışığı da görülmezdi.

Râhman gizlidir, Rahim ise meydana vuruştur. Rabbin Bâtınî ve Zahiri yüzü budur. Her insanın bir Bâtınî bir de Zahiri Rabbi vardır. Gizlide olan hazine olan Râhman'dır. Vücuda gelen, meydana gelen ise Rahimdir.

Kendini bilen Rabbini bilir ve O'na yaklaşır o kutsal parça olan Gönle girer, İnsan kendini bilmezse hem kendinden, hem gönlünden hem de kendini yaratandan uzaktır. Yakîn olan sadece O'dur.

İlmin kendini bilmek olduğunu, en iyi vurgulayanlardan biridir Bektaşi ereni Yunus Emre. Yoksa ilim nice okumak değildir. Okunacak tek kitap yine insandır.

Âşk yolu yol gösterici ışık tutucudur. Âşk derin bir sevgidir. Âşk yoluna giren kişi, Bektaşi Aleviliğinde "iyi" kavramı ile özdeştir. İyi olan her insan, Âşk yolundadır.

Dili, dini, rengi ne olursa olsun iyiler, iyidir. / **Hacı Bektaş Veli**

Âşk muhabbedi, işte gönlüne giren her inanan ve iman etmiş için mümkündür. Ne zamanki bir Veli "ya Rabbi" dese, Hakk Süphane hu Teâlâ, " lebbeyk" sesini o Veli'nin kulağına duyurur. Âşk cana hareket getirir. Yakar. Buna Muhabbet ateşi derler. İşte bu kadar acayip ve garip hâller, Tanrı Teâlâ'nın "lebbeyk" demesiyle, o Veli'nin de " Ya Rabbi" demesinden kopar. İlahî söz dedikleri budur. O sadece kendi öz dostlarına seslenir, fısıldar ve aralarındaki sır budur. O sır sadece Gönülde duyulur. Âşk ateşi ile yanan, kavrulan, geriye masivadan(eşya) bir şey kalmayan bir hâl içinde olur. İkisinin arasındaki sır budur. Bu sır açığa vurulmaz. Açığa vurulan ancak hareketlerde, ahlakta ve edebtedir. Doğru yolda olan, İnsan gibi insan olanda açığa vurur. Gönülden fısıldananlar sessizliktedir ve insanda sır olarak kalır. Bilen söylemez, söyleyen ise açığa vuran ise bilmeyendir. Bu ilahî bir ketumluk, sadıklardan olmadır. Her sırra ulaşan ilahî ketumdur. Belli mertebeye ulaşan asla konuşmaz o susar buna tasavvufta **"hamuş"** denir. Arapça manası ile yanmadır. Yanma olgunlaşma İnsan-ı Kâmil sıfatına erme ve tüm öğretilen isimlerin insan gönlünde açığa vurulmuş hâlidir. İnsan aşağıların aşağısında, dünyada hamdır, ulaşma yani ilahî Âşk yolunda pişer ve ulaştığı gönül mabedinde yanar. Bu yanış elmas değerinde bir yanıştır. Tabir-i caizse, kömür iken elmas değerine ulaşır. Saf olan Öz'dür. Bu mertebe Evliyalık-Velilik makamlarıdır ki bunu o bölümde, lâyık olduğu oranda açıklamaya çalıştım.

Son olarak şunu ilave etmek istedim. Yaptığım tüm araştırmalarda elde ettiğim sonuç şudur. İnsan hiçbir zaman Allah'laşmaz, ancak olgun Kâmil insan yani yanmış insan olur. Beşer her şeyden önce insan olma özelliğini taşımalıdır. Bu da Bektaşi Aleviliğinde Âşk ve Muhabbet yolu ile mümkündür. O yola girenin artık dönüşü yoktur, çünkü sırlara vakıf oldukça, gönül yoluna açılan kapılar sonsuzlaşır. Ancak o kapılardan arınmış olarak, masivadan vazgeçerek girebilirsin. Çünkü *"kapı ancak fakire açılır"*. Bedende fakir olan, ruhta zenginleşir. Âşk insanı sarar, sarmalar, kapsar, tüm hücrelerini Âşk ile titreştirir. İnsan insana dost olur, iyi insan olur. Edebli ve ahlâklı bir arda yani halife olma yolundadır. Yol sonsuzdur ve asla bir nihaî varış yoktur. Ulaşma sonsuzdur. Ve idraklerimizin çok ötesindedir. Bu ötelere kavuşmak ise her insanın liyâkati ölçüsündedir. O liyâkate giren ise sırlara vakıf olur, sırlar Yaradan'ı ile kulu arasında gizli kalır. O gizlerin açığa vuruşu ise, insanın olgunluğu ile doğru orantılıdır. Olgun insan, kudretli ve güçlü de olsa, adaletli ve hoşgörülü olur. İşte insanlığın ulaşması gereken bir mertebedir bu. İncinse de incitmez. Çünkü herkes edebli olduğu için incinen de inciten de olmayacaktır. Herkes farklı, çeşitli olacaktır, asla aynı olmayacaktır ancak herkes gönülde bir olacaktır ki, dostlukları daim olsun. Herkesin yolu açık olsun.

Erenler, Tanrı Dostları, Sekiz Uçma

Nebiler-Veliler insanlığa tanrının bir hediyesidir. / **Hacı Bektaş Veli**

Her başlangıç içinde sonu da barındırır. Son neresi ise başlangıç yine oradadır.

Dairenin tamamlanma gücü insanın elindedir. Daireyi tamamlamadan, başlangıç noktasına dokunmadan yani sonlandırmadan, bir hamle yaparsan helezon çizersin. Buna bilimde kuantum sıçraması, tasavvufta tekâmül denir. Kaderi sadece burada değiştirme gücün var, diğerleri senin elinde değildir. İşte daire olarak alıyorsan olayı, başladığın noktaya geri dönersin, daire tamamlanır. Ve hep o döngüde kalırsın.

Oysa başladığın noktayı bitirmek için koyduğun son noktayı koymayıp, iraden ile ki bu tanrısal iradedir ve o güç insan gönlünde vardır, bir hamle ile sıçrama yaratarak helezon çizersin. İşte o zaman spiral döngüyü kurarsın ve sıçrama orada olur.

BEKTAŞİ ALEVİLİĞİ TANRI KAVRAMI (ÇALAB, TENGRİ)

Dibe dokunan ancak bunu yapma kudretine erişir. İşte orada kayıb olan her şeye ulaşılır.

Bunu yapabilmen için her şeyi TERK ET. Tüm zihinsel kuşkuları, olguları, geçmişe ait tüm duygusal etkileri TERK ET. Ve sadece geleceğe bak. Uzağa gözlerini kapatırsan ömür boyu hüzün duyarsın. Kaybettiklerine ağlarsın. Uzağa bak. Ne yapabilirsin. ŞİMDİ. Şimdi tam zamanı. Eğer inanıyorsan, güçlü inanıyorsan ve sana inananlar da varsa, yolun açıktır, korkma, en üstün sensin.

Şimdi karar ver, kaderinde daire mi olmak istiyorsun helezon mu? Beşer insan dairedir, oysa Nebiler-Veliler, pirler, üstün insanlar helezon çizerek yol alırlar. Kaderlerini sonsuzlaştırırlar. Asla başlangıç ve son yoktur kaderlerinde daima yol alma vardır. Dairede başlangıç ve son vardır ve bu sadece dünya insanları içindir. Başlar ve biter onlar için. Oysa inananlar üstün insanlar, birilerinin birilerine üstün kılınması budur. O insanlar üstündür çünkü helezon hareketiyle tekâmül eder gelişirler. O helezonu çizmek senin gönlünde gizlidir. Başladığın noktaya koyma son noktayı. Devam et. Sıçramayı yap, geliş orada. Sana verilen tanrısal aklı kullan.

Haklıysan mutlaka ortaya çıkar ve sen üstün olursun. İnanan iman eden insan, üstündür. Ve bazılarınızı bazılarınıza üstün kıldık meselesi tamamen budur. O sıçramayı yapabilen üstündür.

İrade o helezonu çizebilmektir. Başlangıç yapıp sonlandırdığın noktada takılıp kalmak, ağlayıp dövünmek değildir irade. İrade yürümektir. Olmuyorsa olmayacak demektir. Ne yaparsan yap olmayacaktır. Bir kapı kapanır binlerce kapı açılır. Eğer bir olayın içinde çok kayıp veriyorsan orada mesaj var. Demek

IŞIK ERİ HÜNKÂR HACI BEKTAŞ

o olayın içinde olmayacaksın demektir. Çünkü Tanrı seninle olaylar tarzında konuşur. Kayıpların doğru yolda olmadığını gösterir. Doğru yolu da sen bulacaksın.

Kendini Bil'deki, kendin olan şeyi kim bildirecek, idrak ettirecek. Ve sen ondan sonra Âşka ulaşacaksın. Rabbini bileceksin? Tekâmül basamaklarını tırmanırken, ulaştığı en ince seviyeli ruhi enerjilerin olduğu yerde şeytanıyla yüzleşir Eren. Tüm Nebiler-Veliler, hazretler şeytanıyla konuşmaları vardır. Zahir bedeni gören şeytanıyla yüzleşir ve Nur ile Şehvetin aslında ayrı olmadığını anlar. Ondan sonra Âşka doğru yol alır.

İnsan kendinden olmayanla yüzleştiğinde, kendini bilir. Çünkü hiçbir zaman kendinden olanlar sana kendini bildiremez, idrak ettiremez. Ancak senden olmayan, seni tanımayan, senin dışında olan şey seni sana idrak ettirir. Bu da Tanrının, belirli bir süre tanıdığı İblis Plânının işidir. İblis Plânı, insanın kendini idrak etmesinde görev üstlenmiştir. İşte insan, İblis Plânının en aşağılık, en azdırıcı ve bozdurucu etkilerini tanıyarak, kendinin ne olduğunu idrak eder ve olgunlaşır. İşte o vakit, kendini idrak eder ki, Rabbini idrak edebilsin, tekâmül edebilsin yani Hz. Âdem vasfına ulaşabilsin, erenlerden olsun.

Ben Şeytanımı Müslüman ettim. / **Hz. Muhammed.**

Şeytanın aslı şüphedir. / **Hacı Bektaş Veli**

Âlemde, kâinatta, tüm yaratılanlarda, her şey sevgi ile vazifelidir ve sevgi ile döner. Her Plân kendi işini sevgi ile yapar. Sevginin çeşitlerini kullanarak. İşte İblis Plânı da kendi görevini en derin sevgisi ile Âşk ile yapar. O da kendi boyutunun efendisidir. Aşk ile yapmasaydı, dünya kibir ile savaş ile ölüm ile mücadele içinde değil, barış içinde, huzur ve sükûnet içinde olurdu.

Her Plân kendi vazifesini büyük bir Âşk ile yapmaktadır. Kendisine süre verilen İblis Plânına uyanlar da Cehennem odunu olacaklarını da ifade etmektedir Hacı Bektaş Veli.

Ayrıca Hacı Bektaş Veli'nin kıymetli eseri Makalat'ta bahsedilen, gönülde oturan iki sultan, Râhmanî ve Şeytanî olandan hangisine meil ediliyorsa, o yönde ilerleme olacağını bahseder. Eğer Şeytani olan taraf ıslah edilmezse, sonucun tamamen nefsi bir beden içinde hayvani bir beşer boyutunun olacağını da önemle açıklar.

Unutulmaması gereken önemli nokta, insanın her anının bir imtihan olduğudur. Bir anlık bir gaflet tekâmülün seyrini değiştirir. Hz. Ali şöyle anlatır. *"Unutmayın, İblis, Allah'a en bağlı, en sadık, Âşkla ve imanla bağlı olarak altı bin yıl boyunca ona ibadet etmiştir. Bir anlık emrine itaatsizlik ve Hz. Âdeme secde etmemesi, onu kovulanlardan ve kendisine belirli süre verilenlerden yapmıştır."*

İşte sembolik olarak anlatılan her şeyin aslında bize çok güzel örnekler olduğunu görebiliriz.

Âdemin Cennetten kovularak belirli bir süre verilenlerden olması ile İblisin Cennetten kovularak belirli bir süre verilenlerden olması arasında fark vardır. Âdem ve onun nesli, savaşın, ölümün dünyasına gönderilmesi idi. Âdem ölümsüz ve sonsuz yaratılmıştı ancak dünyada iken dönüştürülmüş ve ölümlü kılınmıştı. O ve nesli ölümlü olacaktı. Ve kendi nesline Âdem Plânından elçiler yani Nebiler gelecek ve insanları Cennete götürecek ulaşma yolunda, erme yolunda yol göstereceklerdi.

IŞIK ERİ HÜNKÂR HACI BEKTAŞ

Oysa İblis, sonsuz ve ölümsüz olarak yoluna devam etti. Dünyayı kuşattı, sarıp sarmaladı, Hz. Âdem ve nesline her türlü azdırıcı ve caydırıcı etkiyi fazlasıyla akıttı. Kendisine uyanlara hiçbir vaadi yoktu. Buna rağmen yandaşları her vakit arttı. En üstün ve şerefli olarak yaratılan Âdem ve nesli, kendinden aciz, zavallı bir İblis Plânına yenik düşmektedir. Bunun tek sebebi ise, bedenli olmasıdır. Çünkü beden, madde ortamının çekiciliğine ve masivasına kapılmaktadır. Oysa Zahir bedenini fark ettiği an tekrar Ölümsüzlüğe kavuşacaktır.

"Yardım" beşerîdir. Sonunda haz varsa duygu bedenle ilgilidir. Haz boyutu yükseldikçe kibirlenir. Sonunda dengeyi alt üst eder.

Oysa Sağ elin verdiğini, sol el bilmeyecek. Dille lafla beyan olmayacak. Gönülde ve kalpte yeşerecek, haz boyutunun üstüne çıkacak ki Râhmani olsun, yerini bulsun.

Bu yüzden eskiler *"imanın kimde olduğu bilinmez"* demişlerdir. Çünkü gizlide olanı sadece O bilir. Lafla hakikat beyan olmaz.

Haz Cehennemi. Manevi Hazzın yüksek boyutu KİBİR'dir. Hiç önemsemediğimiz manevi hazlar sonuçta dengeyi altüst eder ve "hayvani beden" titreşimlerine hapseder. Nebilerin ve Evliyaların "dikkati aş, rikkat. Âşkla Muhabbetle!" dedikleri budur. Fiziksel yapılanlar benzerdir, ancak herkeste yarattığı "hâl" farklı farklıdır. Hazzın ötesine geçemiyorsa, hâlin de hâline ulaşamıyorsa Âşkla olmamıştır. İyi bir şey olabilir ama yeterli midir? Beşer boyuta göre iyidir ama Âşk makamına göre yeterli midir?

Haz boyutunu aş ki, tüm kâinat sebeplensin, sadece ulaştığı birkaç kişi değil. Gayb erenleri gizlidir, ne vakit nerede

BEKTAŞİ ALEVİLİĞİ TANRI KAVRAMI (ÇALAB, TENGRİ)

oldukları bilinmez. Onlar Hakk'tan aldığını halka verirler ve AN'da sonsuzluğa ulaşırlar. Karşılıksız, haz duymadan ve yapılandan tüm kâinat sebeplenir, sadece ulaştıkları değil. Titreşimi yükselt!

Yüreğindeki "Necm"i kime vereceğine dikkat et. Eğer haz alıyorsan seni ateş olup yakar. Eğer ulaştığı yer lâyık değilse, ters döner, dengeni alt üst eder. Her zaman pozitif olmak, gülücükler saçmak, iyilik yapmak Râhmani değildir. Bu yüzden gizli yapılmalı ve şahit tutulmamalıdır. Şahit tuttuğunda araya şirk koyulmuş olur. Bu yüzden erenler, Evliyalar "don" değiştirerek ulaşırlar. Onları asla bilemezsin. Nerden geldikleri ve "ne" olduklarını asla göremezsin. Bunu bilmek idrak gerektirir, kalp gözünün açılması demektir, gönül gözüyle görünmesi demektir. Bu da beşer boyutunda mümkün olamaz. İnsan Âlemler içinde O'nu arayandır. Çünkü O, **küntü kenz** yani gizli hazinedir. İnsan olmasa O'nu kim arar ve anar. O kimi sever? *"Ben bir gizli hazineydim, bulunmak istedim. Bilinmekliğe Mahabbet ettim"*. İşte bu yüzden insan bulduğunu arar. Mahabbetin yani muhabbetin gerçek manası budur. Kişi Allah'ı severse, Allah da onu sever.

Âşk, Hakk"ın sıfatıdır (muhib). Hakkın sıfatları ise mukayyet olmayıp, Zat'ına delalet etmesi açısından mutlak, kadim ve sonsuzdur. Muhabbet ve Âşk, Hakk'ın dışındaki varlıklar için kullanıldığında bir nisbet(yakınlık) olarak mecaz, Hakk'ın bir sıfatı olması itibariyle de Hakikattir. **Hakikatte Âşk ve muhabbet Hakk'ındır. Âşk Hakk'tır.**

Ağza bir damlaya bu kadar uğultu. Oysa damla da uğultu da yöreseldir. Ya evrensel olan nerede? Beşerden kurtuluş, beden mezarından çıkmak deniyor. Öyle yükselt ki enerji boyutunu, tüm varlıklar nasibini alsın bu sevgi titreşiminden. Sevgide yoksan Nefste kalırsın. Sevgi ile değilse, dünyasaldır. Sevgi evrensel ve Râhmanî'dir. Oysa haz olan her şey dünyasaldır ve nefsidir. Beşer boyutundan kurtulmak istiyorsan Sevgi ile yapmalısın.

Tanrı, yarattıklarının kusursuzluğu ile övünmez. İblis bunları tanımadığı ile övünür ve kibirlenir.

Evliya Makamları

Sevgi Okyanusuna herkes dalamaz.! Kimine göre soğuktur, kimine göre de ateş gibi. Yürek Âşk'ının Ateşi daima harlı olacak ki ne donasın, ne de eriyesin!

Sevgi denizinin dibi yakîn görünür, çünkü tüm görkemi ile eşsiz berraklıktadır. Yol derin ve meşakkatlidir. Ancak tüm cesaretinle ulaşacak ve o sana ait olan "inci"yi çıkaracaksın.

Bu, hakikati aramaktır, yolda olmaktır. Sevginin içine gir, oradaki gizli hazineyi keşfet. Ve artık o hazine senindir. Zaten senindi de bulunmayı bekliyordu. **Dürre** demişler bu hazineye. İnci. Derin sevgi okyanusunun en dibinde. O inci ki zerre kadar, ama bir kâinat dolusu sevgi taşır. Elinde tutmak için liyâkatli olman gerek. Herkes tutamaz, herkes bulamaz. O sevgi ateş gibidir, sen yanmadan tutamazsın. Pişecek yanacaksın ki tutabilesin. Çünkü ateş ateşi yakmaz. Ama ateşin ateşe söyleyecekleri olur.

Dört kapıdan: Şeriat bir gemidir, tarikat deniz, Ma'arifet dalgıç, Hakikat ise inci. Eren manası, ulaşıldığı nokta işte bu incidir. Onlar, şeriat gemisine binerler, tarikat denizinde yüzerler, Ma'arifet dalgıcı olurlar, Hakikat incisine erişip çıkarırlar. İşte o inci ikrarları olur. Gemi de kendisidir, deniz de kendisidir, dalgıç olurlar ve kendilerine ait inciyi dipten çıkarırlar. Bu ulaşmak, ermektir. İşte o inci, ilk yaratımda sonsuz kudretten üflenen yani nefesten nefese aktarılan kutsal ruhtan, erenin nasibidir yani kendine ait olan parçası. Bu yüzden herkes o inciye ulaşamaz. Ulaşanlar da o kudretli ruh ile Allaha ulaşırlar.

Hayrın karşısında şer. Âdemin karşısında İblis. Habil'in karşısında Kabil. İbrahim'in karşısında Nemrut. Musa'nın karşısında Firavun.

Kişinin, Ene'sini yani kendini bilmesinde idrak etmesinde ilk adımlardan biri, zıttı ile karşılaşması, yüzleşmesidir. Kişiyi, kişi yapan, Beni Ben yapan, zıttı ile karşılaşmasıdır. Zıttı ile karşılaşma, Zahiri bedenin gönül gözü ile görülmesidir. Bu aynaya bakan ve kendini gören bir insan örneği değildir. Bu tamamen kendini fark etmesi için kişinin zıttı ile yüzleşmesidir. Çünkü ancak zıttın sana kim olduğunu idrak ettirebilir. Çünkü zıt gördüğün kibirdir. Karşında kibri gördüğünde, gerçekte kim olduğunu idrak edersin. Kibri gören, kibir olmadığını anladığı vakit, kendi Zahir bedenini görmüş ve idrak etmiş olur. Bu uyanışın ilk aşamasıdır. İşte ilk prensip kaçmak değil, yüzleşmektir. Karşı karşıya gelmek ve kendi Zahir bedenini fark etmektir.

Bedene hapsolan 'Ene' (ben) in ölümü ve yine aynı yerden çıkarılışı yani dirilmesi uyanış ve ermedir. İlk doğuş manâ'dan maddeye gelişi ifade ettiği gibi, ikinci doğuş; kişinin ölmeden önce ölme sırrına ererek, yani zıttı ile yüzleşip kendini idrak eden ve kendine ait olan dürreye(inciye) ulaşan, maddeden yine ilk geldiği mânâ dünyasına dönüşü, asıl olana ve öze dönmeyi ifade eder. Ancak ikinci doğuş, **beden mezarında** gerçekleşir. Çünkü manadan maddeye geçişte beden bir hapishanedir. Ancak ikinci doğumda, beden bir mezardır. Ve o mezar içinde dirilir, bedenin kutsiyeti mana ile bütünleşir. İşte beden içinde dirilme gerçekleşir. O vakit, mana ile madde birleşir. İkilik birleşir. Bir olur. Üstün insan, olgun insandır.

Uyanışta mürşid Kelâmullahtır, Aydır, Güneştir, Çerağ'dır (kandil), Yoldur, Sohbeti hassıl hastır ki Hz. Muhammed ile Hz. Ali'den kalmıştır.

Mürşidi Kâmil

Düşünde kendi vücudunu görendir. Düş neresidir. Düş, dünyadır. Müminin rüyası olan dünya. Dünyada kendi vücudunu yani Zahir bedenini gören, fark eden, uyanan kişidir. Kişi, kendi vücudunda manayı keşf eder. Bir makama erişir ki, o makamda kendi vücudundan başka bir şeyin vücudu olmamalıdır. "Ben Benim" manasıdır. Kendi vücudu, kendi olmalıdır. Başka bir şey olmamalıdır Ve on sekiz bin Âlemin vücudu sırrına erişir.

Velâyet Makamı

Evliyaların ulaştığı makamdır. Evliya Hakk Teâlâ'nın haznedarıdır. Gece gündüz fark etmez, Haktan ne kısmet verilirse yerine ulaştırırlar. Evliya, enbiyanın ilmine sahiptir. Evliyanın ulaştığı makam, kendi vücudunu görmesi, eşya ilmini de görmesi ve bilmesidir.

Buradaki bilme, duyup aklında tutma, öğrenme değil, idrak meselesidir. İdrak etme, ezeli ve ebedi, Zahiri ve Bâtında olan görünen ile görünmeyenin manasına ulaşmaktır. Manadan kasıt, amacın Hakikatine ulaşmaktır. Görme ise, bakmak ve ışık vasıtası ile gözlerin beyindeki aksi değil, iç görüştür, nazar etmedir. Eşya ve vücudun görülmesi, gizlide ve görünende ulaşılan Hakikattir. Bütünlüğü Hakikatidir.

Evliya katında, eşya ilmi Hakikati idraktir. Veliler, yirmi dört saatte beşerlerden yirmi dört bin nefeste ne miktar hayır, ne miktar şer ortaya çıkar bilirler. Bu velâyet makamıdır. Bu biliş idraktir, iç görü ile bilinir. Bilimsel olarak da, kuantum evreninde, kâinatında, atomlar arasında An zamanda haberleşirler ve mesafe diye bir kavram yoktur. İşte bu eşya ilminin hakikatidir. Evrende her zerre, haberleşir. Ve bu haberleşmeden Velâyet makamının haberi vardır. Haberleşme, Hakkın emirlerinin her tabakada inmesi ve yerine getirilmesidir. Buna eşya ilminin hakikati denir.

Evliya katında Velâyet makamı, eşya ilmini geçip, ruhu nasip ruha erişir, tasarruf sahibi olur. Bu makama beşer insanların ulaşması mümkün değildir. Velâyet ile nübüvvet aynı nurdur. Bu nur enbiyanın (Nebi) vücudunda zuhur ettiği, açığa çıktığı zaman Nübüvvet denir, Evliyanın vücudunda zuhur ettiği açığa çıktığı zaman velâyet olur. Nübüvvet yani Nebilik, son Peygamber ile son bulmuştur. Ancak velâyet makamı devam etmektedir.

EVLİYA MAKAMLARI

Velâyet makamında olan, bedeninde Nur zuhur etmiş Evliya, masivadan nazar etmiştir, yani eşyadan maddi evrenden vazgeçmiş, eşyanın hakikat ilmine ulaşmış ve idrak etmiştir. Hakk'tan gayri hiçbir muamelesi yoktur. Bu kişiler, Hakk ilminin haznedarlarıdır. Ancak bu sıfatlardan gizlidirler. Ulaştıkları hazineleri açığa vurmaz gizli tutarlar. Eğer açığa vururlarsa hıyanet etmiş olurlar. İşte bu Hakk ile ulaşan kişi arasında bir sırdır ve Allah kişi ile kalbi arasına nüfuz eder.

Fena Makamı

Veli, tüm katmanların ilmine ulaştıktan, idrakine vardıktan sonra Kutsal Ruha(nefesten nefese üfürülen) ulaşır ve iç görü ile nazar eder, müşahede ehli olur. İşte o an mahvolur, yani hiçleşir, o kimse İnsan-ı Kâmil olur. Kendi özünden geçer, fena makamına ulaşır. Ve ömrü oldukça seyr hâlindedir, ahir makam anlamı budur. Fena makamı, her şeyin ilime ulaşan ancak hepsinden vazgeçip hiçleşendir.

Hikmet (Hakîm) Makamı

Hikmet makamı, eşya ilmini idrak edendir. Lokman Hekim bu makama ulaşandır. Ondan da ileri bir makama ulaşamadı. Eşya ilminin hakikatine ulaşmak, dünya amacının hakikatine ulaşmak ve kalb zenginliğine sahip olmaktır.

Âdem Peygamber Makamı

Âdemi yarattıktan sonra, bütün eşyanın isimlerini ona öğretti. O eşyayı meleklere gösterdi, biliyorsanız bunların isimlerini bana söyleyiniz diye buyurdu. Eşyanın isimleri, esmayı idrak etmek ve açığa çıkmasıdır. Esmanın bedende açığa çıkması, eşya ismidir. Seksiz yani şüphesiz, şüphe etmeden iman etmek ve bilmek anlamındadır. Seksiz ilme Âlim olmaktır. Her şey, her zerre esmadır ve her esma Âdem hakikatindedir.

Ruhu Allahtan, sureti Âdemden oluşmuştur. Ruh Allah'ın üfürdüğüdür, Suret Âdemdir. Ve ikisinin de birliğidir. Ve Âlemlerde kelâmdır. Hakk, Âdemi Âlemlere göndererek, mübarek vücudunu görmesi yani miraç kılmasıdır.

Cazibe Makamı

Cazibe ehlileri, fena makamına mürşidsiz varırlar. Hakk'tan bir parça nasip alırlar, cazibeye kapılırlar ve hayran kalırlar. Hayranlık makamıdır. Bu hayranlık karşısında, derin manaları olan türlü türlü sözler sarf ederler, duyanların aklını başından alan. Cazibe yani hayranlık makamında eşyanın ilmine alim olurlar. Ancak evvelini yani geçmişi ve ahiri yani geleceği bilemezler. Hakikate ancak hayranlık duyarlar ancak müşahede ettikleri ile aktarırlar. Ömrü boylarınca da bu makamda kalırlar.

Tasarruf (İrade) Sahipleri Makamı Tasarruf sahipleri iki kısımdır: Birinci kısım Zahirî tasarruf sahibidir. İkinci kısım bâtinî tasarruf sahibidir.

Zahiri tasarruf sahipleri: Padişahlardır; tasarruf ederler.

Bâtınî tasarruf sahipleri ise: Velidir ki, bâtınen (gizli) tasarruf ederler. Âlem'in yedi iklimine(katlara, katmanlara) hükmederler. "Yedi yıldızlar" bile bu yedi Veli'nin hükmündedir. Her gün hizmetinde yüz sürerler. Bu Veliler bu **"yedi yıldız"**lara hükmederler.

Bunlar Üçler, Beşler, Yediler, Kırklar, Üç yüzler ve Binlerdir. Üçler, nizamı ayarlayan tasarruf sahipleridir. Üçlerin ortasında KUTUB bulunur ki bu Bâtınîlerin başıdır, yönetenidir. Zamanın da sahibidir. An zamanda, (dünya zamanı ile gece gündüz yirmi dört saat) Levh-i Mahfuzdan nazar bakışlarını ayırmazlar. Hakk kudretinden gelen emirleri Levhada okur, hayır olanı sağ yandaki kutba, şer olanını da sol yandaki kutba bildirir. Onlar da bu bildirileni yerine ulaştırırlar. Hak emrinden başka, çöp üzerinde çöp durmaz, nizam sağlanır. Kutub, zaman zaman, fena makamına erişir orada zevklenir, cazibe alır, derhâl yine geri gelir tasarrufları ile meşgul olur.

Kemmiliğin (Nicelik) Makamı

Bu makamda Veliler, Kutsal ruha ulaşarak oradan ilme sahiptirler. Ruh, zatın(vücut) aynasıdır. O ruhta, zatı görürler. Hakkın gizli askerleri, ordularıdır. Haktan gayri hiçbir ilmi bilmezler. Ve onları halktan kimse bilmez, onlar daima gizli yürürler.

Burada açıklamam gereken bir konu var ki, nefs beden ile vücut yani zat tamamen farklıdır. Beşer, bedene sahiptir yani nefse. Çünkü nefs verilmiştir. Nefs beden içinde hapistir. Ancak ne vakit o beden içinde ölür ve tekrar oradan çıkarılırsa yani yeniden doğarsa, ölümün sırrına beden içinde ulaşırsa, işte o zaman vücut yani zat olur. Vücudun kutsiyetine erişirler. Ve kendi vücutları dışında da hiçbir şeye vücut olmazlar. Sadece Enenin vücudu olurlar. Yani kendi vücutlarıdır. Bu vücuda gelme olayı, eşyanın ilmine ulaşma ve bilme, idrak etmedir.

Maşuk Makamı

Eğer sen olmasaydın Âlemleri yaratmazdım, hadisi üzerine, Kutsal Ruh Âşkına tüm Âlemlerin yaratıldığı bildirilmiştir. Üflenen Kutsal Ruhun aynası olan zatın yani vücudun müşahedesi için Âlemler yaratılmıştır.

İşte bu Kutsal Ruh Makamı maşuk makamıdır. On sekiz bin Âlem Âşık, kutsal ruha maşuk düşmüştür. Bu miraç olayıdır ki, Kutubtan başkasının ayak basması mümkün değildir.

Süluk (Hakka Erme) Makamı

Dört kısımdır. Birincisi, İlim ve kudretin kendi vücudunda olmasıdır, okur, öğrenir ve bilir.

İkincisi, eşya üzerinde kudret ilmine alim olmasıdır. Her şeyin tabiatı nedir, havası nedir bilir.

Üçüncüsü, Katmanlar arasında yani iklimler arasında olan tüm ilmi kudrete sahiptir. Yedi iklim yani yedi katmanda neler oluyor, neler seyrediyor, emirler nasıl iniyor ve yerine ulaşıyor bilir. Bu olanların ilmine sahiptir. Kâh o Âlemin zevkindedir, kâh dünyada hâli perişan. Bu makam İdris Peygamberin makamıdır. Birçok Evliya bu makamda kalmışlardır. Evliya katında bundan daha ulu bir boyut yoktur. Bu boyutu geçen Veli, kudret sahibi olmaz ancak müşahede ehli olur. Yani olanı biteni bilmez ancak gözler, müşahede eder.

Dördüncüsü, Âlem felâkları tamamlayıp, Azim Arş'ına ulaşmak ve orada bir müddet hayret içinde kalmaktır. Bu Azim Arş'ının heybetinden kendi vücutlarını bilmezler. Yerde mi, gökte mi olduklarının farkında bile değillerdir. Evliya katında, hayret makamı budur.

Âşk Makamı

Kutsal Ruhu bütün güzelliği ile müşahede ederler ve Âşık olurlar. İşte Âşk Makamı budur. Halktan beşer, bu güzelliği görse helak olurdu. Çünkü Sevginin kendisidir Âşk Makamı. Beşer bedenle, beden görüsüyle görülemez. Çünkü Sevginin tek zerresi dahi madde dünyasına inse yakar ortalığı. Hz. Musa'nın Rabbini görmek istemesi ve o da zerrenin en zerresini yansıtması vasıtasıyla çalının yanmasıdır. Bu yüzden Sevgi madde dünyasına inmez, ancak vücut gönlünde gizli sultandır.

IŞIK ERİ HÜNKÂR HACI BEKTAŞ

Hacı Bektaş Veli "Akıl"

*"Akıl, yeryüzünde Allah Teâlâ'nın terazisidir". / **Hacı Bektaş Veli***

İnsan topraktan ve dört unsurdan yaratılmıştır. Can ve Akıl verilerek tamamlanmıştır. *"Çalap Tanrı, canla akılı da vererek, o kulu tamamladı."*

Üç unsuru tam olanın aklı yerindedir ve Canı diridir. Bu üç unsur o kişide yoksa aklı tam değildir Canı da uyur. Yani beşer denilen canlı türünün aklı tam yerinde değildir ve canı da uyumaktadır. Derin uyku denilen *"dünya, beşerîn uyuduğu yerdir"* budur. Çünkü insan hayatta yaşarken uyur, ölünce uyanır. Fakat İlahî amaç, ölmeden önce ölmek yani uyanmaktır.

Bu üç unsur nelerdir. Kendini bilen kişi, huzurda olan kişi, kabri mekân kılan kişinin aklı yerinde ve tamdır, Canı da uyanmıştır. Diridir.

IŞIK ERİ HÜNKÂR HACI BEKTAŞ

Kendini bilmek, Zahiri bedenini fark etmek, hapiste olduğunu idrak etmek, dondurulmuş bir bilinç ile hareket ettiğinin farkına varmaktır. Huzurda olmak, Tam bir iman ve sadık hâlidir. Tüm yaşanan ve yaşanacak olanlara itimat etmek, gönül ile bağlanmaktır. Kabri mekân kılmak ise, kabir denilen beden mezarında ruhun barınması, imtihan olması, madde ile temas etmesi, bilgilenmesi, bilgilerini tatbik etmesi, aynı zamanda maddeyi de geliştirmesi için mekân kılmasıdır. Bu tamamen Nebilerin ve Velilerin anlatmaya çalıştığı beden içinde ölmek ve dirilmektir. Beden içinde ölen, beden mezarında tekrar dirilen için uyanış gerçekleşir. İşte tam bir akıl için kabri mekân kılmak esastır. Bu Nebilerin-Velilerin ve kudretli kişiler için esastır. Uyanan kişi artık beşer değildir, O'nun Öz dostu ve katından ilim verilmişlerdendir. Ululuk ve yücelikler, insana can ve akıl sebebiyle verilmiştir. Aklın tam olması Can'ın diri olması esastır. Bu esaslık Bâtında gerçekliktir, oysa Zahirde ise uykudur. Zahir dünyada uyanış gerçekleştiğinde, artık beşerî titreşimlerden, insani duygu ve hazlardan uzaklaşılır, masivanın gerçekliği anlaşılır, türlü mucizeler ve kerametler gerçekleşir. Bu velâyet makamıdır.

Akıl tanrısaldır ve Aklı tam olan Tanrısaldır. O aklın ve akılların anahtarıdır. Akıl Cebrail'dir. Cebrail vahiy mekanizmasının kanunlarını yöneten sistemin ismidir. Vahiy ve ilhâm yeryüzüne Cebrail Plânının kanunları ile açılır. İlk yaratılışta İnsana öğretilen varlık isimlerinin (Esmaların) açılması yani Fetih'i ilhâmdır ve bu akıl ile olur. Akıl, fetihler sonucu açanlara kavuştukça uyanış an be an tedricen, yavaş yavaş gerçekleşir.

Yeryüzünde akıl ölçüsünden iyi bir şey yoktur. Çünkü her iyi şeyi bilen ve buyuran akıldır. Akıl varsa *"ölçülülük"* vardır. Ve

HACI BEKTAŞ VELİ "AKIL"

ölçülü olan her şey hayra yöneliktir. Ölçülülük insanı erdemli kılar. Akıl ile ölçülülük manası, erdemli insan olma özelliğidir. Akıl sahibi insan, erdem sahibi insandır.

Karanlıklar ile aydınlık bir olmaz. **(Kur'an-ı Kerim, Fatır Suresi, 20.Ayet)**

Burada karanlıklar olarak bahsedilen, cehalet, nefs, dünya ve beden karanlıklarıdır. Aydınlık ise Nur'dur yani Tanrısal AKIL. Akıl ilahî nurlardan meydana gelmiş ve insana verilmiştir. Karanlığı aydınlatan ışıktır oysa ışık bile evrenimizde karadelikte yutulur ya da yön değiştirir, sapar. Işık, Nur'un maddesel yansımasıdır. Oysa o karanlıkları bile delen Nur, henüz evrenimize gelmemiştir. O nur insanın Gönlünde ve Aklında gizlidir. O Nur, Be'nin altındaki noktada gizlidir. Çünkü o nokta, tüm kâinatın bilgisini muhafaza etmektedir.

Akıl, dört türlü nurdan meydana gelmiştir: Bunlardan

Birincisi, Ay Nuru
İkincisi, Güneş Nuru
Üçüncüsü, Sidretü'l Münteha
Dördüncüsü, Arş nurudur (Aklı Evvel)

Sidretü'l münteha (son Noktadaki Ağaç)'tan yukarı doğru yükselmekle gerçekleşir. Sidretü'l Münteha (Son Noktadaki Ağaç) varlıklar âleminin en üst noktasıdır. Burası varlık Âlemi olarak gösterilen Ba harfidir. Yatayda olan varlık Âlemidir ki altındaki nokta bu nurun simgesidir. O nokta son noktadır. Nokta Bâtın ile Zahirin ince çizgisidir. Hem Bâtın hem Zahirdir.

Rivayete göre, son Nebiye Miraç yolunda eşlik eden Cebrail "Sidretü'l Münteha"ya gelince, burasının kendisi için hayat sınırı olduğunu belirterek, orada kaldığı, daha ileri gitmediği kaydedilir. İşte bu nedenle Cebrail'e Sidre Kuşu, "Murgi Sidre" denmiştir.

Cennette bir ağaçtır Sirdetü'l Münteha. Âdem'in ağacın ilminden aldığı (ilim meyvedir) o ilmin ten ilmi olduğu, ten ilmine yani bedene ve nefse sahip olarak geçiş yaptığı yerdir. Cennetten Cehenneme, yokluktan varlığa, birlikten çokluğa, yolculuk ettiği yerdir. (Şimdi çokluktan birliğe yolculuk tekrar başlamıştır.) Mahlûkun O'na doğru giderken ulaşabileceği son nokta.

Bundan sonrası sadece O'na mahsustur. Sidre'den sonrasına ulaşmak mümkündür değildir. Çünkü madde Âleminin bittiği, ruhi Âlemin başladığı sınır çizgisidir. Çokluk Âleminin bittiği, Birlik Âleminin başladığı sınır çizgisi ağaç olarak sembolleştirilir.

Oradan dikey bir yolculukla (Elif) ruh Allah'a ulaşır ve Allah'ın Zat'ında yok olur. Bu olaya "fenâfillah" denilir. Daha açık bir anlatımla Fenâ fi Allah.

Akıl, beden içinde sultan; gönül içinde rahatlıktır. Tanrı Teâlâ'nın insana verdiği, bunca ululuk, bunca nur, bunca keramet, bunca hilâlin hepsi akıl bereketindendir. Şimdi, kimin gönlünde akıl nuru varsa hoştur. Kimin yoksa, kendine hayrı yoktur; Çalap Tanrı katında da yeri yoktur.

Üç türlü karanlığı, üç türlü nesneyle aydınlattı:

HACI BEKTAŞ VELİ "AKIL"

Birincisi dünya karanlığını ay, güneş ve yıldızlarla aydınlattı.

İnsanı da üç türlü karanlıktan yarattı ve yine üç türlü nesneyle aydınlattı.

Birincisi, çar anasır (dört unsur: toprak, ateş, su, hava) karanlığından yarattı: akıl nuruyla aydınlattı.

İkincisi, cehalet karanlığından yarattı; ilim nuruyla aydınlattı.

Üçüncüsü, nefis karanlığından yarattı: Ma'arifet nuruyla aydınlattı.

Şimdi, Ma'arifet güneşe; akıl aya, ilim yıldıza benzer.

Ay ile güneş doğar, dolanır, ilim tahsil edilir fakat her zaman hatırda kalmaz. Ma'arifet ise kimin gönlünde varsa, ta ölüp mezara girinceye kadar hatırdan gitmez; belki mezarda dahi faydası olur.

Bakmak sadece bir fiildir. Oysa görmek, yorumlamaktır, aklı kullanmaktır. Aklını kullanan insan için çok büyük nimetler vardır. Bakmak doğuştan gelen, ilkel bir dürtüdür, yaşamsal içgüdüdür, oysaki görmek öğrenilir ve zamanla olgunlaşır. İşitmek gibi. Duymak bir fiildir, oysaki işitmek de aklı kullanmaktan geçer. Ancak aklını kullanan insan görebilir ve işitebilir.

Herkes duyar ve görür. Fakat çok azı ancak görebilir ve işitebilir.

Her kulağı olan işitemez.

Her gözü olan göremez.

İşitmek ve görmek tamamen ruh ve beden içerisinde o koordineyi başarı ile birleştirebilen ve aklı ile gönlünü bir kılabilenler için mümkündür. Diri kavramının en güzel açılımı budur. Kutsal ayetlerde bahsedilen en çarpıcı sembolik kavramlardan biri de "diri" olma "dirilme" meselesidir. Tüm kâinat canlıdır ve her türlü bilgiyi bünyesinde saklar. Uykuda olan sadece insandır, kâinata karşı duran insandır, her şeyi inkâr eden insandır, oysa evren, kâinat, dünya ve üzerindeki tüm hayvanlar ve atoma sahip madde canlılar bu bilgiye sahiptir ve diridir.

Dünya karanlığını aydınlatan nur AKIL'dır. Akıl en cehaletin karanlığını bile delip geçer. Aklın anahtarı ise O'dur.

Karanlığın ve nurun ne olduğunu iyice anlamak için evrenimizdeki karanlığın ve aydınlığın anlaşılır olması gerekir. Karadelikler evrenimizin en karanlık noktalarıdır. Işığın bile kırıldığı, içinde yok olduğu tek yer karadeliklerdir.

Yapılan araştırmalarda karadeliklerin yerini tespit etmek için ışığın kırılması göz önünde bulundurulmuştur. Karadeliklerin çok güçlü çekim kuvveti, evrenimizin en hızlı ışığın bile yolunu saptırabilir, kendi içine çekebilir. İşte şu ayette bu açıkça belirtilmiştir. Nur olarak bahsedilen ışığın bile karanlıklar içerisinde olmadığı önemle vurgulanmıştır.

Karanlıklar üstüne karanlıklar. İnsan elini çıkarsa neredeyse onu bile göremez. Kime Allah nur vermezse, onun için nur diye bir şey yoktur. **(Kur'an-ı Kerim, Nûr Suresi, 40. Ayet)**

Karadeliklerin, yani karanlıkların ne kadar tehlikeli olduğu da şu ayette "sevmem" kelimesi ile önemle vurgulanmıştır. Yıldız denilen ışığın sevildiği hatta "Rabb" olarak tanımlanması, fakat battığı zaman ise yani bir karadeliğe dönüşmesi hâlinde "böyle batanları sevmem" ifadesi ile bir canavar olduğu da özellikle belirtilmiştir.

HACI BEKTAŞ VELİ "AKIL"

Üzerine gece karanlığı basınca bir yıldız gördü. "İşte Rabbim!" dedi. Yıldız Bâtınca da, "Ben öyle batanları sevmem" dedi. **(Kur'an-ı Kerim, En'âm Suresi, 76. Ayet)**

Yapılan bilimsel araştırmalar ve ortaya çıkan verilerde görülüyor ki, yıldızların zamanı dolduğu zaman birtakım aşamalardan geçerek bir karadelik hâline dönmektedirler. Işıkları sönmektedir. Bulanıp sönme tabiri ise çok yerli yerinde kullanılmıştır. Çünkü ışık saçan bir yıldız, çeşitli renklerden evrelerden geçerek bir kara delik hâline gelmektedir.

Yıldızların ışığı söndürüldüğü zaman. **(Kur'an-ı Kerim, Mürselât Suresi, 8. Ayet)**

Fakat ilginç olan, bir yıldızın hayatının bu şekilde son bulması da değildir. Henüz yıldız hâlindeyken de, başka bir yıldızın karadelik hâline geldikten sonra, o karadeliğin çekim kuvvetine kapılarak parçalanarak saçılması da söz konusudur. Hatta bilim adamları, karadeliklerin yerini tespit ederlerken bu saçılmaların meydana getirdiği tahribatı gözlemlerler ve karadeliğin yerini tespit edebilirler.

Özellikle bir ayet vardır ki, önemle üzerine yemin edilerek sanki dikkat çekilmeye çalışılmıştır.

Yıldızların yerlerine yemin ederim ki, eğer bilirseniz, gerçekten bu, büyük bir yemindir. **(Kur'an-ı Kerim, Vâkı'a Suresi, 75,76. Ayetler)**

Yıldızların yerlerine yemin etmek, onların sarsılmaz bir güç olduğunu göstermektedir. Ancak onları yerlerinden edecek ancak ve ancak çok daha üstün bir güç olmalıdır ki bu da karadeliklerdir. Ancak karadeliklerinde ötesinde bir güç bir Nur vardık ki bu da Târık'tır.

Göğe ve Târık'a Andolsun. Târık'ın ne olduğunu sen ne bileceksin? O, (ışığıyla karanlığı) delen yıldızdır. Hiçbir kimse yoktur ki, üzerinde koruyucu bulunmasın. ***(Kur'an-ı Kerim, Târık Suresi, 1-2-3-4. Ayetler)***

Koruyuculuktan bahsedilir bu ayette. Karanlıklardan bahseden birçok ayeti tespit etmiştik, ancak burada karanlığı delen yıldızdan bahsetmektedir ve onun çok daha üstün bir güç olduğu ve hatta evrende her bir zerrenin koruyucusu olduğu da açıkça ifade edilir. Korkulmaması gerektiği de sanki vurgulanmıştır karanlığı delen yıldız olarak bahsedilmiştir. Karanlığı delen yıldız Târık. Târık bir kurtarıcı güç, evrensel bir güç kaynağı, evrende en güçlü atomdan ve atomun yarattığı tahribat olan kara delikten bile daha güçlü bir yıldızdır. O yıldızın ne olduğu bilinmemektedir. Onu ancak O bilir.

Sanırım bilim adamları karadeliğin etkisinden ve muazzam gücünden daha güçlü bir durum ile henüz karşılaşmadı ve tespit edemedi. Çünkü yaptıkları araştırmalarda, kâinatta bulunan ışığın bile kurtulamadığı tek cisim karadeliklerdir. Ve bu dini ayetlerde de açıkça belirtilmiştir. Ancak Târık ışığı ile karanlığı delecek olan yıldızdır. Ve bu yıldızın akıbeti henüz ne bilimsel ne de dini çerçevede bulunamamıştır. Çünkü yıldızla yol bulma *(Kur'an-ı Kerim, Nahl Suresi 16. Ayet)* açıkça belirtilmiştir. Yıldızın yol göstericiliğinden bahseder ve bu yıldız yani (Târık) evrendeki en güçlü etkiden bile daha da güçlüdür.

HACI BEKTAŞ VELİ "AKIL"

Fakat evrendeki diğer yıldızlar gibi ışığı olan bir yıldız değildir. Çünkü evrendeki her yıldız, karadeliğin akıbetine, tahribatına uğrayabilir. O zaman Târık denilen yıldız üstün maneviyatı olan bir ışıktır. Târık Arapça ve Osmanlıca kökenli olup **"terk eden"** anlamındadır. Târık ışığı öyle nurlu bir ışık ki, terk ettirecek güçtedir ve kâinatta olan her türlü gücün üzerindedir.

Ve arkasından şu ayet belirtilmiştir:

Davete, ancak bütün kalpleriyle kulak verenler uyar. Kalben ölüleri ise yalnızca Allah diriltir. Sonra da hepsi ona döndürülürler. **(Kur'an-ı Kerim, En'âm Suresi, 36. Ayet)**

O yıldız yani, Târık geldiği zaman bütün kalpleriyle kulak verenler duyabilir denmektedir. Ölülerin dirileceği ve hepsinin tekrar başa döndürüleceği önemle vurgulanır. Bu kâinatın tekrar doğuşudur. Doğduğu ve öldüğü ana kadar geçen milyarlarca yıl biter ve her şey tekrar aslına geri döner. Ve ta ki tekrar bir yolculuk başlayana kadar. Bu tekrar doğuşun hem mistik hem de bilimsel açıklamasına en büyük örnektir. Çünkü bir başlangıç varsa, bir son da vardır, ancak bu korkulmaması gereken bir durumdur. Bu tamamen kalpleriyle duyanlar yani iman edenler için geçerlidir. Ve hepsi tekrar ruhundan üflenen Rablerine geri dönecektir, tüm tespit edilenler, tüm yaratılanlar hepsi sonla karşılaştıklarında, Târık yıldızının ışığıyla Rablerine geri döneceklerdir. Döngünün sonu ama yeni bir başlangıcı olan Tekrar doğuşun vücud bulmasıdır.

Yalnız burada dikkat edilmesi gereken önemli bir nokta vardır. *Bütün kalpleriyle kulak veren* demek, iman edenler anlamındadır. İman edenler, gönül gözü açık olanların yöneleceği bir durumdur bu. Kalbinden duymak anlamı ise çok hassas bir durumdur. Kalbi ile duymak yani Yüce Allah'ın çağrısını, davetini duyabilmek için, gönlünün mertebesinin yüksek olması gerekmektedir. Gönül gözünün açık olması ve imanının çok güçlü olması gerekmektedir. Çünkü kalben işitilecek bir durum söz konusudur. Kulaklarla duyulacak bir durumdan bahsetmemiştir. Kalbin yani gönlün duyması, çağrıya cevap verebilmesi için diri olması gerekmektedir. Çünkü kalben ölüleri diye devam eden ayette, ölü olanların bunu duyamamasından bahseder. Kalben ölü olmak, gönül gözünün kapalı olması durumudur. Kalbi ölen insan bu çağrıyı işitemeyecektir. Çünkü onun gözleri kör ve kulakları sağırdır. Yani gönül gözü kapalıdır. Ancak o kalben ölü olanları Allah diriltecektir yani bütün kalplerini nurla kaplayacak, çağrıyı işitecek duruma gelecek anlamındadır. Ancak bunu hayatı boyunca yapamamış bir insanın o an o saniyede bunun oluşması için ıstırap yaşayacaktır. Sonra **"hepsi"** kelimesi kullanılmıştır. Hepsi, yani çağrıyı gönülden duyanlar ve kalben ölü olanlar diriltildikten sonra hepsi tekrar ona döndürülecektir.

Bu surelerden anlaşıldığı oranda, kâinat belli bir noktadan çıkarak mevcudiyetine kavuşmuş ve vakti geldiğinde karanlıklar içerisinde kalacak ve kalben iman edenler Târık yıldızı ile karşılaşacaklar ve o nurların nuru, tüm evrendeki gücün üzerindeki güç, çekip alacak bu daveti işitenleri. Geride kalanlar ise, kalben ölü olanlar yani iman edememiş olanları ise bir azap beklemektedir. Aşama aşama terbiye edilmek üzere yola çıkmış olanların çok kısa bir zamanda iman etmesi ve hatırlamasının sonucunda çekilecek bir ıstırap yani Cehennem ateşi ile arınma gerçekleşecektir. Arınmanın, iman etmenin verdiği Cehennem

HACI BEKTAŞ VELİ "AKIL"

ateşi ile dirileceklerdir. Ve hepsi sonunda geldikleri noktada tekrar buluşacaklardır ve tüm eşitlenme gerçekleştiğinde nihaî amaç yerine kavuşacak ve her şey başladığı noktada tekrar vücud bulacaktır. Akıl tam olmadan, İnsan-ı Kâmil olmak, **Arda** yani yürüyen halife olmak gerçekleşmez. İnsan uyanmadan Akla kavuşmaz. Akla kavuşmayan da beşerdir. Akıl açanlarla Esmaların bilgisinin hücrelerde idraki ve ilahîleşmesi ile gerçekleşir. İşte o zaman amaç bilinir. Amacını bilen Akla sahip olmuştur.

IŞIK ERİ HÜNKÂR HACI BEKTAŞ

Hacı Bektaş Veli "Âşk ve Sevgi"

Hacı Bektaş Veli türbesini gezdiğimde, ilk karşılaştığım sözü şu oldu.

"Sevgi saygı üzerine kurulmuştur yapımız, ta ezelden ebede açık durur kapımız, soframızda yenilen lokmalar hep helâldir, yiyenlere nur olur ekmeğimiz, aşımız." / **Hacı Bektaş Veli**

En görkemli Işk, Yaratılandan O'na duyulan Işk'tır. En Erdemli ve Yüce Sevgi O'nun yarattığına ve oğullarına duyduğu Sevgidir. Olgun İnsan varlığı en mükemmel olan formdur ve asla unutmaz. Unutkanlık olgun insana has bir özellik değildir. Çünkü tüm eşyanın bilgisi ona öğretilmiştir. Ancak çoğalan ve arz Âlemlerine yayılan Bedenliler olan unutur. Unutmak bedenlilere has bir özelliktir. Akıl ve vicdanını birleştiren ve sevgiyi ruhunda, gönlünde ve aklında bir eden Işk yolunda olan

IŞIK ERİ HÜNKÂR HACI BEKTAŞ

İnsan unutmaz. Rabbini bilen kendini bilir oysa. Çünkü nereye dönse Rabbin yüzü oradadır. Bunu unutup, nereye baksa "para, çıkarcılık, insanlık ötesi her şeyi" gören zihni bunlarla meşgul olan, karnını doyurmaktan, insan katletmekten başka bir şey düşünmeyen, "ikrarsız"lığın hâkim olduğu bir beşer insanlığı var artık günümüz yeryüzünde. Çok azı kendini biliyor, uyandı. İkrardan dönmeyenlerden, sıdklardan olanlar hala aramızda. Biad eden ikrardan dönmeyen sadıklarla beraber olanlar. İşte Onların elleri üzerinde Allah'ın eli vardır. İşte o eller, her zerredeki Tanrısal Can'ın canlanmasını, akışını sağlayan dokunuşları daim ederler. Çünkü özlerini hatırlarlar. Büyük Ruhu bilirler. Kudretle yoğrulan ve ruh verilmiş atasını unutmazlar. Bunu hatırlamak için, dünyevi şevkten ve zevklerden el etek çekmek, ölçülü olmak, erdemli olgun İnsan-ı Kâmil olmak yolunda tekâmül yolunda ilerlemek gerekir. Bunun için insan kendini bilmeli, kendini olabildiğince sevmeli, saygı duymalı ve kendini hoş görmelidir. İşte o zaman İnsan olma özelliğine sahip Rabbini bilenlerden oluruz. Bu elbette "kolay" değildir. Ancak zor da değildir. Çünkü her zorluk, kolaylıkla beraberdir. Ve yine kolaylıkla beraberdir. İnsanın en büyük savaşı kendi ile olan yani nefs ile olan savaşıdır. Kendini bilen Rabbini bilir. İşte o zaman aşağıların aşağısından Yücelere tırmanan gelişim yani tekâmül merdiveninde, tedricen hazımla, idrakle, sevgiyle Erdem sahibi İnsan özelliğinin tekrar liyâkatine ulaşır.

Zahir bedenine "nazar" edebilen, haps olmuşluğun derin acısını fark eder, nefs'iyle tanışır.

Ölmeden zafere, Sekiz Uçma'a ulaşma, **nefssiz bir akıl** ile vicdanı, gönül gözünü bir etme, bir saadettir. Egosunu aklın önünde tutan, **nefsli akıl** ile hareket eden zalimlerden olmak ya da onlarla yaşamak ise çarpık bir çağdır.

Ben ölümü saadet biliyorum ve zalimlerle yaşamayı ise zillet. /
Hz. Hüseyin

Sekiz Uçma Hacı Bektaş Veli'nin Makalat eserinde sıkça kullandığı bir kelimedir. Tüm Veliler ve erenlerin ortak özelliği ölümün bir saadet olduğudur. Ancak ölüm bedeni terk değil, o beden içerisinde Sevgili'ye ulaşmadır. İşte Hacı Bektaş Veli'nin Işk Yolu'nda Bâtınî anlatımı bu özellik üzerinedir. Sekiz Uçma'a kavuşmanın yoludur. Nasip alınan ruhun olgunlaşması ve özüne kavuşmasıdır.

Günümüz Âşk, sahiplenme ve sadece özel zevkler için düşünenler için çok büyük bir üzüntü duyulmaktadır. Işk her şeye rağmen devam eder ve içsel bir yolculuktur. Bir kere yola çıktın mı artık geri ileri sağ sol kalmaz.

Hacı Bektaş Veli Öğretisinde **Âşk, Işk** olarak anılagelir. Işk, Nurun madde ortamına aksetmesidir. Âşk ışık olarak nur olarak yansır. Bu yüzden Işk zamanla Âşk manası olarak dillenmiştir. Fakat bu Işk ve Âşk manaları, günümüz Âşk anlayışından oldukça uzaktır. İşte elimden geldiğince Hacı Bektaş Veli ve Ehli Beyt Işk'ını ve Sevgisini, lâyık olduğu oranında anlatmaya çalışacağım.

Bedenin yakıtı Âşk'tır. Âşk yeniler, dönüştürür, arındırır. Âlemleri **Kutbun** etrafında döndürendir. Varoluşun yakıtı, hiç bitmeyecek sonsuzlukta döngünün sebebidir. Ve O'nun Sevgi'sinin kudreti, Ariflerin gönüllerindeki Âşk ateşi ile diner, dönüşür ve yayılır sessizlikte.

IŞIK ERİ HÜNKÂR HACI BEKTAŞ

Işk yolu, beşerîn, yola giren öğrencinin, Büyük Sevgilinin Sevgisine ulaşma yoludur, yas tutmaktır, sadık olmaktır, tüm uzuvlarınla, nasip aldığın ruhunla bir "şeye" aitken daldan dala konmak değildir. Zihnin tam bir yoğunlaştırılmış hâlidir Işk yolu. Işk başkalaşımdır, arınmaktır, dönüşümdür. Cevherin en büyük zenginliği, bedenin yol göstericisidir.

Yönümü kaybetmişim Işk'ta. Sağ nere? Gerisi ilerisi mi var ki? Işk bu! İçsel olarak hiçleşen, Zahirde zenginleşen bir Yol'dur Işk. Bu yolda ne canlar feda oldu Işk'a. Nar-ı kadehlerle doldu Mansur oldular kavuştular Sevgili'ye.

Sevgisiz bir yüreğe duyulan Işk'tan daha öte ne vardır? Güneşe tutulan ışık, körün karşısında güzel, çorak toprağa atılan tohum, vakitsiz yağan yağmur mudur? Elbette değildir. Çünkü sevgisiz bir yürek yoktur. Sadece uygunluk ve uygun olmayan bir hâl ve durum vardır. 72 milleti bir görmek, nasıl bir üstün anlayıştır ki, beşer olarak bunu elbette anlamamız ve aktarmamız zor. Ama şu da var ki *"çok sev ama korkma, kuşlar kadar saf, tilkiler kadar temkinli ol"* sözlerini de yabana atmamak gerekir. Çünkü zalim karşısında daima zulümdesindir. İşte herkesi her şeyi sevme zorunluluğu yoktur, ancak hoş görmek ve saygı duymak insani bir erdemdir. Her Âşk, Âşk değil, her sevgi, sevgi değildir. Elmasın yanması ile kömürün yanması bir midir? İşte o yüzden çevirdik aşağıların aşağısına attık denir. Evliyalar Elmas değerinde yanmışlar geride kül bırakmamışlardır, erimişler her zerreye her cana nüfuz etmişler, ölümsüzleşmişlerdir. Her zerreden yeniden Işk ile doğarak Can olmuşlardır Âlemlere.

HACI BEKTAŞ VELİ "ÂŞK VE SEVGİ"

Elmas değerinde yan ki, geride kül bırakma. Eri her zerreye her cana nüfuz et, her zerre seninle nefes alsın ki, her zerreden yeniden Işk ile doğarak Can bul.!.

Ölümlülerin dünyasında gerçekleşen ilk ölüm, Âdemin çocuklarında başlıyor. Nefsine uyduğu için kardeşini öldürüyor. Öldürme ve sahip olma içgüdüsü, daha yaratımın ilk başında başlamıştır dünya üzerinde. Ve milyarlarca yıldır da sürmektedir. Savaşa katliama kim engel olabilir ki? Hangi barış örgütü ya da kurumu? Hangi devlet düzeni? Yaratımın en başından beri süregelen öldürme içgüdüsü ve sahiplenme nefs duygusuna kim dur diyecek?

En büyük yanılgı, nefse boğulmayı sağlayan, hapsolmayı derinleştiren O olduğunu zannetmek. Önce İNSAN olmayı başarmak en büyük erdemdir. O değiliz. O'ndan olan ERDEMLİ İNSANLAR olma yolunda tekâmül ediyoruz. O'yum diyorsan maddenin en derinliklerinde boğulmuşsundur.

Uzakta gökyüzünde Olan değil, bizatihi içimizde gönlümüzde yol olup akan, her daim bizimle, can damarından yakîn, ruhundan bir parça taşıdığımız, iç içe bütün hâlde olan. Hatırlamıyorsan ikrarı verdiğin sözü, Rabbin kimi bilmiyorsan bu kimin suçudur? Madde kör etmişse gözlerini unutmuşsan her şeyi kimin suçu?

Biz sevgilileriz, ne mutlu bunun kıymetini bilene, hissedene. Biz ÂŞK duyarız, ÂŞK titreşimseldir, hücreseldir, gönül ve aklın birlenmesidir. Oysa Sevgi sadece Yaratıcınındır. Evliyalar, Nebiler, Yüce Sevgi Gönüllüleri, hep kendilerine zulüm edenleri, katledenleri affetmişler ve Rablerinden onlar için af dilemişlerdir. Neden? Çünkü Sevgi Gönlün Sultanıdır.

IŞIK ERİ HÜNKÂR HACI BEKTAŞ

Zaten en baştan belirlenmiş bir program vardır. Programın içine dâhil olmuş "düşmanlık" Ve belli bir süreye kadar düşmanlık sürecektir. Belirlenen vakte ve kendisine süre verilenlerin içinde bulunduğu çağdır bu zaman. İnsan bilinci nasıl yükselir? Ancak ve ancak kendisine yol gösterici olarak verilen nefsten kurtulup gerçek özüne yani "ruhuna" kavuştuğu anda. İşte Hacı Bektaş Aleviliğinde öğretilen budur. Yol göstericilik ve ışık olma, yol açma, yolda yoldaşlıktır. Hacı Bektaş Veli'nin insana olan sevgisi anlatılamaz.

Sevgi muhabbeti kaynar yanan ocağımızda, bülbüller şevke gelir gül açar bağımızda, hırslar, kinler yok olur Âşkla meydanımızda, aslanla, ceylan dosttur kucağımızda. / **Hacı Bektaş Veli**

Seven daima O'dur, yüce Sevgili. O daima kâinatın dengesini tanzim eder, taraf tutmaz. Sadece Sever. O bizi sever, yaratım hamuru, sevgi ile yoğrulur, biz de O'na ve O'nun her zerredeki mührüne Işk duyarız. Özüne tutkun olanlarla beraberdir Sevgi ve Sevgili. Çünkü Sevgiliden gelen her şey, Sevgilidir. Ancak beşer olarak sevilmeyi hazmetmek zordur. Sevmek Özden gelir, ancak o sevgiyi lâyıkı ile olgunlaştırmak yürek işidir. Yürekli olanlara yakışır. Bu yüzden Sevgiliden gelen Sevgiyi taşıyanlar, ancak Nebiler, Evliyalar Veliler olmuştur. Acı ve ıstırap onların mayasıdır. Sevgiyi gönlünde taşıyan, acı ve ıstıraba da sahip olur. Acı ve ıstırap, Erenin gönül sofrasında baş tacıdır her daim. Onların gönüllerinde taşıdıkları Sevgi, *"Sen yürü ki, ben de seninle yürüyeyim"*dir. Sevgi ile beraber yürümenin zorluğuna, ancak erenlerin gönlü lâyık olur.

HACI BEKTAŞ VELİ "ÂŞK VE SEVGİ"

Bedenim bir gemi ve yol alıyorum amacıma doğru. Ama o gemi kâh azgın dalgalarla savaşıyor, kâh ılık bir meltem esintisine teslim oluyor. Bazen ateş dalgalarıyla boğuşuyor, bazen buzdan dağlara meydan okuyor. Ama hep hedefi Sevgi olan bir dümen ile.

Dağ'da ermek kolaydır. Orda saf olan her şey dost olur, sevgili olur. Taşa, toprağa, ağaca sığınırsın ve en yakîn olan Sevgili'ye. Etrafı sahte güzeller, sahte bolluk sarınca körleşir insan, ne saflık kalır, ne güzellik, ne de Sevgili gözünde. Bir çırpıda unutursun her şeyi.

Hacı Bektaş Veli, dağlarda gezdiyse de, insanlar arasında olmayı tercih etmiş, gündüzleri tarlada çalışmış, geceleri de dergâhında insanlara yol gösteren ışık tutan bir Veli olmuştur. İnsanlardan uzaklaşmamış, insanların arasında olmuştur.

Hacı Bektaş Veli öğretisinde iyilikten ve hoşgörüden bahsedilir dergâha giren öğrencilere. Yansımaların aynen dönüşü bilinir Bektaşi Aleviliğinde. Bu yüzden eline diline beline sahip olan bir edeb ile hareket edilir. Musibet ile karşılaşıldığında, o an durup hayır duası edilse, affedilse, döngü tamamlanacaktır. Çünkü tüm Evliyalar, Nebiler, kendilerine yapılan en acımasız korkunç durumlarda bile yapana hayır duası etmiş onlar için af dilemişlerdir.

Bektaşi ve Alevi öğretisi hakkında ne kadar çirkince yapılan iftiralara karşı bile susulmuş, karşılık verilmemiş, her şekilde hoşgörü ile karşılanmıştır. Bundan çıkarılacak çok mühim bir mucize ve sır vardır, en büyük sır da aslında hiç de ayrı olmadığımız gerçeğidir. Kopuk değilizdir.

Bektaşi Aleviliğinde yapılan tüm öğretiler, halk arasında yaygınlaşmış ve evimizde, işimizde, soframızda kullanılan deyimler olarak günlük hayatımıza yerleşmiştir. Örf adet, gelenek göreneklerimizdeki tüm yapılanlar, Bektaşi Aleviliğin temelinden gelmektedir. İç içe ve etkileşim hâlindeyiz. Bunu unutmamak gerekir.

Âşk dile gelse konuşsa, Sağır ise ne yazar?
Âşk renge gelse, ışık olsa parlasa, Körse neye yarar?
Âşk en güzel koku olsa, tüm çiçeklerin özünden yayılsa
En güzel ırmak olsa, serinlikle üşütse, çağlasa,
Yaşamıyorsa, ölmüşse var mı fayda?

Sevgi O'na ruhunu açmaktır sonsuzca, tüm sırlarını kaldırmak, sırsız olmak sırlı hâllerde. Işığı yansıtmaktır sonsuzca. O yoktan var eder sevgi ile inşa eder tanzim eder. Sevgi vardır her zerrede. Sevgi sadece O'na mahsustur. Bir görmeyen göze sahip beşer insan nasıl seviyorum diyebilir? Işk duyar ama sevgi çok öte Bâtın bir kavramdır. Biz sevgilileriziz, ne mutlu bunun kıymetini bilene, hissedene. Biz Âşk duyarız, Âşk titreşimseldir, hücreseldir, gönül ve aklın birlenmesidir. Oysa Sevgi sadece yaratıcınındır.

Ruhundaki aslanınla ceylanını dost kılmazsan, dünya haram, insanlar düşman, hayat zindan olur kişiye. İnsan en üstün tasarımdır. İnsan arştan da üstündür. Fakat hala bir takım şeyler olma peşinde koşan bir insanlık çağındayızdır. İlah olma, melek, peri olma gayretleri sarf ederiz. Tüm zerre-i kâinat, Varlık Âlemi secde etmiş, tanımıştır İnsanı. Secde etmeyen dışında kalmıştır. Önce özüne ulaşan İnsan olma varken neden özünü inkâr etme bu kibir niyedir? Beşer bedeni zayıftır, nefse yeniktir, derin bir çığlık denizine hapsolmuştur. oysa insan gönlü, aklı, sonsuzdur ve ne yücedir. manayla cismani arasında gelgitte seyr hâldedir, hatırlamaz. İnsanın zayıf noktasını yakalayan, dilediği gibi oynayan, alay eden, kutsal gönül sevgisini hiç gibi kullanan zalimler, güç ve kudretin yalnız kendilerinde olduğunu zannedenlerden uzak bir anlayışa sahiptir Hacı Bektaş Veli Sevgisi. Güç ve kudrete sahip olan O'dur. Beşer insana verilen her şey, maddi manevi, ancak bir süreye kadar verilir, o yolda ilerlenir, hala o yolda mı kalır ki? İlahî irade hiçbir zaman şaşmaz ve hiçbir şey insanın yanına kar kalmaz. Bu yüzden Hacı Bektaş Veli Sevgisinde kine, nefrete, davaya yer yoktur, karşılıksız sevgi ve hoşgörü, edeb vardır. Çünkü insan sevildiğinden dolayı sevgi içindedir, güç ve kudret sevgidir, insan gönlüdür yüce olan, arştan da üstün olan. Kırılan gönülden yansıyan ışık ile ayaklara kapandığında eski yerlerin özlemi çekilir. Af dilenir. Af edilirler.

Tennur'u ateşle sevginle. Ve yola çık. Bir Nuh ol Âlemleri seyre dalan, yüreğindeki çiftlerle. Beden geminin dümeni yok. Onun dümeni sadece yüreğin, yüreğindeki sonsuz sevgi. ÂŞK'ın ateşi. Tennur'u bile ateşlemiş de gezdirmiş diyar diyar Nuh'a tüm çiftlerle. En kutsal gemi "beden"dir. Ve kendi suretinden yaratılma.

Bektaşi Aleviliğinde en iyi dost Allah'tır denir. İşte **"dost kavramı"** Allah gibi sır saklayan, daima yanında olandır. Bu dost kavramının manasına ulaşmak belli bir zaman gerektirir. İnsan düşe kalka bu yolda yürür. Dostluk da merhale gerektiriyor ilerledikçe doğruyu öğreniyor ve iyi bir dost olmanın ne anlama geldiğini buluyor. Dostluk, dergâhlarda kardeşlik manasına gelir. Ruhsal kardeşlik, ruhsal dostluk, dergâhlarda birbiri ile iyi geçinenlerdir.

Temelde, bir insana yapılan her ne olursa olsun, tüm insanlığa yapılmış gibidir. Yardım etmek değil yanında olmak. Yanında olmak, yakîn olmak, Arapçada **kreybu** ve **akrebu** olarak geçen manadır. Ruhsal akrabalık. Kimse kimseye ne zulüm yapar ne de yardım edebilir. Ancak hoşgörü içerisinde yanındadır ya da değildir.

Akıl rehberdir. Vicdan yani gönül de rehberdir. Akıl süzgecinden geçtiği kadar vicdan süzgecinden de geçen bilgi ancak idrak edilir. Sadece akıl ve sadece vicdan değil, her ikisinin de rehberliği çok önemli. Nefs burada bertaraf ediliyor. Nefs sadece bedensel ihtiyaçlar oranında "ölçülü" kalmalıdır. Oysa günümüz insanlığı tamamen "nefsaniyet" boyutunda hareket etmekte.

Nefsin ıslahı. En büyük cihat. Aslında nefs Zahirde nefstir, oysa Bâtında sevgidir. Bâtında olan sevginin, Zahirdeki görüntüsü nefs. Sevgisiz yaratılmış ne var ki kâinatta. Her zerre sevgi ile yaratılmış. Yaratımın hamurunda Sevgi var, üflenen **nefeha**da (nefes) sevgi var. Kırk gün yoğrulmada sevgi var. Sevginin en kaba titreşimi Nefs. Nefs olmasa dünyada olamazdık, mühim olan onun kölesi olmak değil, onu ıslah etmek yani bilmek.

Ama bilmek, öyle okumak, aklında kalmak, öğrenmek değil. Bilmek **edrake** yani idrak etmek. Bu idrak ediş, dünyasal bilme üzerine çıkıp ruhsal idrake ulaşmalı. Nefsi idrak edebilen ancak Rabbini bilir. Rabdir belâ (nimet) veren imtihan eden, tekâmül ettiren.

Âlemlere, yerlere göklere sığmayan, İnsan gönlüne sığan, şah damarından yakîn, kişi ile kalbi arasına giren O, sadece O'ndan ve O'nun öz dostlarından.

Sevgiyi de lâyık olana vermek en doğru olan. Ancak dünyada kaç kişiye nasip oluyor bilinmez.

En büyük kayıp, Sevgisizliktir. Sevginin de dereceleri vardır, ilk basamaktan başlamak lazım.

Ölümün, savaşın dünyasında Sevginin yeri nedir? Gülmek eğlenmek, pozitif olmak daima iyi olmak mıdır?

Sevgi. Sevgi ölmektir. Kardelen gibi. Daima Âşıktır güneşe. Toprağı deler ince ve narin vücudu, karların arasından çıkar ve bir saniye güneşi görür ve ölür.

Kavramlara ihtiyacı kalmadı artık dünyanın. Yeterince kavram ve mana tanımlamaları yapıldı. İnsan ölümsüzdür. Ölümsüz yaratılmıştır. Sevgi ile. Ölümlü olan tek şey nefstir. Beden ölmez, can ölmez, vücut ölmez insan ölmez, sadece nefs ölür.

Nefs ölür, ama bu ölüş son nefesini verip bedenin yere düşmesi değil, bilakis Nefsin Zahirdeki yüzünün aslında Bâtında Sevgi olduğunun açığa çıkmasıdır.

Tüm renkler varsa beyaz, tüm renkler yoksa siyahtır. Yani Sevgi varsa Nur, sevgi yoksa gölge, karanlık yani nefstir. Fakat birbirinden bir farkları yoktur. Fark bizim yanılma payı yüksek zihin ile görmemizdir.

Uyku bildiğimiz derin uyku anlamında değil, **etki** anlamındadır. İnsana dünyada iken nefs verilmiştir yani beden. Nefs denilen bir duygu değil, hem duygular hem de fiziksel bedenin ta kendisidir. **"Nefs bedenin"** etkisi, maddenin caydırıcı, azdırıcı etkisi. Yani kuru bir yaprağın rüzgâr ile sürüklenmesi ve hiçbir irade ortaya koyamaması gibi. Oysa İnsan üstün bir İRADE ile yaratılmıştır. İşte uyanış demek, bu iradenin farkına varılması olacaktır. O İrade, Olgunluk ve Erdem bütünlüğüdür.

En büyük sorun şudur: Hep "ne" kavramı üzerinde duruldu, ortaya kondu, tanımları yapıldı. Ama hiç kimse "NASIL" olduğunu ortaya koyamadı. Çünkü yol gösterici size ancak yol gösterir, ışık tutar, ancak yoldaki taşları çaba ile ayıklamak yine kendine düşer. Hakikate giden yol insan nefesleri kadardır. Benim yolum size, sizin yolunuz başkasına uymaz, uyandırmaz. Her devirde yol göstericiler, Nebiler, ışık tutanlar geldi. Kutsal kitaplar indi, her zamana, her insan topluluğuna. Peki dünyanın hâli nedir?

Bir kör bir körü götürürse, ikisi de çukura yuvarlanır. Herkes kendi ışığını kendi yakacak, herkes kendi vicdanını kendi duyacak. Dışardan müdahale ile yanlış yönlendirme olur. Herkes kendi Rabbinin avazını kulağında hissedecek. NASIL değil, bir yöntem, formül tamamen kendi içinde. Kendi içindedir. Akıl ile. Aklını kullanan insanlar için her türlü delil ve işaret vardır. Her zerreden işaret gelmektedir. Duymak için kulağa, görmek için göze ihtiyaç vardır. Kör gözler açılmalı, sağır kulaklar işitmelidir.

Hakikatin ne olduğunu sana ne/kim idrak ettirecek?

Kim olduğunu sana kim idrak ettirecek?

Kendini tanımanda idrak ettirecek olan nedir?

Ait olduğun kudret, Seni tanımlayamaz. Seni anlatamaz. **Kendini bil Rabbini bil** kadim öğretisinde, sana kim bunu idrak ettirecek?

Tek renk beyaz olsaydı, her şey beyaz olsaydı, gökyüzü, yeryüzü, insanlar her şey beyaz olsaydı, beyazı nasıl tanımlardık? Neye göre tanımlardık?

Hakikate ancak, ne olduğumuzu bilerek değil, ne olmadığımızı bilerek ulaşabiliriz.

Hz. Âdem, İnsan-ı Kâmil olduğunu Hakikatine, ne zaman uyandı?

Hz. Musa, tüm mucizeleri hangi vakit gerçekleştirdi? Hayır olmadan Şerri, Şer olmadan Hayrı nasıl anlayabilirdik?

Her Nurun karşısında bir şehvet, her şehvetin karşısında bir Nur daima vardır olacaktır. Nur da, Şehvet de Sevgidir. Sevginin iki yansıması. Biri daima Bâtındadır, biri daima Zahirdedir. Bâtında olan Zahirde olana, Zahirde olan Bâtında olana ayna olur ve birbirlerini uyandırırlar. Uyanış sadece dünyada, bedende olmaz. Bâtında da uyanış gerçekleşir. İblis olmasa Âdem, İnsan-ı Kâmil olduğunu göremezdi. Âdemi insan yapan, insanı insan yapan şeytanı yani kendi nefsidir. Nefsini tanıması, Zahirde görebilmesi için zıtlıklara ihtiyacı vardır. Zıtlıklar var olmadıkça, azdırıcı, bozdurucu etkiler var olmadıkça Zahirdeki görüntüsünü göremeyecek, ölmeden ölemeyecektir.

Âdemin İblisi, Musa'nın firavunu, her hayrın şerri, her Nurun Şehveti vardır. Ve onlar birbirlerini uyandırırlar. Hakikat biziz, hakikati gösterecek nedir? Kim kendini kuantum evreninden ya da haram dairesinden çıkarak görebilir ki? Bir Nebi gördü, başka gören var mı? Hakikati görmen için dışardan Zahiri görmen gerek. Zahiri bedenini gördüğü için son Nebi derin bir ah çekti tüm insanlık için. Çünkü O ölmeden ölmüştü. Kendini orada bilmiş ve Rabbini bilmişti. Bu bilme idraktir. İşte bu idraki kim ne gösterecek? Ondan başka da gören yok, peki göremeyeceğimize göre hakikati kim ya da ne gösterebilir?

Uyumak, mışıl mışıl uyku değil, Hakikat olduğumuzu görememek uyumaktır. Peki hakikati gösterecek olan idrak ettirecek olan nedir?

Dergâhlarda, 40'arlı günlerde bin bir çileli halvet başlıyordu. O halvette insan kiminle baş başa kalıyor? Neyle yüzleşiyor? Hakikati kim idrak ettiriyor? Orada tek başına. Kiminle yüzleştiler? Hakikati kim idrak ettirdi. Büyük bir gerçeğe inanmak, büyük bir yalana inanmaktan çok ama çok daha zordur. O gerçeği herkes biliyor, özünde. Ama aklı ile kabul etmediği için akıl uyur. Ve uyuyacak. Ne zamana kadar? O sır kulağına avazla dokunana kadar. Sır evet. Sır. O sır herkes için tek tek belirlenmiş. Bu yüzden kimse kimseyi uyandıramaz. Herkes o sırra kendi erişecek. Kur'an Kerim'de diyor *"herkes için tek tek belirlenmiş olan"*. Herkes kendi yolunun taşlarını kendi ayıklayacak. İnsan, bir şeyleri okumakla, sözlenen sözleri ezberlemekle uyanmış olsaydı, çoktan uyanış gerçekleşirdi. Nebi-Veli, Pirlerin sözleri uyanış yolunda ışık tutabilir, yol gösterebilir, ancak taşları ayıklamak yine uyanacak kişiye yani bana, sana, ona düşer.

Akıl bir melekedir. En önemli cevherdir. En büyük hazinedir. Bizden üst boyutta olan tüm ilahî varlıklar da, insanın bu özelliğine kavuşması için vazifelilerdir.

Yardımda bulunurlar. Aklın anahtarı ve gönül ışığını yakabilmeleri için. Her an her saniye yanımızdalar ve yardımlar.

Anahtar nedir?

Kapı var mıdır?

Kapı vardır. Ancak kapı önünde beklediğimiz değildir. Zaten kendimizizdir. Kapı da biz anahtar da biz… Kapı açılır ancak içten içe genişler. İçten dışa değil. Nokta büyümez ancak içsel olarak genişler ve kâinatı kapsar. Oysa zerre kadar nokta olarak Zahirde yani görünende kalır. Oysa Bâtında kâinat kadar geniştir. Tasavvuftur yani içsellik. İçe yolculuk.

HACI BEKTAŞ VELİ "ÂŞK VE SEVGİ"

İçe yolculukta en önemli rehber **"akıl"**dır. Çünkü zaten ona sahibiz. Kullanmak ya da kullanmamak insanın elinde. Ama sahiptir.

Ve Sen ateşten bir deniz, bense mumdan bir kayığım, geçiyorum, eriyip yok olmak istiyorum yavaş yavaş, Sevginin en görkemli yakıcılığında, Âşkın en derin mesafesinde ve gövdeme çarpan alevli dalgalarında. Hiç korkmuyorum. Sana ulaşmaksa tek ümidim, tüm sorular bitti. Geriye sadece senin Sevgin kaldı."

Akıl melekesi rehberliğinde, içsel yolculukta edinilen tüm deneyimler "vicdan" yani gönül yolunu açar ve oradan tüm ilahî varlıklara ulaşır. Gönül ışığını yakanlar sıddk olanlardır. Çünkü Kur'anda *"sadıklarla beraber olun"* der. Sadık olun demez. Sadık olunmaz, sadıklarla beraber olunur. Sadık olunmaz çünkü nefsaniyet vardır. Ancak kontrollü ve ölçülü olmak zaten sadıklardan olma yolunda ilk adımlardır. Her görünenin görünmeyeni vardır. Biz şekille meşgulüz. Çanağın dışını yıkar dururuz. Oysa içi cerahatle dolu olan çanağın dışını binlerce kere yıkasan ne olur ki.

İçe nüfuz etmeyen, arınamayan hep "aynı" kalır. Değişmez. İçi dışı bir etmezsen "İnsan" olamazsın. "Hayvansal dürtülerle" hareket eden bir canlı olunur. Kaderin ağlarını, ancak Âşk makası ile kesip, Sevgi kanatları ile aşabiliriz. Herkes bir bedene sahiptir ve kendini İlahlaştırıp Tanrılaştırmaktadır. Biz Tanrılaşmayı bırakıp önce "İNSAN" olma yani erdemli insan vasfını elde edebilmek için gelişmeli ve uyanmalıyız.

Bunun için de bilgi ile Aklımızı ve Vicdanımızı birleştirerek "Sevgi" ile "Can"a, "Ruha" ulaşalım. İnsan Sevgi gerçekliğini tamamlaması gerekir ki ruha sahip olabilsin.

Her birimiz çok önemli kayıplarız ve yalnızız, bu dünyada olduğu kadar bu evrende de yalnızız, çünkü yalnız olmayı seçiyoruz. Yön duygumuzu kaybetmişiz, ne yaptığımızın farkında değiliz. Karanlıkta el yordamıyla arayışlarımız kısır döngü içerisinde ve yavaş ilerlemekte. Karanlıktan ışığa açılacak yolu, dişimizle ve tırnağımızla bulmaya çalışıyoruz. Kayıbız çünkü ışığa giden yolda, yalnız olmayı seçtik. Etrafımızda yüzlerce insan varken bile bizler tek tek yalnız ve Kayıb varlıklarız.

Bütünlüğün içinde önemsiz bir insanız ama değerliyiz. Hayal edilemeyecek kadar geniş, büyük ve sonsuz evrende önemsiz bir dünya gezegeniyiz ama değerliyiz. Bütünün değerli bir parçasıyız. Ne kadar küçük, ne kadar önemsiz de olsa değerliyiz. Çok büyük bir bedenin bir hücresi, bir atomuyuz ama değerliyiz. Bir tanesinin eksikliği tüm bütünlüğü alt üst edecek kadar önemli ve değerli olan parçalarız.

Birliğin gücünü hissetmediğimiz sürece, olarak kalacağız. Belki de milyarlarca yıldan beri dünya üzerinde oluşması beklenen enerji alanı birlik enerji alanıydı. Birlik ve bütünlüğün enerji alanının yaratılması. Bu bir anahtardır ve evrende yalnız olmadığımız, olmadığımız gerçeğini bize gösterecek kapının açılması için gerekli anahtar budur. Bu anahtarı birlik ve bütünlük içerisinde oluşturabilir ve kapıyı açabiliriz. Bu da bir son değil, hatta ve hatta büyük bir başlangıcın basamaklarından olacaktır.

Aşk sadece O'na duyulur. Gerçek dost sadece insanın vicdanıdır. Gönlüdür. Çünkü gönülden gönüllere köprüler vardır. Bunu ancak Âşıklar anlar. Aşk ile ebedileşenler bilir.

Aşk içinde olanların buluşma noktası, tüm kâinatı dolaşırlar da yine gönülde dinlenirler, orada sohbet ederler. Birbirlerine yaklaşırlar, ateş ateşle konuşur gibi. İkisinin buluşmasından tüm göklerden yağmur gözyaşları akar.

O bizi sonsuzca sever, biz de O'na sınırlılığımızla ÂŞK duyarız. Sınırlılığımız yaratılıştandır, bizi hoş görsün, affetsin. Gönlümüzü açsın yaşarken ulaşmayı nasip etsin.

ÂŞK ile yanan gönül sadece O'na ulaşmayı diler. Bu ateşin karşısında hangi ateş harlıdır ki adaletin adaletini bilir.

Bazen manasız titreşimler algılarız, sonra o titreşimlerin hangi kapıları açtığını bilemeden sürükleniriz. Yargılanırız, çünkü dürüstçe itiraf işe yaramaz orada. Dönüştürmek cok acı da olsa, ÂŞK'ın her zerrede titreştiğini anlamak çok uzun sürmez. Bu bir sınavdır, "kendini bilmenin en büyük sınavı" ÂŞKı tanımaktır.

Sevginin bedendeki titreşim görüntüsü ÂŞK'tır. O titreşimdeki ÂŞK'ı tanımak ve uyanmak da SEVGİ'dir.

ÂŞK devam etmektir, suskunlaşmaktır, Erdem sahibi olmaktır, saygı duymaktır, her şeyi Yaradandan ötürü SEVMEK'tir. Ve ÂŞK, arz Âlemlerinde duyulan SEVGİ'dir. Çünkü Sevgi inemez, ancak ÂŞK olarak hissedilir. Bu bile derin bir acıdır, yakıcıdır. Sen karşındakinin gözlerine bakarsın da anlayamazsın ne HÂL'de olduğunu. Oysa o içinde ÂŞK'ın fırtınalarına kapılmış, sebepsizce sürükleniyordur. Diyar diyar geziyordur, çölden daha sıcak kumlarda yürüyordur, kutuplardan daha soğuk sularda yüzüyordur.

ÂŞK'ın en büyük ödülü, ÂŞK ile dolu olmaktır. İnsan ÂŞK ile öldüğünde, SEVGİ'ye kavuşur. Çünkü bedende duyulan SEVGİ, ÂŞK'tır. Kimsenin anlamasını beklemez, tek amacı ÂŞK'ın sahibine kavuşmaktır. Asli bedenine, ruhi boyutlarına. Ona ulaştıracak olan her etkene ÂŞK duyulur. Her biri basamaktır oysa. Basit bir kalp çarpıntısının ne kadar da ötesindedir ÂŞK. Yazık hissetmeyenlere. ÂŞK olmadan SEVGİ olmaz. Sevgi daimdir, ÂŞK ölümsüz. SEVGİ Hiçliktedir, ÂŞK Varlıkta, SEVGİ Yaratıcıdır, ÂŞK dönüştürücü.

SEVGİ Yaratıcıdır, ÂŞK dönüştürücü. Sevgi Tüm Zamanların Sahibi, ÂŞK O zamanlarda bir AN. Sevgi Tüm Yaşamların Amacı, ÂŞK O amaçlarda bir belirti.

Âşkın simgesi, Alevi-Bektaşi inancında **"Gül"**dür. Âşkı arayanın yani aşığın simgesi ise **"Bülbül"**dür.

Gönül, ilim şehridir. İlim bilinmek isteyendir. İlmin kitabı Âşk'tır. Âşk, natık olandır. Dile gelince ilmi anlatır. Gönül coşunca ilim dillenip taşar.

O bir damla ki, sonsuz deniz deryada, güneş yükselir, yakar kavurur, her bir zerreyi savurur. Çözünür yükselir göğe, sabırsızlıkla döneceği yere, bekler durur bir ümitle. Ne zaman ki güneş uyur, yıldızlar saklanır, gökler gürler, sert rüzgârlar eser, damlacık savrulur oradan oraya. Ama bekler bir ümitle, kavuşacağı ayrıldığı bedene. Toplanır bulutta bir beden olmuş ama yetmez ona, tonlarca ağırlığınca zerre durur öylece havada. Çakar şimşek yağmur olur iner yeryüzüne. Kâh şahlanan bir çağlayanda, kâh kaynayan bir membada, kâh çılgınca ters esen bir ırmakta, akar akar da sonunda, kavuşur o muhteşem edasıyla özlediği bedenine. Ama her kavuşmada, sormaz niye "ben" diye, nedendir diye. Öyle Âşk ki her kavuşma anında unutulur gider, bir sonraki döngüye kadar. Ama unutmaz damlacık her kavuşmada... Debi derya da O! Damla da O! yağmur da O!

Kâinatı yaratan yaratıcı hem her yerdedir bütünsel, hem de her zerrededir bir olarak. Hem her zerreye etki eder, hem de her zerrenin bütününe etki eder. Hem her zerreye nüfuz eder, hem de her zerrenin bütününe vücud eder. Bir küre içerisinde bir noktacık. Bir nokta ki görünmeyende tüm Âlemler onun içinde. Bir nokta ki görünende tüm Âlemlerin içinde. Görünende Âlemlere hayat veriyor, görünmeyende Âlemler ona. Aynı kâinatın kalp atışı gibi. Nefes alan kâinat gibi, yıldızların göz kırpan ışığı gibi.

Görünende her şeye bakıyor, duyuyor, anlayamıyor, parçaları birleştiriyor tek tek, bıraktığı izleri takip ediyor, delillerin peşinde.

Görünmeyende her şeyi görüyor, işitiyor ve bilgisi, noktanın her yerinde mevcut.

Görünenle görünmeyen arasında nabız atıyor Nokta. Her Nokta tekrar doğuyor, tekrar ediyor, döngüsünü tamamlıyor ve görünende tekrar hayat buluyor, her seferinde tekrar görünmeyende hayat veriyor. Her döngüde hayat veren ama hatırlayan, her döngüde hayat bulan ama unutan. An mesafesinde, görünmeyende hayat veren Nokta, görünende hayat bulan Noktaların sonsuz büyüklükteki bedeni içinde tekrar doğuşlar döngüsünde.

Sevgi realitesini tamamlayan yani seven Âşık, Rabbine ulaşır. Kişiye duyulan sevgi, sadece O'na duyulan sevgidir. Odur her şeyin sahibi. Ötesi yoktur. Kişi sevildiğini sanır, sevilen tek O'dur. Sevilenden O'na yansır her şey. Ve O'ndan yine bizlere.

Âşkın verdiği acıdan korkulmaz. Bırak yaksın gönlünü, ateşlerin ateşinde ol. Geçiştirme, bahane üretme, oyalama kendini. Öyle yan ki, kalmasın senden geriye bir şey. Tüneller açmak için de toprak en acımasızca kazılır, tarumar edilir. Sonunda hedefe ulaşılır. Gönül yanmalı, harabe olmalı, kazınmalı ki yol açılsın Âlemlere.

Sevgi kusursuzdur, kusursuzluk mükemmel oluştadır. Ancak en büyük kusuru ise bilinmez oluşudur. Çünkü Sevgi, bilinmezlikle doludur. Bir sonraki hamlede hangi "bilgi"nin saklı olduğunu bilemezsin. Hiç kimse kendi zihninden üretemez. Ancak ona verilir. Çünkü duymaz ve işitmez. O işitme melekesini ancak dünya için kullanır. Duyacak ve Görecek nice güzellikler, Sevgi deryasının içinde yüzüyordur, yüzüne rahmet olarak damlıyordur da, o nefs şemsiyesi ve "korku" kalkanı ile korunmadadır ve "zanlar" ile mücadele ediyordur.

Bir şey ya vardır ya yoktur. Varlık Bedenliler içindir, Yokluk ise Mutlak için.

Oysa Sevgi her ikisinde de mevcuttur. Mevcudiyeti itibari ile her zerreye sinmiştir.

"Sevgi daima iyilik yapmak değildir. İyilik ile kötülük, menfi ve pozitiflik bir arada arkalı önlüdür."

Sen acımasızca görüyorsan, senin ruhunda o acımasızlık gizlidir. Ve sen bunu o gözle nitelendiriyorsun. Sevgi ile baksaydın, gerçek sevgiyi görebilirdin ancak. Çünkü sevgi sevgiyi çeker.

Âşık bedenin ötesindedir. Bedendedir ancak yüreği kâinatla bir atar. O bedenlerin, maddelerin ötesinde yaşar, Nefes almaz O. Beslenmez artık. Beslenme kaynağı ışık olmuştur, Aşk olmuştur, sevgi olmuştur. O zaten doymuştur.

Âşık, bedenin ötesindedir. Bedene sahiptir, gemisidir beden onun. Bekler sular yükselecek ve onu almaya gelecek Âşkı. Bekler bekler, uzun süre bekler Âşkını. Âşkı gelmez, gelmeyecektir. Gelecek olanın yine kendi olduğunu bilmeden bekler, sular yükselir ve boyunu aşar. İşte nefes alamadığını anladığı an, kendini yükseltir, suyun yüzeyine çıkar. Anlar ki kimse gelmeyecektir. Kulaç atar varacağı yere yine kendi gider. Çünkü Âşık ancak kendiyle beraberdir. Yalnızdır. Bir bedende iki kişidir. Ama aynı anda yine tek başınalıktır.

Gerçek Âşık nedir bilir misin? Gerçek Âşık, Hak olana yönelten, yol gösteren, ışık tutandır, kendi nefsine çekmez. Gerçek Âşık nefsten masivadan geçer, Maşuku ile bir olur, hem olur.

Gerçek Âşık, görmeden gören, bilmeden bilendir. O gönül gözüyle gördüğüne ulaşandır. Ulaşmak için her şeyi göze alandır. İşte o An her zerre can bulur, seferber olur ve Âşıkı Sırra ulaştırır.

Gerçek Âşık, hiçbir şey bilmediğini, ulaşılacak bir yer olmadığını bilendir. Çok çabalarsın, zerre karşılığı bulamazsın. Bazen karşındadır ama, yüreğin doludur göremezsin. Neylesin gönül, bir kez ulaşmış yâre, Gayri olmasaydı diyemezsin.

Aşk yol açmaktır, ışık tutmaktır, yoldaki taşların ağırlığını ve zorluğunu göstermektir. Ama kesinlikle o taşları toplamak değildir. Herkes kendi toplamalıdır o taşları. Yollarını kendi temizlemeli ve çaba göstermelidir. İşte Aşk budur. Kendi yolunun taşlarını kendin temizlemektir. Ancak bir dost ya da bir Âşık sana yoldaki taşları gösterebilir, yolu ışığı ile aydınlatabilir, yer bildirebilir, ama herkes kendi yolunun taşlarını toplayacak, sevgi ile dönüştürecektir sevgiye.

IŞIK ERİ HÜNKÂR HACI BEKTAŞ

Hacı Bektaş Veli "Makalat"

Hacı Bektaş Veli'nin kıymetli eseri Makalat kitabında geçen bazı kavramları anlayamadan, Velimizin gizli kalmış yönünü kavrayış ile anlamak mümkün değildir. Bu bölümde, Makalat eserinde geçen üstü örtülü ve gizli kavramların ne anlama geldiğini okuyacaksınız.

Dört Nesne Dört Bölük

Madde karanlığı, akıl nûru ile;
Cehalet karanlığı, ilim nûru ile;
Nefs karanlığı Ma'arifet nûru ile;
Gönül karanlığı da Âşk nûru ile aydınlanır.

Hacı Bektaş Veli Makalat kitabı, Âdemoğullarının Yaratılışları konusu ile başlar. Hak Sübhane ve Teâlâ,

Âdemoğullarını dört türlü nesneden yarattı, dört bölük kıldı. Dört bölüğün dahi dört türlü taatleri (itaat) vardır.

Dört türlü nesne, topraktan, sudan, oddan (ateş) yelden (hava). Bu yaratılış, huy ve yönlenme, yöneliş, dünyadaki yaşayış ve inanışın uygulanışı ve meydana vuruşu bakımındandır.

Abidler ve Şeriat Kapısı

leyse bi zallâmin lil abîd(abîdi)./ Allah, abidler için zulmedici değildir. **(Kur'an-ı Kerim, Hacc Suresi, 10. Ayet)**

Abidler, Şeriat kavmidir, şeriat kapıdır, asılları yeldir. Abidin anlamı, Allah'a kul olanlar, ibadet eden, günahtan uzak duran, sevap işlerine yönelenlerdir.

Yel, hem temiz ve katıksızdır, hem de fatalisttir, yani irade olmadan büyük iradeye bağlılıktır. Her şeyin katıksız Allahtan olduğu inancıdır.

Düalite'nin hâkim olduğu şeriat kavmidir. Helâl ve haram, günah ve sevap olan şeyleri ayırt edip, doğru olana yönelmeyi ve Allaha kulluk etmeyi ibadet edinenlerdir. Kur'an ilmi, senin içinde olup sen taşra kalma, sen içinde olup Kur'an ilmi taşrada kalmasın. Bütün olmalı. İnsanın bütün olarak bir arada olması makbuldür. Ve Allah'ın uzak dur dediği şeyden uzak durmak, emrettiği şeyleri de yapmak gerekir. Düalite kavramında her iki nesnenin de iyi anlaşılması, idrak edilmesi gerektiği ve hangisinden uzak durulacağının belirlenmesi gerektiği iyi anlaşılmalıdır.

Cennet ehlinde en bilgili ve en eski olan İblisti ve Âdemden çok daha ezelde vardı. Buna rağmen ilim, İblisin içindeydi, tüm bilgilerle donatılmıştı fakat kendisi kibirlenerek taşrada kaldı.

İlim insan içindeyken ilim ile hareket etmeli ve tüm emirleri yerine getirmelidir. İçinde ilmi ve kendi duygu, düşünce ve hareketlerini bu ilim doğrultusunda bütünlemelidir.

Abidlerin itaatleri, namaz, oruç, zekât ve hacdır. Arzularını terk edip, dünyadan vazgeçmeleridir. Ahiret hayatını istemektir. Tüm hâlleri ile birbirlerini incitmemektir. Kibir, kıskançlık ve tamahkâr bir ego haramdır.

Şeriatın ilk makamı, iman gerektirir.

İkinci makamı, ilim öğrenmektir.

Üçüncü makamı, namaz, oruç, zekât ve hacca gitmektir.

Dördüncü makam helâl yoldan kazançtır.

Beşinci makam nikâh kıymaktır.

Altıncı makam Haram kılınan hâllerde kadınlardan uzak olmaktır.

Yedinci makam, Peygamberin emirlerine uymaktır.

Sekizinci makam şefkatli olmaktır.

Dokuzuncu makam arı giyinmek ve arı yemektir. Temizliktir.

Onuncu makam yaramaz işlerden sakınmaktır.

Zahitler ve Tarikat Kapısı

Aslı od olan yani ateş olan, tarikat kavmidir. Kendi özünü bilir ve eğitirse, ahirette azaptan kurtulur. Zahitlerin itaati, Allah ismini zikr etmektir, İsmaullahı anmaktır. Arzuları dünyayı terk etmek, ateşli hareketlerini, ani hareketlerini kontrol altına almaktır.

Kendinizi ve ailenizi ateşten koruyun. O ateşin yakıtı insan ve taştır. **(Kur'an-ı Kerim, Tahrim Suresi, 6. Ayet)**

Zahit, dünyaya düşkün olmayan kimsedir. Allah bir kulunu severse, onu dünyada zahit, ahirette isteyen yapar. Dünyadan kendini sakınan kimseler zahitlerdir.

Tarikat kapısının ilk makamı, tövbe etmektir.

Tövbe pişmanlıktır. Pişmanlığın amacı, yetmiş günah bir özre satılır anlamındadır. Tevekkül edilir ve özrün kabul edilmesi beklenir. Makalat kitabında bu "pişme" deyimiyle aynıdır. Pişmeye bırakılır. Arapça manası ile pişme olgunlaşma anlamındadır. Özür dilemek sizden, kabulü Allahtan olsun.

Tarikatın ikinci makamı, mürid olmaktır. Yani bir mürşidin öğütlerine uymaktır.

Makalat kitabında Hacı Bektaş Veli, Müridin yani öğrencinin hâli üç türlüdür der. **Mürid-i mutlak, mürid-i mecaz, mürid-i güvenilmez.**

Mürid-i mutlak kişi, öğretmenine yani mürşide her şeyin niçin olduğunu sorar ve cevabını alır, idrak eder, sabr eder.

Mürid-i mecazi kişi, mecazi anlamda öğrencidir, görünende öğretmenin her dediğini yapan, ancak gizlide içsel olarak her şeyi inkâr eden kendi bildiğini okuyandır.

Mürid-i güvenilmez kişi, öğretmenin her hâlini görünce yüzünü öğrencilikten döndürür ve her işini yolda yarım bırakır.

Üçüncü makam, Temiz giyinmektir, saçını, sakalını temiz tutmaktır.

Dördüncü makam, iyilik yolunda savaşmaktır.
Beşinci makam hizmet etmektir.
Altıncı makam korkudur.
Yedinci makam ümitsizlik hâlini yaşamamaktır.
Sekizinci makam, hırkadır, zembildir, makastır, seccadedir, ibrettir, hidayettir. Azizlerindir.
Dokuzuncu makam nasihat dağıtmaktır, muhabbet olmaktır.
Onuncu makam, Âşkdır, şevktir, fakirliktir. Bu makam candır. Can cana dokunsa sevinmek, oynamak ve zevk ile şevk ile hareket etmektir.

Arifler ve Ma'arifet Kapısı

Ma'arifet, nefsi silmek değil, bilmektir der Hacı Bektaş Veli *Ma'arifet* kavmidir. Aslı sudur. Su hem arıdır, hem arıtıcıdır. Fakat arısı nedir? Arıttığı nedir?

Arifler katında her sözün üç yüz manası vardır ve her birinin de Bâtın anlamı vardır. Arifler her kelimenin Bâtın tarafını söylerler ve odlu olmazlar. (Odlu manası, ateşli, ani hareket eden, feveranla hareketlerine hâkim olamayanlar manasındadır.)

Su arılıktır, hangi kaba girse o kabın şeklini alır. Ancak aldığı şekil, o kabın aynısı olduğunu da göstermez. Su kendi sınırlarını korur sadece şekli, içinde bulunduğu ile uyum sağlamıştır. Ama kendi özünden bir şey kaybetmez.

Bir kaba murdar bir şey koyalım ve ağzını kapatalım, denize bırakalım. On yıl boyunca günde bin kez su ile yıkanda, içindeki murdar şey yine murdardır değişmez.

İçinde kibir, tamahkârlık, öfke, dedikodu, alaycılık, maskaralık ve daha nice duygu barındıran, dışardan su ile kendini defalarca yıkasa, temizleyebilir mi? Bu insanı su ile arındıramazsın. O hâldeyken ibadet etse, ameli boşunadır. Bu sekiz türlü duygu insan içindeyse, şeytanî olur.

Ariflerin itaati, tefekkürdür. Derin düşünmedir, hem de seyirdir yani seyahattir. Nazar sahibi olmaktır. Baktığını görmeyi ve Bâtınîsini bilmesidir. Dünyayı ve ahireti terk etmektir. Tanrı arifleri sever. Çünkü arifler hâllerini, cümle varlığa değişirler, endişe barındırmazlar.

Ma'arifet kapısının makamları:
İlk makam edebdir.
İkinci makam korkudur.
Üçüncü makam perhizkârlıktır.
Dördüncü makam sabır ve kanaatkârlıktır.
Beşinci makam utanmaktır.
Altıncı makam, cömertliktir.
Yedinci makam, ilimdir.
Sekizinci makam miskinliktir.
Dokuzuncu makam Ma'arifet'tir.
Onuncu makam kendi özünü bilmektir.

Hakk bir kuluna Ma'arifet vermiş ise, bunu o kulunda görmek ve bilmek ister.

Muhibler ve Hakikat Kapısı

Hakikat kavmidirler. Aslı topraktır. Toprağa teslim olmaktır. Seven, sevilen, dost olan manasındadır.

Toprak toprağa, su suya, yel yele, od oda gitti.

Gerçekte ana mı, baba mı kökendir? Ata asıldır, ana köktür. Asıl tohumdur, dikildiği yerde kök olur.

Muhiblerin itaati, gizlice konuşmaktır, fısıldaşmaktır, Mevlâ ile gizlide anlaşmaktır. Ayrıca seyir ederler yani dolaşırlar, seyahat ederler. Tanrıyı ararlar ve bu yolculukta edindiklerini cömertçe anlatırlar. Tüm amaçları Tanrıya kavuşmak ve ermektir. Dünya ve ahireti terk ederler. "Bana seni gerek seni" diyen Yunus Emre. Tanrıdan başka hiçbir şey dilemezler.

Tanrıyı nasıl bildiniz? sorusuna cevap, muhiblerden şudur: **Kendi özümüzden bildik ve hem kendi özümüzü Tanrıdan bildik.** Kim kendini bildi, Rabbini bilir. Kişi kendini bilirse, Rabbinin şah damarından yakîn olduğunu tefekkür eder, idrake ulaşır.

O an canları dirilir. Bu Ma'arifettir. Bundan sonra ÂŞK gelir. Bir Veli "Ya Rabb" dese, Tanrı "lebbeyk" avazını (sesini) Veli'nin kulağına gizlice değirir. İşte şah damarından yakîn meselesi burada ortaya çıkar. O avazın kulakta duyulmasıdır Âşk. Bundan gayrısı sadece okumaktır, nice okumaktır. Oysa ilim kendin bilmektir ki Rabbi bilinsin. Ya Rab diyen Veli'nin sesine Tanrı "lebbeyk" demeleri arşa birikir, ikisinin arasından bir nur çıkar. Tüm göklerin katmanları arasında gül kokuları ile bezenir. Çiçekler Sekiz Uçmağın içini bezerler. Veli'nin yüzünde ve etrafında ışık saçar, yüzleri nur olur, güzel olur.

IŞIK ERİ HÜNKÂR HACI BEKTAŞ

Mısır ülkesinin hatunları Yusuf Nebiyi gördüklerinde ellerini doğradılar. Yusuf'un nurlu yüzündeki Âşk dolu ışıktan etkilenen hatunlar ellerinin acısını dahi duymamışlardır.

Ateşin ocağı erenlerin gönlüdür. Âşk, canı hareketlendirir, ateş alır. Bu ateş muhabbed ateşidir. İşte tüm bunlar, bir Veli'nin "Ya Rabb" demesi ile olur. Rabbin "lebbeyk" avazını Veli'nin kulağına değdirmesi ile olur.

Muhib bilir ki, yerlere göklere, Âlemlere sığmayanın tek sığdığı yer insan gönlüdür. Âdem gönlü Kâbe toprağından yapılmıştır denir sembolik olarak. Kâbe insan gönlüdür. Hacc yüksek manada, kişinin kendini bilmesi, Rabbini bilmesidir. Bu zor ise, kolay olan kurbanı gönder diyor Hak. Nefsini kurban eyler. Kurban, en sevilenin sunulması. En sevilen nedir? En değerli olan? Bedenimiz ve bedenin arzuları. İnsan, hapsolduğu beden içinde ölmeden ve o nefs bedenin mezarında yeniden dirilmeden Kendini bilemez. Kendini bilmeyen de Rabbini bilemez.

Hakikat kapısının makamları:

İlk makam toprak olmaktır.

İkinci makam, yetmiş iki milleti ayıplamamaktır.

Üçüncü makam, elinden geleni yapmaktır.

Dördüncü makam, her zerreyi Yaradan Allah'ın varlığını bilerek sevmektir.

Beşinci makam Mülk görevine yüzünü sürüp, yüzün suyunu bulmaktır. Tüm insanları bir görmektir.

Altıncı makam sohbettir, sohbette cömertliktir, hakikat esrarına vakıf olduklarını aktarmaktır.

Yedinci makam seyirdir.

Sekizinci makam eşyanın Bâtınî hakikatine varmak, sırlara ulaşmaktır.

Dokuzuncu makam münacaattır yani Gaybîn sırlarına ulaşmak ve hakikat sırlarının avazını(fısıltısını) kulağında dokunuşunu anlamaktır.

Onuncu makam, Müşahededir, yani Tanrıya ulaşmak makamıdır. Tanrısal varlığa ulaşmaktır.

Kırk Makam

Kırk makamın yirmisi tanıklıdır, yirmisi tanıksızdır. Her hareketin, her mananın, bir bilineni bir de bilinmeyeni, bir görüneni bir de görünmeyeni, bir gizlisi bir de aşikâr olanı vardır.

Tanıklık dünyada olur, ruhsallıkta olmaz. Tanıklık şekilde, biçimde, görüntüde olur. Gayda, Bâtında, gönülde olmaz. Kimse gizlide olanı bilemez. Dil güzel söyler, hâlde tam olarak uygulanır ancak, gönül inkâr ederse ya da tam idrakine varamamışsa tatmin olmamışsa, ibadet tam yerine getirilmiş olmaz.

Tanıklık olanlar herkesin gözüyle gördüğü ancak içsellikte tam olarak emin olamadığıdır. Çünkü görünürde tam ve emin olanın içinde yani düşüncesinde, gönlünde ne olduğunu kimse bilemez. Bu tanıksızlık hâlidir. Tanıksız olanlar gizli olanlardır. Şahitsiz olandır. Eğer şahit olursa, o zaman yaptığına bir başka varlığı da karıştırmış olursun. Oysaki senin bildiğin ile Yaradan arasında bir sır olarak kalmalı. Fakat ortak yani eş koyarsan, şahit koyarsan araya, o zaman yaptığının çok fazla bir değeri de kalmayacaktır. Çünkü yaptığın maneviyata, bir başka düşünce de karışmış ve bir bakıma da kirlenmiş olacaktır.

IŞIK ERİ HÜNKÂR HACI BEKTAŞ

Dünyada Halife (Arda) manasının tam olarak tanımı budur. Kırk makamın da tam olması gerekir. Gönlün, dilin, düşüncenin ve hâl hareketin tam olarak uyum içinde olması Halifeliktir. Bir insan diliyle inanıyordur, ancak gönlü inkâr ediyordur. Diliyle inkâr ediyordur ancak gönlüyle inanıyordur. Bu yüzden Makalat kitabında inkâr evi diye geçer. Tanıklık inkâr evinde olur demek, inkâr ettiğin yerde olur. Tanık taşra olur yani dışardan olur. Dışardan insan tanık olur ama gerçeği bilemez. Gönülde olanı bilemez. Sadece görünene ve şekle tanık olur.

Bektaşilik, Aleviliğin sistemleştirilmiş hâlidir. Bu yüzden Kırk Makam tamamlanmamışsa olmazdır. Biri eksik olsa kabul olmaz, makbul görmez. Kırk Makamda hiç eksik olmaz. Kur'an-ı Kerim'de makamları aşan, çaba gösteren insan huzuru için mutlaka bir ayet vardır.

Kutbu Âdem olan Âlem şöyle buyurur, gönülde bir Şehristan vardır, Allah Arştan Saraya (Âdem) kadar ne kadar yaratılan varsa o Şehristan'da vardır. Ancak Şehristan'ın iki sultanı vardır, biri Râhmanî, biri Şeytanîdir.

Çünkü insan yaratılırken hem nurdan yaratılmış hem de şehvetten. Yaradanın Nuru ve tetikleyici unsur olan maddenin şehveti yani İblis Plânı, ikili düalitedir. Yaradılışta Nur ve Şehvet iki unsurdur. Yaradılışta sembolik olarak anlatılan İblis aslında insanın yüreğinde olandır. İblisin ilmi ile Melekî ilmi insan gönlündedir.

O, Mutlak, yoklukta, hiçlikte, Âmâ Makamında, bulunamayan noktada ve mertebededir. O hiçbir zaman yürümez, uçmaz, O madde ortamlarına inmez, O Âlemlere, yerlere göklere sığmaz. Ancak Âlemlerin merkezi olan Âdem,

Mutlak"ın varlıktaki zuhur etmiş, meydana vurmuş hâlidir. Ancak Varlıktaki Kutbî Âdem, Nur ve İblis düalitesi içindedir. Gönlünde saklı olan nokta budur. O nokta Mutlak'tan bir nasip taşır. Nur noktası.

Nur Plânı, her daim Mutlak ile irtibatı kuran, ilmini alan, Râhmani boyuttur. Hareket ve dirilik sağlar. Sonsuzluk ve süreklilik, ölçülülük ve rahmet ve bereket sağlar. Ve bu sağlayış hiç bitmeyecek bir dirilikte ve sonsuzluktadır.

İblis Plânı ise nefsaniyettir, yani maddeye gömülmüşlüğü ayakta tutan, hareket gücü sağlayıcı tetikleme mekanizmasıdır. Azdırıcı bozdurucu Plândır. Her zaman Nur Plânına yönelmeye engel hareketlilik sağlar. İşte Âdem Nur Plânı ile İblis Plânı arasında kutb'dur merkezdir. Ve her daim bu iki Plânı eşitlemek zorundadır. Çünkü hiçbir zaman bir taraf ağır basmayacaktır. Nura yakînlık kadar İblis Plânına da yakînlık oluşacak, ince imtihanlarla sınanır. Bu yüzden tüm Nebiler, Evliyalar, Rableri ile konuştukları ya da vahy ettikleri kadar, şeytanlarıyla da yüzleşirler. İnsan kendini bildiği ve tekâmül basamaklarını tırmandığı sürece, Rabbini bilir, Şeytanınla da yüzleşir. Önce sadece bilinçsizce yönlendirmelerle, azdırıcı etkilerle, içsel ruhi tesirlerle alışveriş hâlindedir. Olgunlaşıp piştikçe, Rabbin avazı kulağa dokunur, şeytanınla da yüzleşir. İşte bu boyut İnsan-ı Kâmil boyutuna yaklaşmadır. Âdem kendini bildiği sürece Nur ve İblis Plânını da tanımış olur. Her ikisi de Sevginin kaynağı, her ikisi de olgunlaşma ve pişme sürecinde yardımcı ve imtihanları düzenleyicidir. Ve her ikisinden hangisine uyacağına yine insan karar verir.

IŞIK ERİ HÜNKÂR HACI BEKTAŞ

İman bir hazine, İblis bir hırsız, akıl ise hazinedardır.
Hazinedar giderse hırsız hazineyi çalar. / **Hacı Bektaş Veli**

Râhmanî Plânın sultanî ismi "Akıl"dır. Akıl ile iman birliktedir. Miskinlik ikisi ile birliktedir. Madde kâinatına olgunlaşma yolunda ilerleme adına bulunduğu ilmini bilen, Mutlak'ın yürüyen ayağı, tutan eli, gören gözü ve işiten kulağı olan Halifedir.

Kalbin Bâtınında, yani gönlün sağ kulağında yedi kale vardır. Her kalede, bir bekçi vardır. O bekçilerin adları tek tek bellidir. İlk bekçinin adı ilimdir, ikincisi cömertliktir. Üçüncünün adı Sabırdır. Dördüncü bekçinin adı Ma'arifettir. Beşinci bekçinin adı perhizkârlıktır. Altıncı bekçinin adı, korkudur. Yedincinin adı edebdir. Bu bekçilerin yüz bin koruyucuları vardır. Her bir koruyucunun yüz bin askeri vardır. Bunların tümü hepsi **İman Bekçi**leridir.

İman Bekçilerinin tümü, öyle çok fazla hafife alınacak ya da es geçilecek değildir. Hepsi insan gönlünde sağ kalede, Râhmani olan Nur Plânının noktasında toplanmıştır. Küçük bir noktacıktır ancak tüm Âlemleri içine alan sonsuzluktadır. Yerlere göklere Âlemlere sığmayan Yaradan'ın sarayıdır ve sığdığı sırça saraydır. İşte B'nin altındaki nokta sırrı budur.

Hak Teâlâ'dan diledik, Ma'arifet yâri kıldı ve hem beş kaftan duta geldi. Evvel ilhâm kaftanı, ikinci kavrayış idrak kaftanı, üçüncü Aşk kaftanı, dördüncü şevk kaftanı, beşinci muhabbet kaftanıdır. Bunlar cana konar ve can dirilir. Akıl vücuda gelir. Can ve akıl geleni gideni bildi ve anladı. Tüm eşya ve nesne Can ile dirilir. Can Ma'arifet ile dirilir. Ma'arifetli Can, Erenler Canıdır. Ma'arifetsiz Can hayvan canıdır.

HACI BEKTAŞ VELİ "MAKALAT"

Önce şunu anlamalıyız ki, Makalat Hacı Bektaş Veli'nin Bâtınî tarafını tamamen ortaya koyan bir eserdir. Her cümlesi Bâtınî bir anlam içerir. Hak Teâlâ'dan dilemek manasında dileyenin kim olduğu hususu vardır. Henüz can dirilmemiştir, akıl bilmemektedir. Tam bu esnada dileyen kimdir? Çoğul olarak ifade edilen diledik kelimesi, ruhsal hiyerarşinin en büyük delilidir. Yaradan tapılacak ilah değildir ancak Tekliktir, Tek'tir. O'dur. Fakat kâinatın her bir katmanında askerler ve ordular vardır. Emirler An'da tüm kâinata ve zerreye iner. İşte bu inişi tanzim eden üçler, beşler, yediler, kırklar, üç yüzler ilahî Plânın, ruhsal hiyerarşinin şaşmaz düzenini sağlarlar. Ma'arifet yâri demek, İdrak yâri, yani İdrak Plânı meydana geldi anlamındadır. Beş kaftan (hil'at) duta geldi. Dut sahipsiz olan, her yerde ortaya çıkabilen, herkesin meyvesini yiyebildiği bizden olan bir ağaçtır. Herkesin ağacıdır. Aynı zamanda meyvesi bereket sembolü gibi birkaç toparlaktan meydana gelir, hepsi birleşince bir meyveyi oluşturur, tatlıdır. Kaftan üstüne giyilen örtüdür. Yani insanın fiziksel bedeninin dışında, ruhsal bedenlerini de simgeler. Beş bedenden bahsediliyor.

Birinci beden ilhamdır. Sezgi bedeni.

İkinci beden Kavrayıştır, İdrak bedeni.

Üçüncü beden Âşktır, Işık Bedeni.

Dördüncü beden şevktir, İblis Plânı, azdırıcı, caydırıcı, madde titreşimlerinin yoğun olduğu beden.

Beşinci muhabbet bedeni yani mantal bedendir.

Tüm bunlar birleşir dut şeklinde birbirlerine bağlanırlar. Her biri bir boyutun bedenidir. Ve hepsi birlikte Can'a konarlar. Can dirilir, Akıl zuhur eder. İşte o an ezel ile ebed arasında merkezde kutbi Âdem uyanır.

Her zerre, atomundan galaksilere kadar her nesne can ile dirilir. Can, İdrak ile dirilir. İdrakli Can erenler Can'ıdır. İdraksiz can hayvan canıdır.

Can dirildi manasının açılımı nasıl olmalıdır? Can ölü değildi ki dirilsin. Can zaten diri idi. Sadece ilim ve idrak ile göz açıldı. Yani Mutlakta olan, Ama mertebesinden, bulunamayan noktanın, Madde Âlemlerindeki Can vasıtası ile **ayn** bakışıdır. Hakikatin gözüdür gören şey. Hakikatin gözü, Âlemlerde gönül vasıtası ile Can ile diriden bakar ve görür. Dirilmek, ölünün canlanması değil, Hakikatin kendi makamından, Varlık Âlemlerindeki **Ayn** bakışıdır. Çünkü sonsuzlukta ve ilahî Plânda ölü yoktur. Daima dirilik vardır.

Öyle bir ölünüz ki, bir daha ölüm size uğramasın. Ölmek zıddı dirilmek değildir. Ölmek kurtuluş manasındadır. Nefsten kurtuluş dirilmektir. Beden nefstir. Bedenden kurtuluş dirilmek manasındadır. Ölün ve dirilin. Fakat bunlar kesinlikle zıt anlamlar değildir. Ölmeden dirilmek yoktur. Dirilmek için ölmek gerekir. Fiziksel bir ölüm değildir bu, bedenin parçalara ayrılması ve çürüyüp yok olması değildir. Beden nefsin ta kendisidir. Nefsin öldürülmesi, bedenin titreşiminin yükselmesi ve bedenin akıl ve vicdan ile gerçek amaca uygun hâle dönüşmesi diriliktir. Tanrının eli ayağı, hakikatin bakan gözü olmasıdır. Dirilik, ebedi hayat anlamınadır. Ölüm yok olma ile tasvir edilir, öldükten sonra dirilme söz konusudur. Ölmeden ölünüz ise, diri olunuz, diri olan ölmez anlamına da gelmektedir. Diri, ölüler arasında aranmaz. Diriyi nefs bedenleri arasında bulamazsın.

Nefeha, Arapça kelimedir, Kur'an-ı Kerim'de Secde Suresi 9. Ayette geçer. Anlamı, nefesini dışarı vurmak, üflemek, can vermek, diriltmek manasındadır. Yaradan'ın, yarattığını diriltmek için kendi kudretinden nefesinden bir parçayı vermesidir. O parça diriliğin kudretin parçasıdır. O parça olmasa dirilme de gerçekleşemezdi. İnsan nefs bedeninden kurtulup, nasip olduğu Yüce Ruhtan parçasını alana kadar ölü olarak kalacaktır. Ölü olan beşerdir, Yüce Ruhtan parçayı nasiplendiği anda dirilecektir.

Ölerek yok olmadığımız gibi, yaşayarak da ölmüyoruz aslında. Eğer yaşamda bir ölüm var ise, ruhun maddeye doğmasıyla da ruhsal Plânda ölmüş sayılmalıyız. Yani sürekli ölümler mevcuttur. Yaşamda ölmek ruhsal Plâna, ruhsal Plânda ölmek yaşama açılan geçişlerdir. Ölüm bir yok oluş değildir, yaşamın amacıdır. Başlı başına bir geçiştir. Doğmak kadar ölmek de bir mucizedir ve bunu inkâr ettiğimizde, korktuğumuzda aslında aslımızı da inkâr etmiş oluruz ve aslımızdan da korkmuş sayılırız.

Yapmamız gereken, doğarak mucize gerçekleştiğinde, yaşama dört elle sarılarak, aslımızdan da uzaklaşmadan, ilahî iradenin yasalarına tabi olmamızdır. Yaşam bizim seçenekler bütünümüzdür. Yaşam bizimdir, yaşam diri olandır. Doğum, yaşam ve ölüm kâinatın nefes alış verişidir, kalp atışıdır, onu ne durdurabiliriz ne de inkâr edebiliriz. Eğer bu nefes alış veriş biterse, kâinat da yok olur, kâinat diye bir şey kalmaz. Yaşamı, doğumu ve ölümü inkâr eden, kendini, aslını ve yüce Yaradan'ını da inkâr etmiş olur. Çünkü bunlar ilahî irade yasalarıdır, yüce enerjinin dönüşümüdür, kalp atışıdır, nefes alışıdır, sonsuz bilginin alışverişidir.

Doğum, yaşama açılan mucizeye tanıklık etmektir. Ölüm ise, tekrar bu mucizeye tanıklık etmek için, bir süreliğine yaşama hoşça kaldır.

Her doğum, yaşam ve ölüm, bir süreçtir ve kâinatın çok küçük bir sırrıdır, ilahî yasadır, ilahî enerjinin bize ne kadar yüce olduğunun bir kanıtıdır ve her daim diri olduğumuzun hatırlatılmasıdır.

Dünya ölümün dünyasıdır. Ten ölür, can diri kalır. Can diri değildir, ten yaşar. Sadece nefes almak yaşamak mıdır? Hava solumak vardır, canı besleyen nefesi almak vardır. Hepsi farklıdır. Dünya ile haşır neşir olan, sadece dünya malına yönelen insan tende yaşar, hava solur. Teni ölür, canları ölmez Âşıklardır.

Allah yolunda ölmek nedir? Allah yolunda savaşmaktır.

En büyük savaş insanın kendi ile verdiği savaştır. Teni öldürmek, masivadan geçmek, hidayete ulaşmak Allah yolunda ölmektir. Ölmek ise uyanmaktır.

Can vardır, canın canı vardır.

İlahî irade yasalarına uyan, olgunlaşma yolunda olan, Canı candadır. İşte diriler onlardır. Nefes alanlardır. Nefes canın canını besler. Nefes hava değil, kudrettir. Daima diri olandır.

Doğru bir anda her şey tekâmül eder. O doğru anın ne zaman olacağı da zaman, mekân ve hayat enerjilerinin çakışması ile mümkündür. Tek savaşımız kendi nefsimizdir, diğer her zerre sevgi ile dopdoludur. Öz düşmanımız nefsimizdir, yani Zahiri bedenimiz. Nefs de Sevgidir aslında. Nurun Zahirdeki yansımasıdır nefs beden. Bâtındaki yansıması da Nur Beden. Zahirde nefs beden maddeye yönelir, Bâtında nur beden Rabbine. İşte ikisi arasındaki savaş budur. Düşmanlık yoktur Sevgi vardır. Birbirlerinin tekâmülü için savaşırlar. Akıl bunların ikisinin arasında kalır. Akla çok iş düşer. Akıl bir erdem ve ilahî olandır. İkisini koordine ederse düşmanlık biter dostluk başlar, aslan ile ceylanın dostluğu der buna Hacı Bektaş Veli. Dostluk ilahîdir, en iyi dost insanın Rabbidir. Beden kutsal bir mabettir, Rabbin evidir. Çünkü gönül Bâtında gizli olandır ve bedenin koruyucusudur. Gönül şah damarından yakîn olana misafirlik eder çünkü sadece insan gönlüne sığar. Beden madde ile ruh arasındaki köprüdür. Beden olmasa ruh, madde ile temas edemez. Sadece ruhun gelişmesi olgunlaşması değildir tüm mesele. Maddenin de gelişmesidir bir bakıma. İnsan en başta ayrıldığı parçasına kavuştuğunda tüm olumsuzluklar biter. Kime ne yaparsa yapsın ters döndüğü her şey, o diğer parçasına yaptığında ödül olarak dönüşür. İnsanın iki gözü vardır, biri Bâtındadır biri Zahirde. İşte onlar aynıdır, ayrı değil. İnsan ne zaman aklı ve vicdanı ile görür, o vakit olgunlaşır, uyanır.

Hacı Bektaş Veli'nin kıymetli eseri Makalat'da şöyle yazar.

Ve Tanrı Çalab şöyle buyurdu. "Her nesneyi göz mü görür zannedersiniz? İşitmeyi kulak ile mi işitir zannedersiniz? Konuşmayı dil mi söyler zannedersiniz? İtaat etmekle, Allah emirlerini yerine getirmekle affedileceğinizi mi zannedersiniz? Ateşte yanmayı, ateşle mi zannedersiniz? Hz. Âdeme Cennet içinde azab verdim, Cehennem içinde azab değildi. Hz. İbrahim'e ateş içinde bostan verdim, Cennet içinde bostan yoktu. Hz. Musa'yı, Firavundan kurtardım, Nil ırmağında boğdurdum. Dostumu sakladım, düşmanımı helak eyledim. Yüz bin yer, bin melek üzdüm zerre günahları yoktu. Her ne işlersem, kadirim, kudretim yeter. Kimi ağlatırım, kimi güldürürüm. Ne yaptığımı bir ben bilirim, siz bilmezsiniz. Benim lütufum ve yardımım, yalvarma (korku ve ümit) ortasındadır."

Yaşam birlikte bir paylaşımdır. Herkes tek tek, bu dünyada belli bir amaç için bulunmaktadır. Ancak amaç ancak kişi tarafından belirli bir sınıra kadar oluşturulabilir. Yaşamsal amacı kimse bilemez. Çünkü kimse içinde bulunduğu dünyada bir üste çıkamayacağından dolayı yaşamın amacını asla bilemez. Yaşamın amacını ancak, yaşamı yaratan bilebilir. Dünyayı yaratan bilebilir ve üzerindeki tüm canlı ve cansız olanları yaratan bilebilir. Bunun dışında yaşam amacını bilmek imkânsızdır.

Yaşamın amacını, yaşamın sahibi bilir, yaşamın içinde olanlar ise, o amaca uygun motivasyonu, hareketliliği ve ruhsal durumu devinim kılarlar. Nihaî amaç, ancak yaşamın sahibinindir.

Amaçsız ve başıboş hiçbir şey yoktur kozmosta, kâinatta, Âlemde. Her şeyin en küçük zerreden, en büyük evrensel görünüme kadar, bir amacı vardır. Ve bu amacın ne olduğunun bilgisi, sadece o amacı yaratana aittir. İçinde bulunanlar ancak o döngüde bir unsurdurlar.

Hiç kimse kendi amacının ne olduğunu bilemez. Ancak sisli bir yolda, görüş mesafesi ancak ve ancak birkaç metre olan bir durumdadır. İşte o gördüğü kadarını amaç olarak belirler ve yolda ilerlerken, önüne neler çıkacağını, nelerle karşılaşacağını bilemez. Bu karşılaştığı tüm durumlar onun yaşamsal amacıdır. Ve topyekûn tüm hayatı bir amaç içindir. Ve bunu asla bedenliyken bilemez. Ancak o bedenden ayrıldıktan sonra, amacı biraz daha üstten izleyebilir ve eksiklikleri görebilir. Ve ne olduğunu anlamadan, çekimsel alana karşı koyamaz ve döngüyü sağlar. Döngüsel yaşam ve devinim sonsuza kadar devam edecektir.

Yaşamsal amacın sahibi, tüm yaşamların ortak özelliğinin sahibi, nihaî amacın sahibi, hiçbir zaman kimseyi başıboş, yalnız ve ulaşılmaz bir yerde bırakmamıştır. Her daim, nefsin her türlü fısıltılarını duyar, hayat damarından en yakîn noktada, tam yerinde ve tam zamanındadır. Yaşamsal amacın sahibi, her zaman diri ve olması gerektiği güçlülüktedir. Bu bize sonsuz güven ve asalet sağlamalıdır. Ki yaşamsal amaca en doğru ve en gerekli güçte katkıda bulunabilelim.

"Kimi ister Dünya" Dünya, maddenin sembolik ifadesidir. Dünya malı istenir. Masiva yani eşya, elle tutulan, gözle görülen, tadılan, işitilen, koklanan, kısaca beş duyu ile algılanan masiva istenir. İsteyen nefs bedendir. Nefs beden ister. Ancak Tanrı Çalab: *"isteyene, istediğim kadar veririm."* Yani istemek ne kadar coşkulu da olsa, dünya malını, ancak O, istediği kadar verecektir. Siz bilmezsiniz diyor, ben bilirim nedenini, amacını.

Oysa "kimi diler Mevlâ" Mevlâ, mana Âlemidir. Dileyene dilediği kadar yakînım, yani gelirim manasıdır. Mevlâ'yı dileyene, dilediği kadar gelirim, şah damarından yakînım. Secde et ve Yaklaş! ayetinde olduğu gibi. Teslim ol, tanı, kendini bil, Rabbini bil ki, dilediğin kadar ben senin yanındayım. Hatta sana, senden yakînım. Aklın ve vicdan rehberliğinde dileğin Mevlâ'nın esmalarının açığa çıkması ise, senin dilediğin kadar açığa çıkacaktır manasındadır.

İsteyen manası, **uykuda** olmanın, **dileyen** manası da uyanmışlığın simgesidir. İstemek nefsi, dilemek ruhu besler. İstemek arzuları kamçılar, dilemek manevi zenginliği. Dilemek, aklın akıl üstü açılımına, gönlün vicdan ışığının yanmasına sebeptir.

Eşyanın görünmeyende amacına ulaşmadır. Eşyanın gerçek Hakikatini idrak etmektir. Böylece, *"Beni dileyene, dilediği kadar gelirim"* manası, uyuyan bilincinizin açanlara sahip olması anlamındadır.

Hakikatin Hakikatine ulaşmak, ancak dirilmekle olur.

Dirilmeden, Gerçek Amaca ulaşmak mümkün değildir. Uyuyan bilinçlere, gerçekliğin her zerresini aktarsan yine de fayda vermez. Uyuyan bunu okunacak bir yazı ise okur, duyulacak bir ses ise duyar, bakılacak bir nesne ise bakar ancak hiçbir anlam katamaz. Bunun oluşması için, ruha ulaşması idrak boyutunda "bilme" yaşaması gerekir. Bu da aklın açılımları, vicdanın yani gönlün rehberliğinde olacak bir "hâl"dir. Bu "hâl" oluşmadan, Hakikatin Hakikatine yani "Sırra" ulaşmak anlamsız olur. Çünkü Hakikatin Hakikati olan Sır, duyulacak, görülecek, işitilecek, dokunulacak bir nesne, ses, meta değil, bilakis "Fetih"dir. Bir Avaz ile dokunulmaktır Fetih. Rab, ancak ve ancak hiçlikte dokunur kuluna. Ancak kul da kulluk hâline bürünürse.

Her olanın, olmakta olanın bir amacı vardır ve bu amacın tek sahibi Yaratıcıdır. Ve Yaratıcı tek tek sırra ulaştırır kullarını. Dilediğini de arındırdıktan sonra topluca. Bunun sebebini ve amacını sadece O bilir.

Makalat kitabında, birinci can cisimdir. Bedeni sağlıklı kılar. Dikenin battığını bilir, kılın çekildiğini duyar. Yani derinin hissettiğidir, duyu organıdır. Ve gereklidir. Yoksa insan bu acıyı duymazsa, dünya yaşamında bedenini sağlıklı tutamaz. İkinci can, ekli şurbdur. Yani istek ve arzulardır. Yemek, içmek, susamaktır. Otomatik tarzda hareketlerdir. Bedenin sağlıklı kalması, yaşamı idame ettirmesi için gerekli arzu ve isteklerin otomatik tarzda meydana gelmesidir. Üçüncü can revandır. Beden uyuyunca, Can uyanır. Ama uyku dinlenmek içindir. Bedenin rahatı ve sağlıklı kalması için gereklidir. İnsan uyuduğunda, Can uyanır. Ten uyuduğunda, Can mana Âleminden beslenir. Beslendiği ile de Teni besler. Maddi Âlem ile mana Âlemi arasındaki köprüdür.

"İsten beni, bulunam"

İsteyene dilediği kadar yakınım. Dileyin bulunayım. Beni anın, ben de sizi anayım. Size şah damarınızdan yakînım. Size sizden yakînım. İstemek, arzu değil, bulunmak da maddi değildir. İstemek gönül gözü ile dilemek, bulunmak yine Gayb'da o hâl içinde olmaktır. En büyük zenginlik ruhun huzur ile dolması, yaşam ile gizlideki o ince sınıra dokunmak ve tanımaktır. Unutmadan, kaybolmadan, kayıb hâle gelmeden ulaşmaktır. Unutur insan, dalar masivanın gelgeç aldatıcı etkilerine. Çünkü bedenden sanır kendini. Sadece beden acıkır, susar ve arzular. Unutur her şeyi. Oysa maddeye bakan yüzünün gölgede olduğunu hatırlamaz. İki gözü ile gördüğü, eliyle dokunduğu, taddığı, kokusunu aldığı, duyduğunu gerçek sanır. Oysa orası gölgeler dünyasıdır. Gölge dünyada her şey aldatıcıdır. İnsanın bir görünen bir de görünmeyen duyuları vardır. Görünen beş duyusunun dışında görünmeyen gönül duyuları da vardır. Her şey zıttı ile kaimdir. Kesret denilen yani çokluk Âleminde her şey var olduğu kadardır. Oysa eşyanın yani masivanın görünmeyen tarafından nice zenginlikler vardır. Hatırlasa, dünyanın bir oyun, bir eğlence, imtihan ve nimet yeri olduğunu bilir. Bilmek ruhi bir hâldir. Kimse dünyadan vazgeçmeden, bu bilme hâli ile yaşasa olgun insan hâline ulaşacaktır. Ulaşılmayacak bir mekân olduğunu bilmek hâline ulaşacaktır. Asli vatanın özlemi içinde, ruhunda ve gönlündedir. Hatırlanmayı bekler an be an. Oysa insan bunu duymaz. O fısıltıları duymaz. Oysa sessizlikteki fısıltıları duymak için işitmeyi bilmek, Gayb kulağının açık olması ile mümkündür. Gayb gözünün açık olması ile mümkündür. Gayb dokunuşunun hâli ile mümkündür. Bunun olması için, masivanın etkilerini kontrol etmesi, nefs bedenini tanıması ile olur. Kendini gözlemleyerek. Her ne yapıyorsa kendinden bilerek olmakla mümkündür.

"Gök ağlar, yer güler, gökten yağar, yerden biter." Gökler ağlarsa, yerler güler. Gök cömertlik sunar yağar, yer sevgiyle kabullenir yeşerir, yaşam bulur, can olur. Bir damla sudan hubb (Sevgi) suretli adam yaratır, ay ve güneş O'nun hüsnüyle doğar can olur. İnsan olur, İnsan Âlemlerin esrarıdır. İnsan Âlemin kalbindedir. İman eden, inanan insanın zikri kabul olur, kalbi şereflidir. Bütün neyse zerre, zerre neyse Bütün de O'dur. Zerre ile bütün arasında Mahabbet esastır. Mahabbet yani Âşk, Can'dır. Mahabbet ve Can O'nun en büyük sırrıdır. Yarattığı ile O arasındaki sır. Kesrette yani çoklukta yarattıkları ile O arasındaki sır Mahabbettir. Nefes bir sırdır. Çoklukta her nefes bir sırdır. Sır ise, seçtiği ile O'nun arasında Mahabbettir(muhabbet, sevgi, Âşk.) Kul istediği kadar O yakîndir. İstenilen, dilenen, zikreden kadar bulunandır. Ulaşan, bulunamayan noktayı hâl olarak yaşar. O bulunamayan noktadır. Nur Gayb'dadır, insan maddeye bakan nefs bedeni ile gölgededir. Oysa Nura bakan ruh bedeni ile aydınlıktadır. Gece ile aydınlık budur. Biz gölge varlıklarız, gördüğümüzü biliriz, gayrisinden habersizizdir. Oysa Nura bakan ruh beden An'da her şeyi bilir. İkisi arasında alışverişi olan Veliler, seçilmişler ve öz dostlardır. Sadece gölgeye bakan ile sadece Nura bakan değil, her ikisini de bilen, dengeleyen, alışverişi tam olan Olgun İnsan, Kâmil İnsandır. Onlar seçilmiş öz dostlardır. Nebiler-Veliler, ermişler, Âşıklar, Ariflerdir. Âdem Âdemi ıslah edemez, kör köre yol gösteremez. Güzelliğini köre anlatmanın ne faydası vardır, tarifle güzellik anlatılabilir mi? Bunun için yol gösterene, ışık tutana, gölge dünyayı aydınlatana ihtiyaç vardır. Ancak o yolda, taşları toplamak Âdeme düşer. Herkes kendi yolunun taşını kendi ayıklayacaktır. Kimse bir başkasının taşını ayıklayamaz. Çünkü önce kendi yolunun taşlarını öğrenmeli ki, diğerine yol tarif edebilsin.

Tekrar konumuza dönecek olursak, *gökler ağlar, yerler güler, gökler sunar, yerde biter* meselesine. Güneş vahdettir, ay ise kesret. Güneş kendi enerjisini, yakıtını üreten, sönmeyen, daim ve diri olan O'nun Nurunun simgesidir. Hayat veren, can veren, yaşam ve zamanın sahibi olandır. Ay ise kesret yani çokluk Âleminin Âdem olanın simgesidir. Güneş Tanrının, Ay Âdemin simgesidir. Ayın bir yüzü daima gölgede karanlıkta, bir yüzü daima güneşe dönüktür. Güneş ışığı ile beslenir, güneş nurunu yansıtır. Oysa gölge tarafı ise karanlıktadır. Dünya ise, Ayın sadece aydınlık tarafını, Nurdan gelen ışığı yansıtan tarafını görür. Oysa karanlık yani gölge tarafını bilmez. Dünya da, yansıyan ışığı alan Âdemoğlunun simgesidir. O zanneder ki, ay kendi ışığını yansıtır, karanlıkta onun ışığı ile yol bulur. En karanlık anlarda bile Ay Güneş Nurundan aldığı ışığı ile Âdemoğlunu aydınlatır. Kandildir.

O'nun katında, her insanın bir hakikati, bir sırrı, özü mevcuttur. Dünyaya doğmadan önce, şekil almamış şekilsizdir. Çekirdek hâldedir. O çekirdekte, bütün Âlemlerin gizemi ve sırrı mevcuttur. Atomsal bir çekirdek hâlde iken bile tüm yaşam Plânı, sırrı dürülüdür. Her bir atomsal çekirdeğin kendine ait bir istidadı yani yeteneği ve kabiliyeti mevcuttur. Ve hepsi de ilahî irade yasalarına göre bedenlenir, şekillenir. Bâtında bu çekirdek kişinin yeteneğinin, sırrının, yaşam Plânının dürülü olduğu) Arştan süzülür, Kürsüden geçer, yedi kat göklerden geçerek, Kamer Feleğine doğru yol alır. Kamer yani Ay feleğine gelen çekirdek, madde Âleminin temeli olan dört ana unsurun Ateş, Su, Hava, Toprak ile bütünleşir, yoğrulur. Dört unsur ile yoğrulur ve insan bedenine geçer. İki insanın Allah huzurunda evliliği ile birleşme gerçekleşir ve ana rahmine geçer, bebek olarak dünyaya doğar. Cisim olarak meydana gelir. **Kur'an-ı Kerim, Tin Suresinin 45. ayet**inde aktarıldığı gibi, *"En güzel şekilde yarattık, aşağıların aşağısına indirdik"*. En güzel şekilde yaratım, bir atomsal çekirdeğin içine bir Âlemin, kâinatın bilgisinin saklanmasıyla, o çekirdeğin arştan yola çıkıp, süzülerek aşağıların aşağısına Ay Feleğine kadar inmesi, dört unsur ile yoğrulması, insana geçmesi ve orada birleşme sonucu ana rahminde Can bularak, bebek olarak doğması, cismani hâle gelmesidir. Arştan Arz Âlemine kadar olan her yer *Melekût Âlemi*dir. O'nun katında Özde ruhlar, aşağıların aşağısına kadar kademe ile inerek Cismani Beden olurlar.

Kudret Ruhu, ceset maddeye girer ve ona Can verir, diriltir. Maddede hareket olması için nefs verilir. Nefs, toprak, hava, su ve ateş ile yoğrulmuş bir bedendir. O bedenin dünya yaşamı, son nefesini verinceye ve nefs bedenin ölümü tadıncaya kadar, bedeni yine aslı olan toprağa, ateşe, suya ve havaya bırakıp dönüşünceye kadar olan her şey O'nun sırrıdır. Ve O'nun iradesinin emrindedir. Ancak bu irade ve emir, tüm insanların bir kukla, robot, iradesiz olduğu değil, tamamen farklı bir anlam ve mana içerir. O'nun emri ve iradesi, ilahî irade ve yasalar ile bütündür. Ve insan, özgür iradeye sahiptir. Bu gizlinin en gizli noktasıdır. Herkesin kavrayabileceği idrak edebileceği bir mana taşımaz. Hem O'nun iradesi, hem insanın özgür iradesi anlamını kavramak, bu beyinsel düzeyde tam anlaşılamaz. O'nun iradesi altında olmayı, fatalist bir kaderi görüş ile anlar. İnsanın özgür iradesini ise determinizm, yani **sebep-sonuç** yasası ile anlar. Oysa O'nun iradesi ve emri altında olup, insanın özgür iradesine sahip olması bu iki kavramın tamamen dışında özel bir gizliliğe ve sırra sahiptir. Bu sır, sadece O'nu dileyenler, ananlar ve onu arayanların sahip olabileceği bir sırdır. Ve o sır kulu ile Rabbi arasındadır. Diğerleri bilmez, bilse de anlayamaz, anlasalar da katledip yok edecekleri bir durum oluşturur. Bu yüzden, bu sırra vakıf olanların çoğu yok edilmişlerdir. Sırrı açığa vurmak değil, sır ile örnek bir yaşam sürmek Olgun insan Kâmil insan özelliğidir. Hacı Bektaş Veli, bu sırrı, örnek bir yaşam ile sergileyebilmiş Velilerden biridir. Bu, Hacı Bektaş Veli'nin Bâtınî tarafının en büyük özelliği olmuştur, sevilmiş ve itibar görmüş, hala öğretisi kabul edilmiş, kuralları ve kanunları, günümüzde Türk Adaletinde kullanılıyor, İnsan Hakları Evrensel Bildirgesinde kabul görmüştür.

Kendimi bildim demekle, kendini bilmez insan, Rabbimi bildim demekle de olmaz. Lafla Hakikat beyan olmaz. Bal demekle ağız bal olmaz, ben kötüyüm demekle kötü olunmaz. **Kendini bil** sözünde, yakîn olma manası vardır. Yakînlik, ilme'l yakîn, ayne'l yakîn, Hakka'l yakîn olmaktır. Duyulan, öğrenilen, bilinen her şey ilme'l yakîn hâlidir. Ölümün bilinmesi, doğumun, hayatın, yaşamın bilinmesi, bilgi olarak alınması durumudur.

Derin düşünce ile müşahedeye başlayınca ayne'l yakîn, gönül gözü ile hissedilen, vicdani olarak tatbik edilen bir hâldir. Mana itibari ile beden içinde, nefsin yarılması, nefsin ölmesi, kendini bilmektir. Beden içinde ölen ve dirilen, kendini bilen, Rabbini bilendir ki bu, Hakka'l yakîndir. Nebilerin-Velilerin yakînliğidir.

İblis Plânı

Sol, Bâtın anlamında, İblis Plânının seslenişinin duyulduğu yeri ifade eder. Yüreğin sol kulağında olarak bahsedilir Makalat eserinde. Bâtında yani gizlide, yüreğin sol kulağı İblis Plânından gelen tüm azdırıcı etkilerinin duyulacağı yöndür. Yüreğin sol kulağında yedi kale vardır. Her bir kalede bir bekçi bulunur. O bekçiler her bir kalenin yöneticisi ve idarecisidir, sorumlusudur. Bu her bir bekçinin yüz bin yardımcısı vardır. Her bir yardımcının da yüz bin askeri vardır. Tüm bunlar iman evleridir. Bunca korunan Sol kulak yine de her şeye rağmen İblis Plânından gelen tüm etkileri duyar. Çünkü burası dünya Plânetidir. Duyma ve dinleme, yönelme, insan iradesinin ve nefsin etkisinin ne kadar güçlü ve kudretli olduğunun göstergesidir. Çünkü insanlara nefs verilmiştir. Nefs sahibidir insanlar. Dünya nefs hâkimiyeti altındadır. Ve bu nefs hâkimiyetini yenmek, Râhmani olana yönelmek ise Âşk yoludur. Dünya zamanının her devrinde elçiler ve Nebiler gelmişler ve nefsten arınmanın, Râhman'a yönelmenin tüm ödevlerini Dinler tarzında aktarmışlardır. Bunca bilgiye rağmen hala nefsten kurtulmak neden bu kadar zordur? Çünkü masiva yani madde çok etkilidir. Ve madde dünyası azdırıcının etkisinde titreşmektedir. Tüm titreşimler azdırıcı Plâna hizmet etmektedir. Masivanın da gelişmesi azdırıcı etkiden kurtulması gerekir. İşte İnsanın en önemli iki Bâtın yani gizli görevi, misyonu vardır. Birincisi nasip aldığı ruhu, dünyada olgunlaştırmak, aşağıların aşağısı olan dünyada olgun insan olma yolunda İlahîliğini meydana vurmadır. Ortaya çıkarmadır. İkinci asli görevi ise, maddeyi yani masivayı eğitmek, azdırıcı Plânın etkisinden kurtarmak ve titreşimini ilahî olana yöneltmektir. İnsanın neden böyle bir dünyada var olduğu sorularının yanıtı önemle budur.

Nefs, İblis Plânının vekilidir. Yardımcıları kin, kıskançlık, tamahkârlık, öfke, gıybet, rezilliktir. Bunlar İblis Plânının kapıcıları, bekçileridir.

Şimdi, haset, tamahkâr yani doymak bilmezlik, tatminsizlik, hazımsızlık, dünyayı terk etmekle gider. Dünyayı terk etmek, masivadan vaz geçmek anlamındadır. Bu vazgeçiş, körü körüne bağlanma, gözlerinin kör ve kulakların sağır olmasının dışına çıkmak, gerçek manada görmek ve işitmek ile olur. Masivanın yani eşyanın, gerçek anlamına, mahiyetine ve eşyanın Bâtın tarafını anlamak ile olur. Masivanın yani eşyanın gerçekte bir araç olduğunun farkına varmakla olur. En önemlisi de, insan varlığının eşyadan çok çok daha üstün bir tasarım olduğunu fark etmesi ve uyanması ile mümkündür. Eşyanın kölesi olan insan, aslında eşyayı köle hale getirmesidir bu dünyayı terk anlamı. Yoksa her şeyi boş vermek, hiçbir şeyle ilgilenmemek, hiçbir dünya malı edinmemek anlamına gelmez. Genelde bu anlamı üzerinde durulur. Oysa, hiçbir şeye sahip olmadığının idrakine varıp, her şeyi araç olarak görmek ile mümkündür.

Öfke, kendini kaybetme, rezillik yani alaycılık, maskaralık ancak ve ancak perhizkârlıkla giderilir. Perhizkârlık ise, gerçek manada oruçtur. Oruç tüm insan ömrü boyunca uygulanması gerekir. Bu oruç, düşünsel manada tutulan bir oruçtur. Düşüncelerin, duyguların, dürtülerin "ölçüt" değerinde korunaklı kalmasıdır. Ölçülü insan vicdan sesini dinleyen erdemli insandır. Ölçülülük bir erdemdir. Her şeyin ölçülü olması, zihin, beden ve ruh sağlığını da beraberinde getirecektir. Çünkü tüm sağlıksız durumlar, öfkenin, kendini kaybetmenin, insanlara küçümseyerek bakmanın ve kendi değerini bilmeden küçük düşürerek soytarı manasına gelen bir hale gelmesidir. Bu hâl'de şerefli mahlûkat yani erdemli insan olma özelliğinden çok uzaktır. Mayası ise sabırdır ve imandır der Makalat eserinde Hacı Bektaş Veli. Sabır ve iman ile bunların hepsinin üstesinden gelinir. Perhiz etmek, oruç tutmak sabır ve iman ile bütündür. Kalbinde iman evlerinin farkına varan ve uyanan insan sabır ile her şeyin üstesinden gelebilecek kudrete ve güce sahiptir. Çünkü ona destek olacak yüzbinlerce ilahî destekçisi vardır. Buna inanması ve iman etmesi, güçlü olarak hissetmesi gerekir.

Kibir İblis Plânının ta kendisidir. Yedi ayette, Allah emri ile Âdeme secde et demesine rağmen secde etmeyen İblis, Yüce'nin Katı'ndan kovulmuştur ve kendisine belli bir süre verilenden olmuştur. Âdeme secde etmeyen yani Âdem İnsanı Kâmil, en şerefli mahlûk ve en üstün yaratılmışlığı kabul etmemek ve Allah emrine itaat etmemek kibrine kapılmıştır. Kibir şeytanidir. Kim kibre sahipse, İblis Plânına hizmet eder. Yüreğinde kibir barındıran ikiliktedir ve nefsaniyete boğulmuştur. Gözleri kör ve kulakları sağırdır. Ne duyar ne görür. İşte bunlar aşağıların da aşağısında yaşayan, hatta hayvani özelliğinin daha alt kademesinde bulunanlardır diye bahseder Makalat eserinde Hacı Bektaş Veli.

Kibir, her şey olduğunu kabullenir ve her şeyin kendinden olduğunu savunur. **İblis Plânının** baş tacıdır. Bunun karşılığı olan **Miskinlik** ise **Râhmanîdir** ve Tanrı Katının baş tacıdır. **Miskinlik**, halk arasında tembellik ve başıboşluk olarak yerleşmiştir. Derin manasını bilmeyenler için bu böyledir. Ancak Miskin kelimesi, tasavvufta **"derviş"** anlamına gelir. Bâtın anlamı ile "fakir"liktir. Bedende fakir, ruhta zengin olan anlamına da gelir. Fenafillah makamı ehlinin sıfatıdır.

Kibir her şey ise, Miskin hiçbir şeydir. Kibir bedende zengin ise, Miskin bedende fakirdir. Kibir ruhta fakir ise, Miskin ruhta zengindir. Kibir ile Miskin zıtlık manasındadır. Miskin, Allah'a ulaşma yolunda kendini tanımış, bilmiş, iman etmiş, masivanın, eşyanın manasını bilmiş ve araç olarak kullanan manasındadır. İnsanda kibir varsa, miskinlik yoktur.

Haset eden, kıskanç olan İblis Plânına hizmet edendir. Çünkü İblis, Âdeme secde etmemiş onu tanımamıştır. Beni yalın bir ateşten Âdemi kuru bir balçıktan yarattın, buna mı secde edeceğim diyerek, her ismi öğrenen Âdemi kıskanmıştır. Çünkü İblis, Varlıkların isimlerini bilmez. Yaradan Âdeme isimleri öğrettiği, kudretli ruhundan üfürdüğü için, kendi yalın ateşini ortaya koyarak kıyaslamış ve kıskanmış, haset etmiştir. Bu yüzden, kıyas etmek, haset etmek, kendini üstün göstermek İblis Plânına hizmet eder. Buna karşılık İlim Râhmanî'dir. Eğer insanda haset varsa, ilim yoktur. Çünkü kendini üstün gören haset eden kişi, asla bilgi edinmek istemez, her şeyi bildiğini zanneder. Oysa ilmin esas kökeni, hiçbir şey bilmediğini idrak etmek ile başlar. Hiçbir şey bilmeyen öğrenmek için çaba gösterir. İnsanda haset varsa ilim yoktur. İlmi olmayan da cahiliyet boyutunda bir zavallıdır. Tamahkârlık İblis Plânına hizmet eder. Tamahkârlık, tatminsizlik, hazımsızlık, doymak bilmezlik manasındadır. Çünkü İblis, Âdeme secde etmemiştir. Çünkü Allah katında en öğretici ve en sevilen, en eski yaratılan varlık olması her şeyi istemesi ve sahip olması idi. Ancak Âdem yaratılınca kâinatın en şereflisi olmuştu. İblisin önüne geçerek, Âdem en üstün kılınmıştır. Bunu hazmedemeyen İblis Âdeme secde etmemiştir. Tamahkârlığın zıddı olan Cömertlik Râhmanîdir. Cömertlik, kabullenme, paylaşma, eşitlilik ve adalettir. İnsanda tamahkârlık varsa, cömertlik yoktur. Cömertlik, Bâtın anlamda sahip olunan ruhi zenginliğin ve ilmin, paylaşılması ve sunulmasıdır. Dergâha gelen kişi, olgunlaşma yoluna adım atmış ve ruhi zenginliğin paylaşılmasına dâhil olmuş, nasibini almak için çaba harcayacaktır. En büyük cömertlik ruh nasibinin alınması, olgunlaşması için gösterilen yoldur, yola tutulan ışıktır.

Varken vermek, çoğu çoğaltmak kolaydır.

Mühim olan, yokken meydana koymak, azı çok etmek, güçlü iken affetmektir.

Makalat eserinde cömertlik dört esas olarak alınmıştır. Mal cömertliği mal zenginlerinindir. Yani beylerin, ağaların, zengin kişilerindir. Onlar maldan verirler. İkinci cömertlik ten cömertliği olarak belirtilir. Bedenin arındırılması ve ibadete yönelmesidir. Vaktin ve zamanın ibadet ile geçirilmesidir. Üçüncü can cömertliği Âşıklarındır. Onlar candan vazgeçerler. Onlar kendilerini Allah yoluna adarlar. Dördüncü gönül cömertliğidir ki bu da ariflerindir. **Arif hem arı hem de arıtıcıdır.** Yani kendilerini hem Allah yoluna adamışlar, hem de Allah yolunda olanlara ışık olmuşlar, yol göstermişlerdir. Gönül zenginliklerini ilim yolunda sunmuşlardır.

Makalat eserinde, Hacı Bektaş Veli, *"sureti Rabbin dileğine yöneltmek gerekir"* der. Yaratımda Âdemi kendi suretinden yaratılması hâline döndürmek gerekir anlamına gelir. İlk yapılacak başlangıç olan korku dileği edeb sever. Sabır dileği utanmak sever. Utanmak dileği cömertlik sever. Cömertlik dileği miskinlik sever. Miskinlik dileği ilim sever. İlim dileği Ma'arifet sever. Ma'arifet dileği can sever. Can dileği akıl sever. Akıl dileği Hakk Teâlâ sever. Bu on iki nesne birbirleri ile ilişkilidirler. İman ordusunun Evliya'larıdır. Bu on iki nesneyi, manayı yerine getirebilen, getirme çabasında olan olgun insandır.

On iki mananın, ilki korku ile başlıyor. Saygı ile korkmaktır. Bu korku gerçek manada fobi anlamını içermez. Saygı ile korku, hayret ve şaşkınlık, bu büyüklüğün karşısında duyulan bir korkudur. Tarifsizdir. Bu korkuyu yaşamayan olgunlaşma yolunda olmayandır. Miskinlik manasını yukarıda detaylı olarak açıklamıştım. Eklemek istediğim ise akıl manası üzerinedir. Akıl Tanrının insana bahşettiği en güzel özelliklerden biridir. Ancak akıl hem İblis Plânına hem de Râhmani olana en yakîn boyuttadır. Tek başına akıl, oynaktır. Her an caydırıcı etkiye kayabilir. Bu yüzden vicdan ile birlikte değerlenmesi gerekir. Akıl ile vicdan işbirliğinin önemi büyüktür. Çünkü akıl bir rehber ise, aklın yol aldığı yolu da aydınlatan vicdan ışığıdır. Akıl Zahirde görünendir, vicdan ise Bâtında gizlidir. Akıl ile vicdan bir kumaşın tersi ve yüzü gibidir. Vicdan olmadan akıl, akıl olmadan vicdan düşünülemez. Bu yüzden akıl ile vicdanın işbirliği Hakka ulaştırır. Bunlardan birinin eksik olması, imanın dürüst olmadığının işaretidir. Hepsinin tam ve eksiksiz olması gerekir ki, insan kendi gönlüne oradan da Âlemlerin Rabbine ulaşabilsin.

Şimdi, maskaralık dileği gülmek sever, gülmek dileği kendini kaybetme sever. Kendini kaybetme, kendini üstün görme dileği taklit sever, taklit dileği doymak bilmezlik ve hazımsızlık sever, doymak bilmezlik, hazımsızlık dileği yetinmeme sever. Yetinmeme dileği, kıskançlık sever, haset dileği kibir sever, kibir dileği ten(beden) sever, ten dileği gururlanma ve böbürlenme sever, böbürlenme dileği nefs sever, nefs dileği İblis sever. İblis dileği de Hakk Teâlâ sevmez. Kim bu on iki nesneyi kabul eder ve uyar, İblis Plânına hizmetkârdır.

Kendinin dışında kendi gibi olamayan, kendini tanımayan, kim olduğunu bilmeyen, kendini üstün gören, doymak bilmeyen, maddeye boğulmuş olan, yetinmeyen ki bunlar mutsuzlardır, kıskançtırlar, bunu örtmek için kendilerini büyük görürler ve böbürlenirler, kibirlenirler, bedenin içine gömülmüşlerdir. Tamamen kendilerini beden görenlerdir. Nefs verilen insan boyutundan kurtulamayan, hayvani dürtülerle hareket edenlerdir. İşte bu insanlar İblis Plânına hizmet ederler.

İblis kibirlendi, Âdemi tanımadı, Allah emrine karşı geldi, kendini üstün gördü, Allah onu ateş içine koydu. Ateş sembolü.

İkinci, Firavun benlik davasını güttü. O suda boğduruldu. Su sembolü.

Karun malına taptı. Karun kadar zengin anlamına gelen mal varlığının doymak bilmezliği anlamındadır. Akıbeti malı ile son buldu. Toprak Sembolü

Hz. Muhammed Allah'ın Nebisi idi ve Allah'a sığındı. Tüm sembollerin birliği.

Gaybı bilen Rabb'dir. O her şeyi duyan, bilen ve görendir. Ayn bakışı ile her zerreden bakar, her zerreden görür. O'nun katından her an(zaman) emirler, tüm Âleme iner. Bu yüzden İnsan Rabbine ulaşmayı diliyorsa, Rabbine kullukta kimseyi taklit etmesin, kimseyi eş tutmasın, gizli tutsun. Gösteri tamamen İblis Plânınındır. Gizlilik ise O'nun katında makbuldür. Çünkü gizlilik, ilahî bir ketumluktur. Ve ilahî ketumluk Râhmanî'dir, insan ile Rabbi arasındaki sırdır.

Bir saat boyunca saygı ile Allah korkusu yaşayan ve ümit eden insan, yetmiş yıllık bir ömür boyu boşa lakırdı eden, dedikodu yapan bir insanın hayatından değerlidir.

Bir saat boyunca Allah isimlerini anan, Allah'ı zikr eden insan, yetmiş yıllık bir ömür boyunca Allaha saygı ile korku yaşayan ve ümit eden kişiden daha değerlidir.

Bir saat boyunca Allaha yönelerek tüm etkilerden uzak olarak dua etmek, ibadet etmek, yetmiş yıllık Allah hakkında sohbet ve derin düşünceden daha değerlidir. Dua ve ibadet, iman ve inançtır.

Aklın üç gözdesi vardır. Birincisi sabır, ikincisi kanaatkârlık, üçüncüsü ise utanmaktır(sakınmak, ölçülü olmak).

İblis Plânı bu üç gözdeden korkar. İblis Plânından şeytanı bile alt edebilecek hatta şaşırtacak derecede güçlü, üç gözdedir. Bu üç gözdeye sahip olan kişi üstün yeteneklidir ve Akla sahip akıl padişahlarıdır. Üçünü kendi ruhunda ve bedeninde tamam eden, bir edenin yanındadır Yaradan.

Her insan, Âdemi değildir. Âdem suretinde olabilirler ancak hayvani dürtülerle yaşayan, kendini tanımamış, kendini bilmemişlerdir. Onlar insan gibi görünürler ancak Âdemi değildirler.

Abidlerin, zahidlerin, ariflerin tüm ibadetleri, arzuları, hâlleri birbirleri katında kabul olmaz, yani birbirlerinin yaptıkları birbirlerine uygun düşmez. Uygunsuz olarak da görebilirler. Kendi katlarında kabul görürler, diğer ikisi katında uygunsuz olabilirler. Fakat muhiblerin katında, bu üçünün tüm hâlleri uygundur ve kabuldür. Abidler, zahidler, arifler dava kavmidirler. Yani dünya için çalışırlar. Davalarından vazgeçmezler ve davalarına sıkı sıkıya bağlıdırlar. Muhibler ise mana kavmidir. Yani tamamen teslim olmuş, iman etmiş, Âşk ile Hakka yönelmiş, tamamen eşyadan vazgeçmiş miskinler, dervişler, Evliyalar-Veliler, erenlerdir. Bu yüzden muhiblerin özlerindeki bilgiyi açmaları, aktarmaları, meydana vurmaları, anlatmaları, gönülden cömertlikleri çoktur. İşleri de bir hayli çoktur.

Bundan sonrası, akıl ermez, gönül dolandırır, suret duymazdır, bu kadar sözler yeterlidir. / **Hacı Bektaş Veli**

Hava, soluduğumuz değil, kutsal ruhtan üflenen parçanın tüm Âleme yayılması ve soluduğumuz enerjidir.

Âdem ve Yaradılışı

Ben Gizli bir hazine idim, bilinmekliğimi istedim de insanları yarattım.

Bilinmesi gereken en büyük sır şudur ki, Âdem yaratıldığında, Yaratıcısı ondan kendisine secde etmesini istememiştir. Varlıkların ve meleklerin Âdemden secde etmelerini emretmiştir. Bu Yaratıcının emridir. İnsan yaratıldığında "bana secde et" dememiştir Yaradan'ı tarafından. İnsanın yaradılışı Âşk ile yapılmıştır. Âdemin yaratılışı Sevgi üzerinedir, sevgi ile yaratılmıştır, Âşk ile ruh nakledilmiştir. İşte bu yüzden Bektaşilikte "İnsan"a karşı duyulan derin bir saygı vardır Yaradan'dan dolayı. Çünkü Yaradan kendisine secde etmesini istememiştir. İnsan en şerefli ve en değerli olan, kendisine secde edilendir. Bektaşilikte derin saygıya verilen isim "niyaz"dır. İnsanın insana selam vermesi, önünde başını eğmesi, derin saygıdan, Tanrı Sevgisine, insanın nurundaki Âşka'dır. Niyaz eylemek bu manaya gelir.

Varlıkların ve meleklerin İnsana secde etmesi manası, alnı yere koymak değil, yüzlerini ona dönmek ve eğilmek manasını taşır. Yani İnsanı tanıdıklarını ve saygı duyduklarının ifadesidir. Bir tapınma manasını içermez. İnsana tapmamışlardır sadece secde ederek tanımış ve derin saygılarını sunmuşlardır.

Karmaşıklık, çokluk, renklilik, çeşitlilik ve farklılık doğruluk dairesindedir ve en dış çeperindedir. Oysaki ilahî gerçeklik bilgisi ana merkezdedir ve ona ulaşmak ise meşakkatli, zorlu, yorucu ve bitap düşürücüdür. Buna ancak merkez dairenin içindeki ilahî gücün Âdem ruhunun ve Âdem canının, doğruluk bilgisinin çağrısı ile ulaşabilir.

Ulaşan ise dairenin dışına çıkabilecektir. Artık doğruluk giysisine ihtiyaç duymayacaktır.

"Kendini tamamlamayan, Sevgi'ye teslim olmayan, en hafif rüzgârda sürüklenen, rüzgârla rüzgâr olan yapraklara döner. Hem rüzgârda salınacaksın, hem yaprak olduğunu bileceksin."

Doğa olaylarının nedenleri doğaldır, ancak bunların birer "belirti" olabileceği de gözden uzak tutulmamalıdır. Bu da bütün doğal nedenlerin Tanrı'dan kaynaklanması sonucudur. Ancak Tanrı'ya bağlanan nedenler tikel değil tümeldir. Sözgelişi kuşa uçma, balığa yüzme yeteneği veren Tanrı'dır. Oysa kuşun kanadını çırpması, balığın yüzgeçlerini oynatması gibi tikel olgular tanrısal varlıkla ilgili değildir. Çünkü Tanrı bütün evreni, bütün varlık türlerini kapsayan evrensel bir "doğa yasası"dır, her nesne, her oluş bu yasaya dayanır. Tanrı'yla ilgili bütün kişisel işlemler, bu doğa yasası gereği bir yazgıya bağlıdır. İnsanın dine bağlılığını göstermek için "kurban" keserek kan dökmesi gereksizdir. Dine bağlılığın temeli kan dökmek değil sevgidir. Bu sevgi doğaya egemen olan tanrısal yasayı kavramayı, bütün olayların arkasında tanrısal erkin bulunduğunu görmeyi sağlar.

Dünyaya gönderilen halife yani arda, beşer insan değil, olgun İnsan-ı Kâmil insandır. İnsan-ı Kâmil, ölümsüzdür. Oysa beşer insana nefs verilmiştir ve nefsi ölümü tadar. Ölümlüdür ve ömrü kısadır. Belli süre bedende kalır ve sonra beden toprağa, ruh da sırra yani asli ruha geri döner. Ölümsüz yaratılan Âdem Yaratıcı katındayken, ölümsüzdür. Oysa dünyaya halife olarak gönderildiğinde artık ölümlüdür. Çünkü dünya, ölümün ve savaşın yeridir. Savaşır çünkü nefsini yenmesi gerekir ki kendini bilsin, Rabbini tanısın. Ölümlüdür çünkü nefsin kendisine verebildiği kadarla yetinir. Organları hastalanır, yaşlanır ve gücünü yitirir. Üflenen kudrete sahip bir ruhu olsaydı ölümsüz olarak dünyada sonsuzca yaşayabilirdi. Çünkü ruhi enerji sonsuzluktur. Unutma ise beşer insanının en büyük üçüncü özelliğidir, savaşması ve ölümlü olmasının yanında.

Gayb, görme duyusunun dışında olan her şey. Gizli olan her şey yani görülmeyen Âlem ya da Âlemler olarak geçmektedir. Elbette bu gizli ve görülmeyen Âlemler sadece insan için geçerlidir. Zira Allah için gizlilik yoktur, o Gayb ve görülen Âlemin yaratıcısıdır. Görülmeyene iman etmek, Gayb'e iman etmektir. Görülen Âlem, yani şahid olunan Âlem, bizim kâinatımız, gözümüzle gördüğümüz, beş duyu ile algıladığımız her şeydir. Görülen Âlem olarak üstünde önemle durulan durum budur. Görülen Âlem, yapıtaşı atom olan her şeydir. Ancak görülen değil, "şehâdetil" ya da veş "şehâdeh" diye geçer ayetlerde. Şahit olunan Âlem olarak belirtilir. İnsanın, şahit olduğu, şahitlik ettiği bir kâinat, görünen Âlemdir. Kısaca konunun özeti: Âlemi görmüyoruz, şahitlik ediyoruz. Şahitlik edilen bir durum gözlemci manasını taşır. Biz gözlemciyiz ve Âleme şahitlik ediyoruz.

Şahitlik ettiğimiz görülen evren, Âlem, sadece bütüne bakıldığında gerçekleşir. Oysaki Gayb yani gizli olan, maddenin kökenine indikçe, yeri tespit edilemeyen boşluklardan meydana gelmiş, enerji ve çekim alanı inanılmaz boyutlarda olan bir Âlem daha mevcuttur. Bu Âlem gizli bir Âlemdir ve yeri tespit edilememektedir. Gerçek şu ki, görülen ve görülmeyen Âlem iç içedir, bakıldığında şahitlik edilen, manasına indikçe gizlenen bir Âlem bütünü. İkisi de aynı ve ikisi de bir bütündür.

Şahitlik edilen Âlem yani kâinatımız, Gayb Âlemi gizli olan yani görülmeyen Âlem, Âlemler yani başka boyutlar ve bütün Âlemler yani bu bahsedilen tüm yaratılmış olan Âlemler olarak bahsedilen bütün kavramlar aslında sonsuzluğun bir işaretidir. Burada bahsedilen sadece görülen bir Âlemin yani şahitlik edilen bir Âlemin dışında da sonsuz seçenekte Âlemlerin varlığının bir delili olarak sunulmaktadır. Ve bizim bilmediğimiz nelerin yaratıcısı olduğu da özellikle vurgulanır.

Sizin bilmediklerinizi bilirim. **(Kur'an-ı Kerim, Bakara Suresi, 30. Ayet)**

Ayette, **Sizin bilmediğiniz** ile **Ben bilirim** manası önemle vurgulanmıştır.

Ben Bilirim: Şüphesiz Âlemlere sahibim yani bütün Âlemlerin bilgisini muhafaza ederim.

Bilmek kelimesi Âlem kelimesi ile eş değer tutulmaktadır. Bakmak, görmek, görülen ve şahitlik edilenlerin bilgisi Âlem olarak geçer. **Âlem** demek **bilmek** manasındadır. Bu da uzun tecrübeler ve terbiyeler sonucunda görünür kılınacak mertebelerdir. Her mertebe bir Âlemin kapısını açacak anahtarı da kendinde taşır. Âlemlerin anahtarı da yalnız Yaradan katındadır. Ve ancak o anahtar, terbiyeler ve sonsuz yaşamlar boyunca elde edilebilecek bir durumdur. Rab muhteviyatı yani manası anlaşıldıkça, ruh terbiye oldukça ve sonsuz sayıda geliştikçe, gizli olan Gayb olan Âlemin anahtarlarını keşfedecek ve her keşfedişte şahitlik edeceği Âlem onun için Gayb olmaktan çıkacaktır. Bu sonsuz bir yoldur ve sonsuz yolda mistik bir yolculuktur. Kudret Âleminden hikmet Âlemine yapılan bir yolculuktur. Şahitlik edilen Âlem, gönül gözü açık olanlar için sonsuz sayıdadır. Ve her şahit olunan Âlemden, o an için kendisine Gayb olan Âleme geçişte, terbiye söz konusudur. Her şahitlik ettiği Âlem, bir sonraki Âlemi de içinde muhafaza ederek bir açılma durumudur. Her şahitlik edilen Âleme ancak "biz" kavramı ile ulaşılabilecektir. Sen ben ile değil, "biz" ile ulaşılabilecektir.

Her Âlem, bir önceki Âlemin şahitliği ile birliktedir ve bir sonraki Âlem için şahitlik yapılacak zemini de hazırlar. Âlemler sonsuzdur. Gidilecek yol sonsuzdur. Anahtarlar sonsuzdur.

yehdî men yeşâu ilâ sırâtın mustakîm(mustakîmin). / **O, dilediğini Sıratı Mustakîm'e ulaştırır. (Kur'an-ı Kerim, Bakara Suresi, 142. Ayet)**

Dilediğini manası çok derindir. Çünkü dilediğini demek yani dilemenin manasını taşır. Ona ulaşmak için önce dilemek gerekir. Yani söz ile gönül sözü ile yürek sözü ile kalben dilemenin manası vurgulanmıştır. Bunu ancak kalp gözü açık olanların yapacağı vurgulanmıştır. Dilediğini ulaştırma manası, apaçık bir delildir. Deliller bıraktık sözünün doğrulanmasıdır. Deliller bıraktık demesi ve bunu ancak akıl sahibi olanların yapacağı vurgulanmıştır. Akıl yani kalben ve zihnen ulaşılacak bir anlayış ve idrakten sonra oluşacak bir şuur hâlidir. Bu ancak bedenliyken yapılabilecek bir durumdur. Çünkü ancak madde enerji ile irtibat kurabilen bir ruhun, dünya hayatında iken, kendine emanet edilen ruhun aslını hatırlamasıdır. Hatırlamasıdır.

Emaneti, nasip olanı (ruhu) O'na ulaştırmayanın, teslim etmeyenin imanı yoktur. Şüphe varsa iman yoktur. İnanç yoksa iman yoktur. Teslimiyet olduğu gibi tüm mevcudiyetinle yönelmek değil, iradenle kabullenme, akıl ve vicdan ile bilme ve Büyük ruha ulaşmadır. İki deniz akar ama aralarında su vardır karışmaz. Çünkü her ikisinin de sınır çizgisi vardır ve asla birbirlerine karışmazlar. Bu yüzden beraber ve yakın kelimesi kullanılır. Her yaratılanın, her varlığın, her insanın iradesi vardır. Parçalanıp milyonlarca zerreye ayrılıp yok olmak değildir teslimiyet. Varlıklar Yaratılan Âdeme secde ettiklerinde varlıklarından bir şey kaybetmemişlerdir. Kendi iradeleri ile emre itaat etmişlerdir. Ve insandan istenen de teslim olması, yani akıl, vicdan işbirliği ile şahit olduğu evrenin görünmeyen manasını keşf etmek ve görünmeyeni anlama ve bilme yoluna girerek bu yolda kendi payına nasibine düşen ruhu, olgunlaştırarak gerçek arda yani halife olma, olgun kâmil insan olma yolunda tekâmül etmesidir.

Asıl Ruha, Büyük ruha ulaşma yani hidayete ermede, herhangi bir Veli ya da mürşid olarak aracı olmayacağı da vurgulanmıştır. Aracı yoktur, herkes aracısız, kendisine şah damarı kadar yakîn olan Rabbine ulaşmanın yolunu, ancak yine kendisi bulacaktır. Ona sebepler verilmiştir, deliller bırakılmıştır. Herkes kendi yüreğinin iman ötesi bir dilek ile O'na ulaşmayı dilemesi gerekmektedir. Dilemeyenler ise, hayatları boyunca istedikleri kadar okusalar Veli ya da mürşid yolundan gitseler de olmayacağı da vurgulanmıştır. Dalalette kalmak ise, her ne yapıyorsa yapsın, kalbinde ikilik olan, inanmayan, yeteri kadar iman edememiş olan, hatırlamayanlar olarak vurgulanır.

İslami tradisyonda **"Mehdi"** manası, Budizm'de "Maitreya", Hinduizm'de Kalkiavatar, 'Sâbiîlik'te "Praşai Siva" ve Şii Alevi tradisyonunda "On ikinci İmam" adıyla bilinen kurtarıcının ezoterik tradisyondaki adıdır. Aslında kurtarıcı dışarıdan biri değil, bir varlık değil, ancak ve ancak vicdan sesidir.

Bektaşi Aleviliğinde ulaşma, ölmeden önce ölme manaları, önemli bir yer tutar. Ölmeden önce ulaşmayı dilemeyenlerin ateşe gideceği Yunus suresi 7.ayetinde belirtilmiştir.

Sadece İslâm dininde ve kutsal kitabında değil, bir çok felsefik dinlerde ve kitabi dinlerde de ulaşma, olgun insan olma manaları vurgulanmıştır. Özellikle Budizm'de "Nirvana'ya ulaşma" en üst merhaledir, dünya yaşamında ulaşılacak en son anlayış ve idrak boyutudur. Ruh, tekrar doğuşlarla ulaştığı hatırlamaların etkisiyle, bir daha dünyaya doğmamak üzere yolculuğuna başka boyutlarda ve Âlemlerde devam etmesi anlamındadır. Eğer dünyaya bir daha gelmek gerekirse bir âlim, ermiş ya da yol gösterici olarak bedenleneceği manasını taşır. Nirvana'ya ulaşmak ise, tekrar doğuşlarla mümkün olabileceği gibi, en son hayatta da bir hayat için dinde edinilen tekrar doğuşların manasının hatırlanması sonucunda da olabilmektedir. Hristiyanlıkta "Melekûta girecek olanlar" diye bahseder. Melekût, Tanrının Bahçesi, yani Tanrının Hükümranlığıdır.

*Bu sözlerin yorumunu bulan ölümü tatmayacak. Fakat Melekût hem içinizdedir ve hem dışınızdadır. Kendi kendinizi bilince, o zaman bilineceksiniz! Ve siz, Diri Baba'nın oğulları olduğunuzu bileceksiniz. Lakin kendinizi bilmezseniz, o zaman fakirliktesiniz (yoksulluktasınız) ve bu yoksulluk, sizsiniz! / **Hz. İsa, Thomas İncili***

Burada diri babanın oğulları manası, bize emanet olarak üflenen ruhun bizde olduğu manasını taşır. Çevrim olarak çeşitli manalar ilave edilip, yanlış anlaşılmalara maruz kalmıştır. Ruhundan üflemek manası çok derin bir manadır, asla doğurmamış olan bir Allah'ın oğlu olamaz. "bileceksiniz" emir kipi olarak belirtilen kelime ise, hatırlayacaksınız manasını taşır. Ancak kalben buna iman etmenin üzerinde bir sırrı nur anlayışı ile ulaşabilen ve çağrıyı duyabilenler Melekûta erişebileceklerdir.

Hz. Muhammed'in bahsettiği, **"Melekût Âlemine yükselmek"** olayı gerçekleştiğinde, varlığın bedenli ya da bedensiz ayrımı da kalkacak, ayrıca Zahir ve Bâtın ikileminde olmayacaktır. Her iki cihan da tek bir cihan yani Melekût Âlemi olacaktır. Artık her şey Melekût Âlemi olacaktır. Bir ayrım olmayacaktır varlık için. Ayrıca "yükselme" kelime manası sadece düşünen insanlar için söylenen bir manadır. Oysa ortada yükselme ya da çıkma, tırmanma gibi ifadesini içermez. Bizatihi yükselme ya da kendine çekme arasında bir fark yoktur. Varlık bir yere doğru yolculuk hâlinde olmayacaktır. Yükselme ya da düşme hâli olmayacaktır. Ancak gönlünde ve aklında "ulaşma için dilenene" karşılık yapılan çağrıyı duyabilecek melekeleri gelişecek ve nuru gönül gözüyle idrak edebilecektir. O zaman her iki cihan onun için tek bir cihan olacaktır.

Mistik yolla aranan **"Ulaşma"** yolu, yani **sırat-ı mustakim**, herkesin kendi edineceği bir yoldu. Bu yolun bir şifresi, bir sırrı, bir anahtarı yoktu. Herkes bizatihi kendisi anahtarı, şifreyi ve kapıyı bulmakla mükellefti. Zamanın insanları hidayete ermek için kendi başlarına yol bulmaya gönüllü olmuşlardır. Ancak bu zamanda, yeniçağda ancak ve ancak "biz" olarak bu yola erebileceğiz. Tek tek değil, bütünsel bir şuur ya da belli bir sayıdaki ortak alan şuuru ile gerçekleşebilecek bir durumdur. Herkesin yolu ayrıdır ama tüm yollar ulaşmak içindir. Hangi yol diye soranlara verilecek en doğru cevap, herkesin kendi yolu olmalıdır. Kendi yolunu bulan, kalbinden dileyen, iman üstü bir idrak ile dileyen, çağrıyı duyabilenler ancak hidayete ulaşacaklardır. Benim yolum, senin yolun ayrıdır ve bu toplamda hepimizin, yani bizim yolumuzu oluşturacaktır.

Şifre, anahtar bellidir, herkes yürekten iman üstü dileği ile ulaşacaktır. Herkes ayrıdır, herkesin şuuru, aklı bir değildir, kalbi aynı değildir, herkesin zihninde bir Tanrı şekli vardır ve neye ulaştığından ancak kendi sorumludur. O inandığı ve zihninde yüreğinde yarattığı Tanrı, ulaşmaya ne kadar uygunsa o oranda yolu bulacak ve anahtarı keşfedebilecektir.

Büyük bir çoğunluk hatırlamama yolundadır. Boş şeylerle gününü geçirmekte ve ne olduğundan habersiz yaşamakta yani uykuda kalmayı tercih etmektedirler. Oysaki hatırlama için sadece dilemek gerekir. Kalben ve yürekten.

Şimdiye kadar gelen her türlü mesaj, hidayete erme yolunu göstermiştir. Tüm Peygamberler, Veliler ve kitaplar, kutsal sözler, hidayete erme yani hatırlamanın insana özgü olduğunu ve herkesin tek tek bunu yapabilmesi olanağını sunmuştur. Ancak insanoğlu, hala insanoğlu olarak kalmayı tercih etmekte ve uykunun nahoş ve dünyanın sarhoş eden hâlet-i ruhiyesinden memnun mesut yaşamaktadır. Midesini dolduranın zihnini de ancak midesi kadar olan işler meşgul edebilecektir. Yarı aç olanların zihinleri daima "neyi hatırlayacağını" bilme ile meşgul olacaktır. *"Sofradan yarı aç kalkınız"* demiştir Hz. Muhammed. Çünkü midesi ile meşgul olan neyi hatırlayacağını asla bilmez. O kişiye Velilerin kürklerini de giydirseniz hatta yuttursanız da fayda vermeyecektir. Çünkü boş yeri yoktur.

Zihni boş bırakmak çok önemlidir. Dolu bir mide ile boş bir zihin mümkün değildir. Her şey makul olmalı ve gerektiği kadar oluşturulmalıdır. Firavunluk ve deccaliyet noktası ise, kendini bilme yolunda edinilen bilgilere sıkı sıkı tutunma ve o bilginin enaniyetini yani egosunu şişirmesiyle, ağırlaştırmasıyla ve üzerine dünya tesirlerini de yüklemesi sonucunda ağırlaşması, ruhi bakımdan şişman boyutuna gelmesi ile oluşmuştur. Onlar Araf'ta kalanlardır. Ne ileri gidebilirler ne de geri.

İnsanın şerefli ve en üstün yaratılma olduğunun Bektaşi Aleviliğindeki yeri ve önemine dönelim.

Yakînlık, Bektaşi Aleviliğinde, Rabb ile insan arasında, Hakk ile halk arasındaki yakînlığın sembolü olarak kabul edilir.

Yerlere göklere sığmayan ancak insan gönlüne sığan, Bektaşi Aleviliğinde, insan gönlünde makam tutan Tanrı düşüncesi vardır.

Bektaşi Aleviliğinde, yaşama, bilgi, duyma, görme, irade, kudret, söz söyleme, yaratma gibi sekiz Tanrısal sıfatının insanda görülmesi Sıfatı subutiyye olarak bilinir. Bu sıfatların meydana vurulacağı ortam Evren, Evrenin özü olan Âdem yani İnsandır. Âlem bir ağaçtır, Âdem meyvesi de Âdemin yediği yani sübut olduğu meydana çıktığı yerdir.

Âdem Âlemin aslıdır, özüdür. Âdemin ruhu Âlem ağacının tohumu ve şahsı da o ağacın meyvesidir.

Kendini bilen, nefisini bilendir. Çünkü nefs insanı Yaradan'dan ayıran bir özelliktir. Çünkü insan nefs sahibi olduğu sürece "ben"dir. Nefsini bildiğinde Rabbini bilir ki aradaki "ben" ifadesi, nefsi tanımak ile bertaraf edilir. Artık "ben" kavramı anlamını yitirmiş, ben olmadan ben anlamına erişmiş ve ulaştığı nokta ise olgun insan kâmil insan olmuştur. Yani nasip olarak aldığı ruha erişmiştir. Daha önceki konularda bundan uzun olarak bahsetmiştim. Ruhundan üfürme meselesi, Yaradan'ın İnsan'a üfürdüğü emanet ruh yani nasip aldığıdır. O nasip alınandan da nasip alınması insanoğluna has bir özelliktir. İnsan ruhu, Tanrı ruhudur.

Bektaşi Aleviliğinde, Tanrının insan şekline benzediği inancı vardır. Çünkü kendi suretinde yarattığı ayeti üzerine, Hz. Muhammed'in Miraçta Rabbini genç bir delikanlı suretinde gördüğü hadisi ile birbirini tamamlamaktadır. Başka bir manada da kendi suretinde yaratması, ölümsüz ve sonsuzluğun ifadesidir. Çünkü suret anlamı, varlığın kendisi ile Zahir olduğu nesnedir. Suret demek zuhur etmek, meydana çıkmaktır.

HACI BEKTAŞ VELİ "MAKALAT"

Bektaşi Aleviliğinde, *İnsan benim sırrımdır, ben onun sırrıyım* anlayışı hâkimdir. Yaratılışın sırrı, İlahîlikten kopmuş bir parça değil, bizzat en güzel şekilde yaratılmış, varlıkların ortak alanı hâline getirilmiş bir Yaratılan eksiksiz Tamlıktır. Âlem henüz daha su gibi şeffaf iken Âdem onu cilalamış ve ayna hâline getirmiştir. Arkasına sürdüğü sırrın kıvamı çok güçlüdür ki Âlem aynası aynen yansıtmaktadır Tanrısal İlahî Nuru. Hakk bize aynadır biz de Hakk'a ayna.

Âdemin özünü(gönlünü) Medine toprağından yarattı. Başını, Beytül mukaddes toprağından yarattı. Kulağını Tur toprağından yarattı. Burnunu Dımışık (Şam) toprağından yarattı. Sakalını Uçmak, alnını Medine'nin Mağribinden yana toprağından yarattı. Ağzını Medine'nin Maşrıktan yana toprağından yarattı. Dilini, Buhara toprağından yarattı. Dudaklarını Berberiye toprağından yarattı. Dişlerini Harzem toprağından yarattı. Boynunu Çin mülkü toprağından yarattı. Kollarını Yemen Tayif toprağından yarattı. Sağ elini Mısır, sol elini Pers toprağından yarattı. Tırnaklarını Hıtay toprağından yarattı. Parmaklarını Sitan, göğsünü Irak, arkasını Hemedan, zekerini (cinsel organını) Hindistan, uyluklarını Türkistan, hayalarını Konstantiniye (İstanbul) toprağından yarattı. Dizlerini Kırım, inciklerini Antalus toprağından yarattı. **Hacı Bektaş Veli kıymetli eseri, Makalat Kitabı'ndan**

IŞIK ERİ HÜNKÂR HACI BEKTAŞ

Bektaşi Aleviliğine Mansur Etkisi

Bektaşiler için, "Ene'l Hakk" diyen Hallac-ı Mansur çok önemli bir Kâmil İnsandır. Ene'l Hakk ilkesi için yaşamını feda etmekten çekinmeyen Mansur'a Bektaşiler borçlarını, törenlerin yapıldığı salonun tam ortasında bulunan bölüme **"Dar-ı Mansur"** adını vererek ödemeye çalışmışlardır.

Dar, Farsça ağaç anlamındadır. Terim olarak Hallac-ı Mansur'un asıldığı direk anlamında Dar Ağacını temsilen kullanılır. Tasavvufta, Bektaşilik ıstılahları arasında geçer.

Muhibbin can feda etmek üzere meydanda ikrar verdiği yerin adıdır. Meydanın tam orta yerine **Dar** denir.

Hak durağıdır kalbi Hallac-ı Mansur'un.

İnsan hiçbir zaman gerçekliğin, hakikatin özüne ulaşamaz. Ancak bedenden, ten kafesinden kurtularak ulaşabilir ya da ölmeden ölerek. Ölümdeki yaşamda ya da yaşamdaki ölümde ulaşmak mümkündür.

Hakikat, Âdem evreninin, sırrıdır ve sonsuz bohçalar içerisinde saklıdır. Ancak kokusu gül kokusudur ve ona ancak o kokuyu takip ederek ulaşabilir. Bülbül olan gönül kuşu ten kafesinde şakır ve gülün kokusuna hasrettir, ne zaman ona kavuşacağını sanır ve sarılır, gülün dikeni kalbine saplanır, kanı toprağa akar, ruhu kanatsız gülün kokusunu takip eder, Âşka uçar, kavuşur hakikat bilgisine.

Mansur, Darı öper ve yaşamdaki ölümü yaşayarak ancak hakikatine kavuşacağını bilir. Dar Ağacına çekilirken, hakikat bilgisine kavuşacağını bilir.

Yanar Âşkın ateşiyle Mansur, küle döner her zerresi, rüzgâr alır götürür küllerini, tüm dünyaya dağılır, toprağa karışır, toprak besler insanı, her kül zerresinden yeniden doğar, yeniden doğar Mansur. Âşkın dönüşümüdür.

"Tasavvuf nedir Mansur?" diye sorar Şibli.

Hallac-ı Mansur yine normal ses tonu ile "En aşağı mertebe işte gördüğün bu manzaradır".

"Peki ya sonrası" diye sorar Şibli.

Hallac-ı Mansur cevap verir "Senin için ona yol yoktur". **(Ene'l Hakk Gizli Öğretisi, Kevser Yeşiltaş, 2018 tarihli yeni edisyon.)**

Dar Hakk'ın dîvânıdır, kutsal bir meclistir. Ölümüne sevginin, ölümüne Âşkın, ölümüne ikrarın ve kavuşmanın divanıdır Dar. Herkes Dara çekilemez. Sırları açığa vuran ve lif lif

BEKTAŞİ ALEVİLİĞİNE MANSUR ETKİSİ

rüzgâra savuran, çöpünü samandan ayıran, sevgiliye kavuşmak için ikrarından vazgeçmeyen kişi ancak Dara çekilir. Erenlerin meydanıdır Dar Meydanı. Öyle kolay değildir oraya çıkmak. Hallac-ı Mansur Dar Ağacını öper ve ayağını merdivene koyar.

Hallac-ı Mansur'un Bektaşiliğe katkısı, **"karşıtlar"** kavramı üzerine olmuştur.

Görünende teklik ancak karşıtı ile anlaşılabilir. Bu yüzden Âdem teklikten, ikiliğe çıkar, eşi oluşur. Oysa ki ikilik birliktir. İkisi de birdir, ikisi de ilahîdir, ikisi de vahdaniyettir.

Ancak karşıtı ile diğerinin manası ortaya çıkacağından dolayı birden iki olur.

Her şeyin Bâtında olanı ile Zahirde olanı karşıt kavram olarak nitelendirilir. Ancak Zahirde olanın da anlaşılabilmesi için karşıtı gereklidir. Bu toplamda üçü meydana getirir.

Bâtının yansıması olan Zahir karşıt kavram olarak ele alınır. Oysa Zahirde meydana gelenin de karşıtı olmalı ki kendini bütünüyle ifade edebilsin. Ancak Zahirde yani görünende karşıt kavramı aslında yoktur. Bu tamamen bizim beynimizin ürettiği, anlamamız için en önemli olan nedendir. Beynimiz karşıtı yani zıttı ile daim olduğu ve daha iyi kavrayabildiği için, böyle nitelendirilir. Oysa karşıtlar da birliği oluşturur. Birlik de Zahirde iken Bâtınî ile karşıtı oluşturur ve onlar da birliktir. Hepsi farklıdır çeşitlidir ancak birdirler. Bâtındaki Nurun Zahirde ışık olarak görülmesi ve ışığın yedi renge ayrılması gibi.

Tüm görünen ve görünmeyen bir bütündür, hiçbir şey yok olmadığı gibi hiçbir şey de yoktan ortaya çıkmaz. Yoktan var eden sadece Mutlaktır ve geri kalan yaratım işlemi de varlıklarına aittir.

Her firavunun Musa'sı, her şerrin karşısında bir Nur vardır. "Musa'nın Firavunu, Âdemin İblisi, benim de Abbas'ım var"; İblis "Secde etseydim, adımı yitirir, görevimi kaybederdim"; Firavun "Musa'ya inansaydım, onurlu ve yüce katımdan aşağı inerdim"; Abbas "Hallac'ı öldürtmeseydim, onurlu ve yüce mevkîmde güvenilirliğimi yitirirdim" demiştir.

Karşıtlar yani zıtlar, Seni Sen yapandır. Eğer İblis secde etseydi adını yitirirdi, görevini Kaybederdi. İşte o zaman Âdem, Âdem olmazdı. Firavun Musa'ya inansaydı onurlu ve yüce katından aşağı inerdi işte o zaman Musa, Musa olmazdı. Abbas Hallac'ı öldürtmeseydi onurlu ve yüce mevkiinde güvenirliliğini ve adını kaybederdi, işte o zaman Mansur, Mansur olmaz bunca sene anılmazdı.

Dikkat edilirse, tüm sözlerde şu vardır "görev". İblis, Abbas, Firavunun görevlerini icra ettikleri önemle vurgulanır. Bu onların özlerindeki görevdir. Asılları budur. Bir iradedir. Eğer bu irade olmasaydı ve bu onların asli görevleri olmasaydı, Her şeyi Ol ile yaratan onları da bir Ol ile yok edebilirdi. Yok edilmedikleri ve kendilerine müsaade edildiği süre verildiği müddetçe de görevlerini icra ettiler. Onların karşıtlığı, Sevgiyi doğurdu.

Allah katında salihlerden bir salih olan Hz. Hıdır da Musa'ya "senin benimle yürümeye gücün yetmez" demiştir. Ve Hz. Hıdır bir çocuk öldürmüştür, bir gemi batırmıştır, fakat bir duvar örmüştür. Bunların hepsinin tek bir açıklaması varır. Sevgi. Meydana gelişteki olumsuzluk, negatiflik, Bâtında Sevginin açığa vurumudur. Bunu ancak çok üstün idrakliler anlayabilir. Bu yüzden Allah Nebisinden daha üstün bir idrake ve anlayışa sahip olan kendisine ilim öğretilen Hz. Hıdır dünya yöneticisi ve beşlerden biridir. Sevgi ile hareket etmektedir.

BEKTAŞİ ALEVİLİĞİNE MANSUR ETKİSİ

Çünkü "ben kendime göre hareket etmiyorum" lafı, kendi iradesi ile değil, kendi iradesinin Sevgi'de erimiş hâlinin sembolüdür. İradenin Sevgi'de erimesi, her şeyi bir ve bütün görmek, ezeli ve ebedi bir görmek, üstün bir liyâkat ve üstün bir ilim gerektiğinin açıkça belirtisidir.

IŞIK ERİ HÜNKÂR HACI BEKTAŞ

Bektaşilikte "Sayılar"

Bilgi vardır, varlık bilgidir fakat bilgi varlık değildir. Varlık arınma sonrası, algılama ve idrak boyutuna ulaşır. Ulaşma bitiş nihaî sonuç değildir, her daim başlangıçtır. Varlığın yörüngesi her tur döndüğünde anlama ulaşır, bilgi ile açar idrak ile kapatır ve sonsuz dönüş yine O'nadır. Tüm dönüşlerin O'na olduğu gibi.

Bâtın olan, gizli olan, görünmeyen, her rakamın ondan oluştuğu ancak onun sayısal değerinin hiç olan Zero, yani Sıfır. Sıfır noktası, görünmeyende hiçliktir. O'nun temsilidir.

Bir, sıfırdan yansıyan ve görünen Âleme vücud olan tekliğin yansımasıdır. Bir tek bir yansımadır. Bir olarak, tek olarak yansır. Vahidiyetin simgesidir. Tektir, bütündür ve en büyük olandır.

İki, bir olarak yansımanın anlaşılması için birden yansıyan tersidir. Birin anlaşılması için ters olan noktası iki olarak var olur. Düalitedir ve İlahî İrade Yasalarının mana bulduğu, oluş olduğu durumdur.

Üç, görünmeyenin yansıması birin, mana olarak ifade etmesi için yansıyan ikiliğin anlaşılır olması ve ortanın ifade edilmesi için olanıdır. Üçtür, birin ve ikinin manasının ifade edilir olması üçün temsilidir. Görünen ve görünmeyen arasındaki köprüdür üç. Baş ve sonun ortasıdır, iyi ve kötünün ortasıdır, beyaz ve siyahın ortasıdır. Var ile yokun ortasıdır. Yaşam ve ölümün ortasıdır.

Dört güçtür, temeldir sağlamlıktır. Oluşumun ifadesidir. Görünen Âlemin gücünü kudretini temsil eder. Birden ikiyeve onların yansıması dörttür. Bir ve iki gücü, yansıması ise dört temelin sağlamlığının ifadesidir. Âlemlerin özü olan Âdem kâinatının yani görünür olan yansımanın düzenini temsil eder. Düzenin rakamıdır. Düzenin varlığının temsilidir.

Beş ise, oluşumun görünürdeki yansımasıdır. Gücün bir ile birleşmesidir. Güç ve kudretin birleşiminden insanın oluşumudur.

Altı insandan yansıyan görünen Âlemin çokluk olarak görünmesidir. Ve altı görünen ve görünmeyen Âlemlerin manasıdır, ifadesidir. Asıl kaynak Nurun yansıması ve görünür Âlemdeki kabalaşmış hâlidir. Hiyerarşinin temelidir. Zamanın ortaya çıkışı, mekânın oluşu, zaman ve mekânda oluşan insanoğlunun yaşayışının temsilidir.

Yedi, hiyerarşideki yay kirişinin katları, katmanlarıdır. Yedi katmanlardır. İnsanın katmanları, dünyanın katmanları, Âlemin katmanları olarak sıralanır.

Sekiz ulaşılması gereken güllük yeridir. Sekiz katmanlardan sonra hissedilecek en mükemmel formdur. Rabbe yüzünün dönük olma hâlinin bir önceki durumudur. Sekiz ulaşılacak, maddesel Âlemdeki en ince formlardan biridir. Çünkü katmanların dışına çıkma, madde evreninin üzerine ulaşma, Âdem boyutunun, gölgenin en kısa kalınan, Nur ışığının görünme evresidir.

Dokuz tamamlanma öncesi arınma devresidir. İşte bu evrede insan artık biçimler levhası, Levh-i Mahfuz'un manasını kavramıştır. Dokuzda tamlık ve bütünlük oluşma evresidir. En kaygan zemindir, rikkat devridir. Çünkü yansımanın dış çeperinin merkezine en yakîn durumdur. Düşünce, şuur, idrak ve mana, kavramların dışına çıkma, görünenin ardındaki görünmeyenin hissedilmesi, Nurun hissedilmesi, kanatsız yok oluş, hiçlik durumudur.

On tamamlanmadır. Başlangıç, bir tur dönme, yörüngenin bütünlenmesi ve tamamlanmadır. İnsan kendi çapında, döngüyü tamamlayamadığı sürece, tamamlanamayacaktır. Tamamlanma ise bir tur dönüştür ve Âdem kâinatının merkezine ulaşmadır. On hem başlangıç hem sondur. Orada hem heplik, hem hiçlik kavramı mevcuttur. En kutsal olan dönüşümün, tamamlanmanın, Rabbe ulaşmanın, kendini ve Rabbin tanınması durumudur. Tamlıktır, olgunluktur, hiç bitmeyecek sonsuzluktaki diriliğin duraklarından biridir. Algılama ve anlayışın tamamlanmasıdır.

Kâinatta her makro varlık kendi etrafında, çekim alanında olduğunun etrafında ve en büyük çekim alanının olduğu, bağlı bulunduğu varlık etrafında döner.

Kâinatta her mikro varlık (atom ve atom altı partiküller) çekirdek etrafında dönerler ve kendi etraflarında dönerler. İnsanın da bir yörüngesi vardır ancak bunu gözle göremez.

Her insanın yay genişliğinde bir yörüngesi vardır, tam tur döner, döngüyü tamamladığında, yine başa döner ve yine döner. Her dönüş bir farkındalık sıçraması yaratır.

Her insan, çekim alanına dâhil olduğu güçlü çekim alanın etrafında döner.

Ve dâhil olduğu dünya ile birlikte dünyanın etrafında, güneşin etrafında ve galaksinin etrafında döner.

Önemli olan husus, insanın çekim alanına girdiği "şey"lerdir.

O şeyler Zahiri ben ise, dünyasal madde çekim alanındadır.

Ve tüm dönüşü, Zahiri ben odaklıdır. Zahiri ben odaklanmasından özgürleştiği ve ruhsal ile maddesel ortaklaşa alanı dengelediği sürece ise, Zahiri ben kontrol edilir Gerçek Ben'in ışığı fark edilir.

Gerçek Ben'e dönüş ise o kişinin İnsan-ı Kâmil olduğu durumu gösterir. Bu ulaşılacak insani boyuttaki en zengin, en ulvi, en Rabbi'ne yakın olduğu durumdur.

Sonunda tüm dönüşler O'nadır.

Her sayının kendi içinde sonsuzluğu mevcuttur.

Kırk ise, madde Âleminin gücü ile tamamlanma sayısının çarpışı on olanın elde edilmesidir. Sonsuz aşamalardan geçen, kırklara karışan, kırkı bütünleyen insan O'na döner, yani Âdem olur, Âdemi kâinattır. Kâinatın sırrını çözmüştür. Yüzü Rabbine dönmüştür ve Nuru yüreği ile görmüştür.

Ok merkeze ulaşmıştır. Arkasında kirişi bırakarak. Bunu yaşayanlar, dünya üzerine gelen ermişler, Peygamberler, ululardır. Âşkı arayıp, daha sonra ona ulaşanlardır.

Sıfırdan ona kadar olan sayıların sonsuz yansımasının kırk ile sonlandırılması Bektaşilikte kapılar olarak yorumlanır. Her

BEKTAŞİLİKTE "SAYILAR"

kapının iki yönü mevcuttur. Görünen ve görünmeyen, anlaşılan ve anlaşılmayan tarafı. Bazıları her ikisine de vakıf olur, bazıları birine, bazıları da arada kalır, arafta kaybolur, manalar ve kavramlar denizinde boğulur. Eş koşanlar, şirk koşanlar, küfrde olanlar manalar denizinde boğulanlardır.

IŞIK ERİ HÜNKÂR HACI BEKTAŞ

Bektaşilikte "Semboller"

Hacı Bektaş Veli öğretisinde, Aslan, Boğa, Ceylan, Güvercin ve bazı hayvan sembollerinin neden önemli olduğunu ve bu sembollerin geçmiş tarihlerde, kadim uygarlıklarda ve mitolojide ne gibi öneme sahip olduklarını inceleyelim.

Hayvan Sembolleri Açılımları

Torların ülkesi, boğaların ve yüksek yerlerin ülkesi; ışıkların ülkesi olarak bilinen yerdir Anadolu. Çatalhöyük'ten güneye bakınca, adını kutsal boğadan alan Toros Dağları'nın gözlenebilmesinin; eski uygarlıkların yüksek yer tutkusu ve yüksek yerlere kutsal merkezler inşa etmelerinin, vahiy sisteminin yüksek dağlarda vuku bulmasının ve Şanlıurfa Göbekli Tepe'de 12 bin yıl önce elle yapılmış olan tepenin Anadolu topraklarında olmasının bir anlamı olmalıdır.

Taurus dağları yani Boğa Dağları (Binboğa Dağları da deniliyor), Akdeniz bölgesini baştanbaşa Hatay, Antakya ve Suriye'ye kadar uzanan dağlardır.

Boğa yeniden doğuşu, yeniden başlangıcı simgelemiş çağlar boyu. Bu dağlara boğa ismi verilmesi de tesadüf olmasa gerek. Çünkü dünya coğrafyasında, tekrar doğuşa inanılan ve en çok tekrar doğuş vakalarının görüldüğü yerlerdir bu bölge.

MÖ 4500 yıl önce evcilleşen boğa ya da öküz, Anadolu ve Mezopotamya çevresinde, güç ve üreme, toprak ve tarım üzerinde etkili olmuştur.

Aynı zamanda boğa, Mısır'da kutsal kabul edilmiştir ve boğaların Tanrısı Apis, Tanrıça İsis'i temsil etmiştir. Boynuzları arasında bir güneş ve bir ay diski taşıyan Apis, ölüm ve yeniden doğum tanrısı olarak da kabul edilir.

Aslanın boğayı ısırma figürü Diyarbakır Ulu cami girişinde de yer almaktadır.

Mezopotamya'da Ay Tanrısı Sin'e boğa biçimi verilmiş, Mısır'da da Ay Tanrıçası "yıldızların boğası" olarak kabul edilmiştir.

Yaklaşık olarak 6500 yıl önce evcilleştirildiği sanılan boğa ya da öküz, Anadolu ve yakîn çevresinde güç ve üremenin yanı sıra, toprağın sürülmesi ve tarımsal üretim üzerindeki etkin rolü nedeniyle de saygı görmüştür.

Boğa kültü MÖ 2700-2000 yıllarında başta Girit olmak üzere Kıbrıs, Sardunya Adası ve Malta Adalar'ında da oldukça yaygındı. Bugün bile Malta'da, kötülükleri uzak tutmak için, Anadolu'nun pek çok yerinde de önümüze çıktığı gibi, ev duvarlarının yüksek noktalarına boğa başları, boynuzları asmaktadırlar.

Boğa simgesi aslında yeniden doğmanın simgesidir. Çünkü gücü verimi ve kuvveti temsil ettiği için bahar aylarına denk gelen süreçte boğa burcunun denk gelmesi de bilinçli olarak kullanılmasından dolayıdır.

Hitit başkenti Hattuşaş'taki Yazılıkaya Tapınağı'nın ana sahnesinde gösterilen tanrıların önemi, üçgen biçimli şapkaların dış kenarlarına yerleştirilmiş boğa boynuzlarıyla belirtilmeye çalışılmıştır. Örneğin, Hattuşaş kentinin gök tanrısının şapkasının ön dış kenarında 6 boynuz varken, Hitit ülkesinin en büyük gök tanrısı Teşup'un şapkasının ön ve arka kenarlarında toplam 12 boynuz bulunmaktadır. Yunan mitolojisinde, ölümlü bir güzel kıza Âşık olan Zeus, boğa şeklini alır.

Hala nereden geldikleri tam olarak bilinemeyen ve on dokuzuncu yüzyıla kadar keşfedilmeyen çok tanrılı uygarlık Hititlerde boğa, en büyük Tanrı Gök Tanrısıydı. Yeniden yaşama gelmeyi simgeliyordu. Tanrı sembolü olarak kullanılması ve boynuzlarının birçok simgelerde yer alması, boynuz kulplu yöresel kap, evrenin simgesini taşıyordu.

Antakya mozaik müzesinde bulunan lâhitlerde de simetri şeklinde boğa başları kullanılmıştır.

Taurus yani boğa takımyıldızı, kuzey yarımkürede ve kışın gökyüzünde görülmektedir. Kışın diye özellikle belirttim çünkü eğer Mu ve Atlantis döneminde yaz aylarında görülen bu takım yıldız, kutupların yer değiştirmesi sonucu şimdi kışın görülmektedir. Bu takımyıldızının en parlak yıldızı Aldebaran'dır ve Arapça kökenli bir kelimedir. Takip eden anlamındadır. Takip ettiği ve ters ters bakan gözünü ifade eden Aldebaran yıldızı,

Orion takımyıldızına bakmaktadır. Fakat Pleiades yedili yıldızı da takip ettiği için takip eden anlamı kullanılmıştır.

Boğa takımyıldızının kuzeydoğusunda kalan Pleiades kümesi yedi adet yıldızdan oluşur ve ismi yedi kız kardeşler ya da yedi Kandilli Süreyya'dır.

Babil astronomisinde Taurus yani boğa takımyıldızı, Cennetin boğası ya da göklerin boğası olarak bilinmekteydi.

Fransa'da bir mağarada, boğalar salonu delinen bir mağara resminde, Pleiades yani yedili sistem de yer almaktadır. Ve mağaranın tarihi MÖ 15.000'lere kadar dayanmaktadır.

Boğa takımyıldızının ve yedili sistem yıldızlarının bakır çağında yoğunlukla kullanıldığını da belirtmekteler. Bakır çağı MÖ beş binlere dayanmaktadır.

Peki boğa neden bu kadar önemliydi, neden mağaralara çizildi, lâhitlerin üzerine kabartma yapıldı, resmedildi?

İncelediğim eski uygarlıklara ait çizim, resim, heykel ve lâhit, simgesel semboller, hep simetri şeklindeydi. Peki bu insanlar simetri ile ne anlatmak istediler. Görünen ve görünmeyen evrenin ikiz olduğunu mu anlatmaya çalıştılar.

Gördüğümüz evrenin dışında bir de görünmeyen evrenin de işlediğinden ve bunların ayrılmaz bir bütün olduğundan mı söz ettiler şifrelerinde? Simgelediler ve çağlar boyunca, binlerce yıl boyunca gözümüzün önünde durdular da biz bunları neden anlayamadık?

Boğa'nın simgeselliğini hemen hemen tüm kültürlerde görmekteyiz. Yeniden doğuşun, doğurganlığın, yaşamın ve göklerin simgesi olarak karşımıza çıkmaktaydı. Takımyıldızı ile de bir bağlantısı olabileceğini hatta köklerimizin belki de bu takımyıldızından geldiğini, ya da Nuh tufanında DNA

BEKTAŞİLİKTE "SEMBOLLER"

örneklerimizin bu takımyıldızında saklandığı ve daha sonra da dünyaya tohumların ekildiğini de düşünebilir miyiz? Ve üstü kapalı simgesel olarak boğa figürleri her zaman yeniden dünyaya gelişi, yeniden doğuşu anlatmaya çalıştı üstü kapalı, örtülü ve bürünen şekilde.

Çok şey biliyorlardı fakat bunu ifade etmek için sembol dilini kullandılar, kendimiz bulalım ve keşfedelim diye deliller ve ipuçları bıraktılar. Kim bilir belki de bildiklerinin tam açıklanmasını istemediler. Çünkü bilgi öyle hemen öğrenilecek türden değildi ve bizim zamanımızda, onların değerli bilgilerinin heba olup gideceğini düşünmüş de olabilirler.

Boğa sembolünü incelemeye başladığımda yüzlerce veriye rastladım. Akdeniz bölgesinde dağların ismi, uygarlık amblemi, Mısır"da ve birçok uygarlıkta tanrı ilah ismi ve simgesi, birçok lâhit ve kutsal mekânlarda kabartma. Ve kutsal bir sürenin ismi. Hala tesadüf olabilir mi? Yeniden doğuşun, ölüp tekrar dirilmenin simgesi olarak da kullanılması şaşırtıcı olmadı benim için.

Boğa kutsal bir hayvandır ve Kur'an-ı Kerim'de bir surenin isim manasını içerir. Büyükbaş hayvan anlamına gelen (Sığır, boğa, öküz) Bakara Suresi'dir.

Muhakkak ki O buyuruyor ki, o mutlaka görenlerin hoşuna gidecek parlak sarı renkte bir inektir. **(Kur'an-ı Kerim, Bakara Suresi, 69. Ayet)**

Sığırın, ineğin nitelikleri, Kur'an da açıkça belirtilmiş, insanın içini açan sapsarı rengi ve çift sürülmemiş el değmemiş, boyunduruk altına girmemiş olmalı.

IŞIK ERİ HÜNKÂR HACI BEKTAŞ

İçini açan sarı demek parlak ve göz alıcı sarı anlamında olabilir. Ve parlak sarı renk, ruhsallığa en yakîn anlamındadır. Maddesel ortamda, ruhsallığın en zirve Noktası, yani en kaba maddenin içerisinde, ruhsal ışığın en yüksek Noktası, zirvesi anlamındadır. Ruhun enerjisinin en zirve Noktasının, maddesel ortamda yansıtılması anlamında.

Torların ülkesi, yüksek yerlerin ülkesi, ışıkların ülkesi, boğaların ülkesi; Anadolu. Oğuz, öğüz, öküz: güçlü, dev boynuzlu manasına gelmektedir. Arapçada ise, Zulkarneyn; çift boynuzlu manasına gelmektedir.

Oğuz bir unvandır, makamdır, tor inancının ifadesidir, ölüm ve dönüşümün ifadesidir, tor yüksek yerler yüksek makamlar inancının ifadesidir, ışık ülkesinin, ruhsal enerjinin, yüce Yaradan'ın ışığının, yüksek makamının ifadesidir. Oğuz boyları ve oğuz soyu, bu inancı taşıyanlardan doğanların ve süre gelenlerin ifadesidir.

Oğuz Kağan; kendi döneminde, başına giydiği, boynuzları olan başlıkları ile ünlüdür. Toros dağlarının adı tur ozdan gelir. Oz/oguz öküz (boğa) demektir ve Toros dağlarının diğer adı Binboğa Dağları'dır. (tarih kitapları)

Mitolojide erkek kahramanların başında boğa boynuzu vardır. İngiltere'de savaşçı İskoçların, Vikinglerin başında da boğa boynuzu vardır. Dünyanın yuvarlak olduğu bilinmediği devirlerde "dünya öküzün boynuzları üzerindedir" denirdi! Aslında dünyanın yuvarlak olmadığı anlamında kullanılmamıştır. Çok ezoterik bir mana içerir. Öküzün boynuzları arasında olması dünyanın, öküzün çekim alanında olduğu anlamını taşımaktadır. Tekrar doğuşun, yenilenmenin dünyası anlamına gelmektedir. Öküzün boynuzları arasındaki dünya, tekrar doğuşun, yenilenmenin, oz yani manyetik çekimin, ruhsal çekimin, ruhsal gücün, tanrısal gücün, ruh enerjisinin, Kevser Plânının ve tüm yüce Yaradan enerjisinin etkisi anlamına gelir. Fakat bazı zihniyetler dünyanın yuvarlak olduğu ya da olmadığı ile karıştırmışlardır. Öküz hareket edince deprem olur manası ile kafa karıştırmışlardır. Oysaki öküz boynuzu ile dünya yuvarlaklığı arasında bir bağ yoktur. Dünya zaten yuvarlaktır, öküzün boynuzları altında olmak başka bir manaya gelmektedir, daha derin, daha içsel, daha ezoterik ve daha gizli ilimleri içerir.

Oğuz/oz inanışı bilinen en eski inanıştır, tüm doğayı kucaklar ve sonraki tüm inanışlara zemin olmuştur.

Oz, bilimsel bir terim olarak da kullanılır. Magnetik ağırlık anlamındadır. Magnetik yani mıknatıs, manyetik alan anlamına gelir.

Oz değeri, manyetik çekim gücü anlamındadır. Etki etme gücü anlamındadır.

Dağlara çıkarak tapınmalar Anadolu'da M.Ö. On binlere rastlar, Şanlıurfa Göbekli Tepe'deki kazılardan bunu görmek mümkündür. Kutsal yerlerin dağlara inşaası, semavi dinlerin dağlarda vahiy yoluyla alınması, insanların yazın dağlara çıkması da bunun göstergesidir.

İnsanoğlunda hep yükseğe çıkma kaygısı vardır, inancı vardır. Mayalar, Aztekler, İnkalar, Eski Mısır, Rodos, Babil de bunları görmek mümkündür, yüksek yapılar, dağı andıran tepe misali yapılar yer almıştır.

Göklerde ne aranmıştır? Anadolu'ya neden torların, boğaların, ışıkların ve yüksek yerlerin ülkesi denmiştir. Kutsal sayılan birçok yerler Anadolu'da yer almaktadır. Toros Dağlarından (bin boğa dağları), Efes Meryem ana, Antakya St.Pierre, Ağrı dağı, Arafat dağı bunlara sadece küçük birer örnektir.

Okhs kelimesi eski yunanca bir kelimedir, İngilizce de ox olarak bilinir, oğuz kelimesi ile aynıdır ve eski mısırda tekrar doğuşun, ölüm ve dönüşümün, yenilenmenin simgesi de ankh'dır. Toltek, Aztek, Maya ve İnka anlatılan hikâyelerinde, oğuz hikâyeleri yani Dede Korkut hikâyeleri ile çok benzerlik taşımaktadır. Aynı çocukları doğduklarında, bir kahramanlık ismi verilmesi için onun bir eylem gerçekleştirmesi gerektiği ile aynıdır. Ve anlatılan efsane hikâyelerinde, Dede Korkut Boğaç han hikâyeleri benzerlik taşımaktadır.

M.S. 6500'lerde Çatalhöyük'ten güneye bakınca, adını kutsal boğadan alan Toros Dağları'nın gözlenebilmesinin de bir anlamı olmalıdır. Dikkat çekici bir başka ayrıntı da boğa türbesi olarak adlandırılabilecek, boğa başları ve resimleriyle bezeli özel odalarda, boğa başlarının da Toros Dağları'na bakar biçimde düzenlenmiş olmasıdır. Çatalhöyük, dağ ile boğanın, boğa ile inancın özdeşleştiği bir coğrafyadır. Burada boğanın kendisi kutsaldır ve Çatalhöyük'te boğanın kurban edildiğine dair en ufak bir iz bulunamamıştır.

Görülüyor ki, Anadolu eski uygarlıklarında gelenek görenek, adetler, kullanılan semboller, kabartmalar, kayalara çizilen resimler ve özellikle de kelimeler, dünya üzerindeki bütün uygarlıklarla benzerlik taşımaktadır. Hatta farklı kıtalarda olması buna engel olmamıştır. Bunun nedeni tek kaynaktan yayılmış olma ihtimali çok güçlüdür. Çünkü ışıkların ülkesi Mu ve Atlantis, izleri Anadolu'dan özellikle de geçiş yolu olan Antakya üzerinden gerçekleştiyse bu çok güçlü bir seçenektir.

BEKTAŞİLİKTE "SEMBOLLER"

Mu ve Atlantis'in batışı bir son değil, bir başlangıçtı. Ve iki medeniyetin izlerini tüm dünyada rastlamak mümkündür. Ve Anadolu yani torların ülkesinin insanları da bu soydan geldiği, ya da etkilendiği de diyebiliriz. İrtibat yeri olarak da dağların, yani yüksek yerlerin kullanılmış olma ihtimali çok yüksektir, çünkü dağlar birer vortekstir veya vahiy kanalı ile ya ilahî akış yöntemi ile almaları da mümkündür. Çünkü tüm kutsal yerler dağlara yani yüksek yerlere inşa edilmiştir. Antakya da bu iki medeniyetin geçiş yeri yani köprü olarak kullanılmıştır. Medeniyetler şehridir ve tekrar doğuşun burada en çok rastlanmasının nedeni de budur. Çünkü toprak dönüşüm ve ölümün simgesidir, toprağa dönüş ve topraktan tekrar gelmedir. Medeniyete geri dönüştür, boğaların diyarına, boğaların dünyasına yeniden dönüştür.

Mu ve Atlantis'in yeniden doğuşudur, ölümün ve dönüşümün simgesidir, torların ülkesi, ışıkların ülkesidir.

Boğa'nın, Oğuz'un, öküz'ün açılımının aslında birlik olduğu anlayabiliriz. Güç kudret sahibi, ruh enerjisine sahip maddesel bedeni kullanan, ölüm ve tekrar doğuşlar zinciri içerisinde olan insan ırkı, tüm adamların birliği, bütünlüğü, çıkış Noktası, bitiş değil başlangıç, son değil, sonsuzluk anlamındadır.

Bu yüzden boğa figürü her uygarlıkta ve her devirde özellikle kullanılmış ve her zaman gizli bir anlam içermiştir. Tekrar doğuşun, yenilenmenin ve ölümün son olmadığı başlangıç olduğu ve dönüşümün sembolü olarak karşımıza her daim çıkmıştır. Kartal, öküz yani boğa ve aslan ölümsüzlüğün, geri dönüşümün, dönüşümün ve tekrar doğuşun simgesel ifadeleri olarak her zaman kullanılmışlardır.

IŞIK ERİ HÜNKÂR HACI BEKTAŞ

Hezekiel 1:10: *"yüzlerinin benzeyişi ise, onlarda insan yüzü, sağda dördünün aslan yüzü, solda dördünün öküz yüzü, dördünün de kartal yüzü vardı."*

Yüksek yerler inancı tetikleyen unsurlar olmaya devam ediyorlar. Mayalar, İnka'lar, Eski Mısırlılar, Tibet ve daha nice eski uygarlıkların yüksek yer tutkusu ve yüksek yerlere kutsal merkezler inşa etmeleri, vahiy sisteminin yüksek dağlarda vuku bulması ve en sonunda da Şanlıurfa Göbekli Tepe'de bulunan ve elle yapılmış olan tepenin 12 bin yıl önce yapıldığının kanıtlanması bunu açıkça ortaya koymaktadır.

Antakya'da kutsal sayılan tüm türbe, ziyaret yerlerin, kilise ve mağaraların yüksek yerlerde inşa edilmiş olması da bu gerçeği tamamen doğrulamaktadır. Yüksek yerlere çıkma, oralarda ibadet edilmesi, insanlık kadar eski olmaktadır neredeyse.

Yüksek yerler ülkesi Anadolu'nun ismi de torların ülkesi anlamına gelmektedir. Torların ülkesi, boğaların ülkesi, yüksek yerlerin ülkesi, ışıkların ülkesi Anadolu.

Yüksek yerlerde Yaradan'a kavuşma isteği, daha yakîn olma isteği mi arandı binlerce yıl. Yüksek yerlerin enerjisi mi alınmak istendi yoksa oralardaki gizemin kokusunu mu duymak istendi?

Bunu her ne kadar tahmin etmeye çalışsak da, yüksek yerlere çıktığımızda, gerçek dünyayla ilişkimizin ne kadar kesildiği, huzur bulduğumuz da bir gerçek.

Neden aslan sembolü bu kadar yer almış olabilir diye düşünebiliriz.

Astroloji çağlarına baktığımızda, Atlantis'in batışı aslan çağının başlangıcına denk gelmektedir. Aslan burcunun gezegeni

BEKTAŞİLİKTE "SEMBOLLER"

Güneştir ve genelde tüm aslan heykelleri güneş ve yıldızlarla simgelenmiştir ve bunun bir tesadüf olmadığını düşünüyorum.

Aslan Burcu çağı yaklaşık MÖ 10bin olduğu için, buzul çağı da bitmiş ve Güneşin göründüğü çağ olarak da anılmaktadır.

Heykellerde bu kadar aslan sembolünün yer alması tesadüf olmamalıdır. Çünkü aslan gücün, krallığın, özgürlüğün simgesidir.

Aslanın boğayı ısırdığı sembolik figürleri olan lâhitlerde ise simetri yer almaktadır. Yani bir görüntü diğeri ile simetri özelliğini taşımaktadır. Boğa çağı MÖ dört binde başladığına göre, aslan boğayı sırt bölgesinden yakalamış olarak tasvir edilmiştir. Ve lâhitlerin yapıldığı tarih ise yaklaşık, MÖ dört bindir. Aslan çağının kapandığı, Boğa çağının başladığı devirde yapılan bu figürler, sanki yapılış yılını bize şifre olarak belirtmektedir.

Aslında bir mesaj daha mı vermektedir? Aslan boğayı ısırıyor, yani etki ediyor, Aslan çağı, Boğa çağına etki etti mesajı mı verilmektedir kapalı usulle?

Aslan, Atlantis ve Mu'nun battığı, Aslan burcu çağının başladığı dönemi, Boğa figürleri, Boğa Çağının MÖ 4000 ini yansıttığını görmek mümkün. Çünkü lâhitin tarihi MÖ 4000lere dayanıyor.

Aslan ölümsüzlüğün, geri dönüşümün, dönüşümün simgesel ifadeleri olarak her zaman kullanılmışlardır. Nefs, ceylanı görmüş aslan gibi hırçın ve zapt edilmezdir. Aslan'ları uysallaştıralım. Ölmeden ölelim, çünkü her nefs ölümü tadar. Ölümsüz olmak için nefsi terbiye etmek gerekiyor

IŞIK ERİ HÜNKÂR HACI BEKTAŞ

*İsa dedi: Ne mutlu, insanın yediği aslana ve aslan insan olacak; Aslanın yediği insana ve aslan insan olacak.! / **Thomas İncili***

Asıl insan, aslanı terbiye edendir. Çünkü Rabbine götürecek yegâne yol terbiye edilmiş aslan'dır.

Bu yüzden Hz. Ali aslan ile **resmedilir** ve Allah'ın aslanı olarak simgelenir. Çünkü Hz. Ali nefsini yani aslan'ını terbiye etmiştir ve terbiye edici sözler sarf etmiştir. Ayaklarının altında uysal bir aslanla resmedilmesi bu yüzdendir.

Don Değiştirme

Tasavvufta **Don değiştirme**, Bilimde **Fiziksel ve Kimyasal değişimler**, Biyolojide **Metamorfoz** adı ile bilinen "**şekil değiştirme**" olayını iyice anlamamız için kavramların görünen anlamlarını incelememizde fayda vardır.

Fiziksel değişim, şekil ve dış görünümün değişmesi anlamına gelir. Fiziksel değişimde, değişime uğrayanın sadece şekli, rengi, görüntüsü değişmekte "kimliği" değişmemektedir, geri dönüşüm sağlanır. Örneğin suyun buz olması, buhar olması sadece şeklinin değişmesidir oysa "su" kimliğini korumaktadır. Suyun okyanusta olması, derede akması, bir bardakta olması şeklinin değişmesine neden olur oysa kimliği yine su olarak kalmaktadır. Başka bir örnekte, suyun içine atılan şekerin erimesi de şeklinin ve görüntüsünün değişmesine neden olur ancak şeker kimliği değişmez. Değişseydi suyun içinde tadı bozulur başka bir tad olurdu. Şeker moleküllerinin suyun içinde çözünmesi ve su moleküllerinin arasında rahatça ve özgürce dolaşması ile bir şekil değiştirme olmaktadır. Şeker kimliği ve su kimliği değişmez. İnsanın oluşumu, doğarak bebeklikten yaşlanmaya kadar olan fiziksel değişimleri de onun insan kimliğini değiştirmez.

Kimyasal değişimde bozulma oluşur ve molekül yapısındaki değişim kimyasal değişimdir. Geriş dönüşümü yoktur. Örneğin kâğıdın yanması, demirin paslanması, mayalanma olayları eski hâline dönüşemeyeceği anlamına gelen kimyasal değişim olduğunu ortaya koyar. İnsanın ölmesi ve çürüyerek toprağa karışması kimyasal değişimdir.

Biyolojide metamorfoz olayı, kelebek, sinek, kurbağa gibi canlıların değişimleridir. Kelebek tırtıla ve yine kelebeğe dönüşmesi bir döngüdür, şekil değiştirmeye metamorfoz olayına en çarpıcı örnektir. Kurbağanın, suda bir lavra olarak yaşaması ve sonradan karada yaşayan bir canlıya dönüşmesi de metamorfoz olayıdır. Bu olayların evrim ile bir alakası yoktur. Evrim tesadüfler sonucunda başkalaşıma, mutasyona uğramasıdır. Bir evreden bir evreye geçiştir. Oysa metamorfoz da bu söz konusu değildir. Başkalaşma değildir metamorfoz. Zaten var olanın içinde bilgisinin olması ve sonradan açığa çıkmasıdır. Su içinde bir lavra iken içinde "daha sonra karada yaşayan bir kurbağaya dönüşeceği" bilgisinin saklı olması metamorfozdur. Tırtılın dut yapraklarını yerken kendi içinde, özünde "daha sonra koza örerek o kozanın içinden bir kelebek olarak çıkacağı" bilgisinin saklı olması metamorfozdur.

Metamorfoz olayı, tüm canlıların içinde, özlerinde, daha sonra başka bir dönüşüme uğrayacağı bilgisi saklıdır.

Her tohumun kendi içinde özünde, bir gün karanlık toprak altından gün ışığına çıkarak büyüyeceği, dallanıp budaklanacağı ve yüzlerce meyve verecek olgun bir ağaca dönüşeceği bilgisi saklıdır. Çok küçük bir tane tohum bunu bilmektedir. Özünde bu bilgiyi taşımaktadır.

Her insan da doğarken, ilerde çocuklara sahip olacağı bilgisini kendi özünde taşımaktadır. Üreyeceği bilgisi onun özünde bulunur.

Türk masallarında, efsanelerinde sıkça anlatılan **"donuna girme"**, **"don değiştirme"** kulağımıza hiç de yabancı değildir. Kurbağa prens, ceylan ya da geyik şeklinde insanlar, denizkızları, kuş şeklindeki insanlar örnektir. Geyik, kuş, ya da herhangi bir hayvanın şekline/donuna girme, Şamanizm ve Budizm inançlarında oldukça yaygındır. Bu da kültürlerin ve inanışların birbirleri ile etkileşim hâlinde olduğuna kanıttır.

Don değiştirmenin ilk örneğine Ural Batır destanında rastlanır. Ural Batır'un kardeşi Şülgen devler diyarında ejderha donuna; Ural Batır'un karısı Huma ile Şülgen'in eşi Ayhılıv kuş donuna; devler padişahı Ezreke'nin oğlu Zerkum da yılan ve balık donuna girmişlerdir.

Don değiştirme motifi bilindik Ali Cengiz masalında da karşımıza çıkar. Ustasından bu oyunu öğrenen delikanlı sırasıyla at, koç, kuş, elma, darı ve sansar olur. Onu ortadan kaldırmak isteyen ustası da şahin ve horoz olursa da çırağını mağlup etmeyi başaramaz.

Don değiştirme yani şekil değiştirme olayına Anadolu Erenlerinin "kuş" donuna girmeleri çok yaygındır. Hacı Bektaş Veli'nin Kuş Donuna bürünme rivayetleri özellikle de Güvercin Donunda görünmesi anlatılagelir:

BEKTAŞİLİKTE "SEMBOLLER"

Rum erenleri (Anadolu'nun o zamanlardaki ismi) Hacı Bektaş Veli'nin Anadolu'ya gelmesini engellemek isterler. Rivayete göre 57 bin Rum eri velâyet kanatlarını açarlar, Arş'tan yere kadar yeri göğü kaplarlar ve yolu kapatırlar. Ancak Hacı Bektaş Veli, mana âleminden velâyetle sıçrayıp, Arş'ın tavanına erişir ve bir güvercin şeklinde kanat açıp Sulucakarahöyük'te bir taşın üzerine konar ve Anadolu'ya girer. Anadolu erenlerinden Doğrul Baba derhâl bir doğan donuna girip bu güvercini yakalamak ister. Bunu gören Hacı Bektaş, silkinip tekrar insan şekline döner ve doğanı boğazından yakalar. Doğrul Baba, Hacı Bektaş'ın eteklerine kapanıp af diler. Hacı Bektaş Veli'den şu nida yükselir: *"Yedi kat gökleri aştım geldim Güvercin donunda."*

Kuş inancı, ruh ile bağdaştırılmıştır. Türk inanışlarında, gelenek ve göreneklerinde, bir evde bir kişi öldüğünde onun odasında ışık açık tutulur ve tüm gece boyunca odanın ortasına bir bardak su konur. Ölenin ruhunun bir kuş olarak geleceği, bardaktaki su ile temizlenip uçacağı ve aslına kavuşacağı inancı yaygındır. Bu da ayetlerde herkesin gönül kuşunun büyük gönül kuşuna bağlı olduğu inancı ile aynıdır. Ten bir kafestir ve ruh içinde hapsolmuş bir kuştur. Kuş ancak ten öldüğünde özgürlüğüne kavuşur ve büyük kuşa tekrar kavuşur. Yani yaradılışta özden ayrılan parçanın tekrar kendi özüne kavuşması manasıdır.

Bu yüzden rivayetlerde sıkça, güvercin kuşundan bahsedilir. Özellikle Hacı Bektaş Veli **güvercin** sembolü bulunmaktadır. Güvercinin eski Türklerde Gök Tanrısını sembolize ettiği inanışı vardır. Farsçada kebut gök rengi anlamına gelir ve kebut kelimesinden türeyen kebuter, güvercin anlamındadır.

İstisnasız her insanın özünde, bir gün Âdemî boyuta yükseleceği, İnsan-ı Kâmil olacağı bilgisi saklıdır. Bu bir sırdır. Lâkin bu sırrın ne vakit açığa çıkacağı, dallanıp budaklanacağı, her insanın çabasına ve tekâmülündeki ilerleyişine bağlıdır.

Ocak ve Ateş Kutsallığı Sembolü

Dört temel unsurdan biri olan ateş, kâinatı meydana getiren en büyük güç ve enerjilerdendir ve kutsal bir semboldür.

Kâinat ateşle meydana gelmiştir, ateş olmadan hayat var olamaz. Ateş olmadan yaşam da olmaz. Hem maddi anlamında hem de manevi anlamında ateşin hayatımızda ve gelişimimizde yeri ve önemi çok büyüktür.

Anlam bütünlüğü incelendiğinde, ruhla, 'gerçek olan'la, sezgisel bilgiyle, ilahî olanla, arınmayla, dönüşümle, güçlü oluşla, enerjiyle, ruhsal hiyerarşiyle, ıstırapla, güneşle, ışıkla ve ocakla ilişkilendirildiği görülmekte; çevresini etkileyen bir güç kaynağı olma, karanlığı aydınlatma ve arındırma suretiyle yükseltici olma özellikleri öne çıkmaktadır.

Spiritüalizmde ise, varoluş, var olmak, hayatta olmak şeklinde açılımı vardır. Ateş aynı zamanda bir şeyin canlandırılması, var edilmesi, açığa çıkarılması anlamına da gelir. Bir ocak veya ateş yandığı zaman orada pişirmek, beslemek ve etrafında insanları toplamak gibi eylemler açığa çıkar. Etrafında toplanan ise bir kabile bir topluluk olabileceği gibi, küçük bir aile ya da çok daha büyük bir kitle de olabilir. Ocak ve ateş böyle bir örnekte var olmayı ve hayatta kalmayı simgelemekte, hamken pişirmekte, olgunlaştırmakta, aynı zamanda da besleyip,

BEKTAŞİLİKTE "SEMBOLLER"

tortularından arındırmaktadır. Buradaki beslenme kavramı ruhsal olarak beslenmenin bir sembolü olarak düşünülebilir. Dolayısıyla ateş bilginin ışığında pişiren, arındıran, besleyen ve etrafında toplayan bir sembol olarak düşünülebilir. Hacı Bektaş Veli dergâhında, Meydan Odası Erkân'a girildikten sonra giriş kapısının karşısında bir ocak bulunur bu da Hz. Fatıma ocağıdır.

Hamdım, piştim, yandım der Hz. Mevlâna. Öyle bir yanıştır ki bu, ne ateş bir daha yakabilir ne de başka bir enerji çeşidi.

Ölmeden ölünüz de aynı ve benzerdir. Öyle bir ölünüz ki, bir daha ölüm size uğramasın. Dirilik, ebedi hayat anlamınadır. Ölüm yok olma ile tasvir edilir, öldükten sonra dirilme söz konusudur. Ölmeden ölünüz ise, diri olunuz, diri olan ölmez anlamına da gelmektedir. Ateşte yanmak, ateşle imtihan olmak; yani ıstırap çekerek, arınarak ve pişerek açığa çıkmaktadır.

Ateşin hiç sönmemesi, ateşin harlı tutulması, ocağın sönmemesi ve ocak ateşinin daima yanması, huzuru, mutluluğu ve birliği sağlamaktadır. Sufizmde, değiştirici ve arındırıcı bir unsur olan ateşe girenin nur olacağı söylenir. Bu sembol, İslâm Dini'nin kutsal kitabı olan Kur'an'da çoğunlukla Cehennem ateşi olarak geçer. Söz konusu anlamıyla ateş acı verici olup sonunda arınmaya varan bir sürecin vasıtası olmaktadır. Cehennem ateşinde yanma sembolizminde belirtilen ateşten canın yanması vicdan azabını simgeler. Bu, ölümden sonraki hesaplaşma sırasında duyulan vicdan azabıdır.

Ateş sembolü İnisiyatik süreçlerde "içsel ateş" olarak da adlandırılmakta ve bu ifade Şamanizm'de, Tibet ve Maya geleneklerinde, sufizmde, Hinduizm'de ve Budizm'de de kullanılmaktadır. İnisiyatik süreçte öze ulaşılması için kabuğun kırılması ya da bir başka ifadeyle "içsel ateşle yakılması" gerekmektedir. Burada içsel ateş sembolü, varlığın kendisine çekebileceği yüksek seviyeli ruhsal tesiri ifade etmektedir. Dikey duruş sergileyen içsel ateşe sahip bir insan çevresine ışık saçma, karanlıkları aydınlatma ve aydınlanma yolunda demektir.

Demek ki Cehennem ateşi öyle korkulacak ürkülecek bir durum değildir. Eğer Cehennem ateşi bile fayda sağlayamıyorsa, o zaman ebediyen orada yanıp ruhları arındırmak normaldir.

Ateş kutsaldır. Arınma yeridir. Birliği ve bütünlüğü sağlayan bir unsurdur. Korkulacak bir durum asla değildir. Bilakis Cehennem ateşi ile ruhlarımızın arınması gereklidir.

Ateş sembolü, ruhsal enerjinin ifadesidir.

Hz. Hz. Mevlâna, Yunus Emre ile karşılaştığında şunu söyler. *"Ateş, ateşi yakmaz, ama ateşin ateşe söyleyecekleri vardır."*

Hepimiz ateşten kor olduğumuz zaman, kıyamet ve Cehennem ateşi zaten bizi yakamayacaktır. Yani ruhlarımızı arındırdığımız ve salih insanlar olduğumuz zaman zaten korkulacak bir durum da kalmayacaktır.

"Bana yakîn olan ateşe yakındır ve bana uzak olan Melekût'tan da uzaktır". **Hz. İsa**

Sina dağında, Hz. Musa'ya "ben benim" diyen "ben Allahım" diyen, ona ateş olarak görünmüştü. Ateş olarak tezahür etmişti. İlahî gücün, dünya maddesindeki görünümü ateş olarak ifade edilmişti. Ve Hz. Musa'ya antlaşma levhalarını yazan (yazdıran) o ilahî ateş olmuştu.

BEKTAŞİLİKTE "SEMBOLLER"

Ateş güneşin sembolüdür. En büyük ateş, yani dünya yaşamının tamamlayıcısı ateş güneştir. Güneş bizim ateşimizdir ve hayat kaynağımızdır.

İslâm tasavvufunun da temelini oluşturan evrensel gerçekleri fark etme, yasalarla bütünleşme arzusu duyma, yüksek farkındalığa ulaşma, aydınlanma ve ilahî Âşk anlatılmak istenmiştir.

Şimdi ateşin ve Cehennem ateşinin ne anlama geldiğini daha iyi anlamaktayım. Cehennem ateşinde yanmamak için, bu dünyada ilahî ateşle yanmak gerekir. Ateş ateşi yakmayacağı için bundan korkmak da gereksizdir.

Karbon, yaşamın dayandığı temel işlevleri yerine getirmek için yeterli çeşitlilikte ve karmaşıklıkta düzenlemeler oluşturarak başka elementlerle birleşme yeteneği, yalnızca karbonda vardır. Belirli karbon bileşikleri, canlılardaki maddenin yaklaşık %18'ini oluşturur (geri kalanı çoğunlukla sudur). Bu bileşikler, canlı hücrelerin Plânı olarak, hücre yapımında kullanılan yapıtaşları olarak işlev görürler. Yakıt işlevi gören başka karbon bileşikleri de, yeşil bitkilerde ışıl bireşimle sürekli olarak yenilenir. Organizma öldüğü zaman, çevreyle karbon alışverişi durur ve geriye kalan radyoaktif karbon 14 izotopu miktarı, biyolojik kökenli maddelerin yaşını belirlemekte kullanılabilir.

Geri kalan çoğunlukla su dur demiştik. Suyu da şöyle açıklayabiliriz. İki hidrojen ve bir oksijen atomunun bir araya gelmesidir su. Ve insanın yapısını oluşturur aynı karbon gibi.

Hidrojen, evrenin kütlesinin %75'ni oluşturan ve evrende en çok bulunan elementtir. Oldukça yanıcıdır.

Oksijen canlıların yaşamı için hayati önem taşır. "oksijenli" solunum için gerekli olup organik maddelerin yükseltgenmesinde, kömür, gaz, odun gibi maddelerin yanmasında yoğun şekilde tüketilir. Atmosferde %21 oranında oksijen bulunmaktadır. Oksijenin kaynağını fotosentez sonucunda ortaya çıkan serbest oksijen oluşturur. Atmosferde, hacim olarak %99, ağırlıkça %20,9 oksijen ihtiva eder. Su, ağırlıkça %88,8 oksijen bulundurur.

İşin asıl önemli olan tarafı, hidrojen yakıcı bir gaz, oksijen ise yanıcı bir gazdır ve bu iki yakıcı ve bir yanıcı gazın atomlarının birleşmesinden su meydana gelmiştir ve su da insan bedeninin çok büyük bir oranını kaplar. Geri kalan ise, yine yanıcı bir gaz olan karbon bileşkelerinin insanda var olmasıdır. Yani kısaca, insan yanıcı ve yakıcı atomların bir araya gelmesinden meydana gelmiştir. Tüm kâinatın bu şekilde var olması gibi.

Doğum Sembolü

Bir canlı dünyaya geldiği zaman, genlerinde ve DNA sında bulunan tüm özelliklerle doğar. Bu yüzden beş bin yıl önce doğmuş bir insan ile günümüzde doğmuş bir insan arasında farklılıklar mevcuttur. Bilimsel olarak da bu böyledir.

Her insan, anne ve babasının genetiğini aldığı gibi, onların da atalarına kadar uzanan bir serüvenin de bilgisini beraberinde getirmektedir. Tekrar doğuşu bu şekilde ele alacak olursak, her insan doğduğunda, binlerce yıl öncesinin atalarından getirdiği bilgi ile doğmaktadır. Özünde, cevherinde, DNA iplikçiklerinde ve tüm hücrelerinin atomlarında binlerce yıllık bir eseri de taşımaktadır ve bunu gelecek nesillere aktarmaktadır. Bu bir dönüşümdür, devri Âlemdir Nesilden nesile aktarılan,

BEKTAŞİLİKTE "SEMBOLLER"

bitmeyen bir döngü, edinilen tüm gerçeklerin her seferinde bir sonraki doğan nesile aktarılması, yaşamın farklı bir gerçeğini bize sunmaktadır. Bilgi kaybolmuyor, atom kaybolmuyor, toprağa girip çürüse de yok olmuyor, yine o topraktan besleniyor. Tek yaradım Âdemden günümüze kadar çoğalarak gelen her nesil, ilk insanın bilgilerini hücrelerinde ve atomlarında taşıyor. Çünkü kâinat yaratıldığından beri hiçbir atom yok olmadı, tek bir atom bile kaybolmadı ve hepsinin yaşı aynı. Kâinatın yaratıldığından beri ne varsa, şu an bizim bedenlerimizde hücrelerimizdeki atomlarda aynısı mevcuttur.

Bizler milyarlarca yıldan beri yaşayan atom enerjisinin yaşam enerjisi ile yaşıyoruz ve her bilgi bizim bedenimizde ve bizden sonraki tüm gelen canlılarda tekrar tekrar doğmaktadır. İşte bu evrensel bir tekrar doğuşun mistik ve kuantum felsefesiyle açıklanmış hâlidir.

Hiç ölmeyecek, her daim diri kalacak, evrensel bir yaşamın döngüsüdür. Sonsuzluğun devri Âlemidir. Yüce Yaradan'a iman ederken, bir sondan, bir yok oluştan söz etmek en büyük küfrdür. Yüce Yaradan her daim diri olan kâinatı yaratmıştır.

Yok olmayan, her daim dönüşen kutsal bir yolculuktur tekrar doğuş. Mistik bir yolculuktur. Varlığın mevcudiyetinin sırrıdır. En büyük sır ise döngüdedir, dönüşümdedir.

Her ayrılış tekrar kavuşmanın da garantisidir sanki. Her seferinde geriye dönüp bakmadan ilerler sonsuz yolculuğun yine başlangıç noktasında. Her başlangıç bir sondur, her son ise bir başlangıçtır. Ümidsiz ya da kayıtsız değildir. Çünkü bilir sonunda nereye gideceğini ve kavuşacağı engin bedenini. Tek ümidi bilgiye kavuşmak, yeni keşiflerde bulunmak. En büyük kaşiftir çünkü ruh, maddeye kavuşma özlemi çeker. Madde de her seferinde ruhu bekler, yolunu gözler. Kavuşma anında büyük şölen yaşanır adeta. Sarmaşırlar, dolaşırlar, birbirlerine özlemler akar, kavuşmanın ÂŞKı sarar tüm kâinatı. Şölene her bir zerre katılır.

Ortak olurlar bu görkemli ÂŞKa. Ruhun madde olan ÂŞKıdır bu. Tekrar gelmenin, tekrar dönmenin ÂŞKıdır. Yine ayrılışın tekrar doğuşun özlemidir. Tekrar gelmenin heyecanıdır. Her doğum, kâinatın kutladığı bir bayramdır, bayram sevincidir. Her doğum, Ruh'un Madde ile olan ÂŞK'ıdır. Kavuşma AN'ı şölendir, tüm kâinat şahitlik eder bu ÂŞK'a. Her ölüm ise Yaradana kavuşmadır. ÂŞK'ın, ÂŞK'a kavuşmasıdır. Her doğum sancılıdır, her sancı, ÂŞK'ın kavuşma anındaki, sessizce sevinç çığlıklarıdır. Değer bu sancıya çünkü ÂŞK hiçbir engel tanımaz. Tekrar kavuşmanın, tekrar doğuşun nefesidir, mistik bir yolculuğunda zerre kadar bir yol katedmedir. Zerre kadar ama enginlere sığlamayan bir ÂŞKtır bu yolculuk. Öüm kapıyı çalar, sessiz bir bekleyiştir, ÂŞK'ından ayrılmadır ama selam eder tekrar geleceğine güne. Ruh elçidir eser, madde köprüdür geçer, her kavuşmada ÂŞK, her gidişte ÂŞK vardır. Dönüş tekrarın başlangıcıdır, her gidiş dönmenin heyecanıdır, habercisidir. Giden özlenmez, çünkü bilinir ki tekrar edecek bu döngü. Tekrar doğuşlar hiç bitmeyecek. Mistik yolculukta hiç bitmeyen ruhun sonsuzluğudur bu. Sessiz ama ÂŞK dolu serüveni. En büyük ÂŞK'tır bu serüven. Mutlak, doğurmamış ve doğrulmamıştır. Ehad'dır, Vahid'dir, Samed'dir. Râhman ve Rahimdir. Düalite kavramı (eril, dişil) ona atfedilemez ki hiçbir şey ona denk tutulamaz, ancak tüm kavramların ve prensiplerin tek yaratıcısıdır. İnsana şah damarından yakîndır, O'nunla insan arasında hiçbir engel yoktur, hiçbir aracı da olmamalıdır.)

BEKTAŞİLİKTE "SEMBOLLER"

Alevilikte biyolojik ölümün "Tanrıya yeniden kavuşmak" düşüncelerin yoktan var olmayacağına inanılmasıdır. Heterodoks yapıdaki bu öğretiye göre, İnsan Evren Tanrı bir bütündür (vahdet-i vücud); bundan dolayı evrendeki nesneler ve düşünceler Tanrının varlığından kaynaklanmakta ve bu durum (ölüm), varlığın (insanın) öze dönüşümü olmaktadır.

Hakk'a yürüyen "can"ın aslında ölmediğine öze (Tanrıya) geri döndüğü inanışına Alevi Bektaşi Menakıbnameleri'nde sıkça rastlanır. Beden de, hayvani özellik taşıyandır ve toprağa karışır yok olmaz. Her şey aslına dönmüş olur.

Sırra vakıf olan, ikrar alan kişi ölmeden ölmüş ve yeniden doğmuştur. Bektaşilikte ve Alevilikte "ikinci doğum" olarak bilinir.

IŞIK ERİ HÜNKÂR HACI BEKTAŞ

Sonuç

Evren kusursuzdur, çünkü insan kusursuzdur. İnsan mükemmeldir, çünkü kâinat mükemmeldir. İnsan yasadır, evren de yasadır. Her şey İlahî düzen ve irade içerisinde en mükemmel şekilde sonsuz ve ebedîdir.

Her anahtar, her kilide uymaz. Bu ikisinin de mükemmel olmadığı anlamına gelmez. Sadece birbirlerine lâyık değillerdir. Seçimlerimizi liyâkat ve ihtiyaç oranında yapıyoruz. İçinde bulunduğumuz durum en iyi durumdur. Bunu değiştirmek ya da değiştirmemek yine seçimlerimizle mümkün.

Sevilme yürekliliğine sahip çıkamayan, her şeyini yitirmiştir. Kendi nefsinde boğulur. Ya lâyık olanla beraberdir, ya yalnız kalacaktır, ya da sahte sevgi görünümlü maskeleri takan, maskeli baloda yerini almaya devam edecektir. Seven kabuğun içindeki o muhteşem sihri sever, görmeden dokunur ona sonsuz mesafede olsa. Ama sevilen kabuğunu kırıp çıkacak yüreklilikte midir? Zor iştir sevilmek.

Yaşamdaki yerimiz, ona nasıl baktığımız ve yorumladığımızla doğru orantılıdır. Yaşama nasıl bakıyorsak o da bize öyle bakıyor. Bilgelik ve Sevgi ile bakıyorsak, her şey bu doğrultuda şekil alır. Korku ve Şüpheyle bakıyorsak Kayıplarımız olur. Sevgi ve Bilgelik bir kez karşımıza çıkar. Onu kaçırdık mı başka bir zamana geçer.

Sevenin gözü kördür aşktan. Binlerce kere çukura düşer de çukur mu görür onun gözü. Oysa sevilen büyük bir imtihandadır. O sevgiye lâyık olabilme imtihanı. Ya seçer sevgiyi ya da kaybeder.

Sevgi enerjisi öyle güçlüdür ki, gönlümüzde var olabilir ancak. İnsan gönlü taşıyabilir bu muazzam Tanrısal Parçayı. Bir zerresi bile tüm görünen Âlemi yok edip yakmaya muktedir bir İlahî parçadır.

İnsan gönlünde açığa çıktığı vakit kullanılırsa ebedi sonsuz yaşam ve dirilik içinde olur İnsan.

Kullanamazsa cehennem gibi her an yakar. İşte olumsuzluk budur. Ebedi hayat olumsuzluğu, cehennem gibi yanma olumsuzluğu. Sevgi içinde olmak ya da dışında kalmak: İçinde mi olacaksın? Dışında mı kalacaksın?

Sevgi içindeysen nefs bedenin ölür, İlahî (tanrısal) parçanın var olduğu ölümsüz ve erdemli bir vücuda sahip olursun. Tüm zamanlarda, bir zaman içinde var olursun. Bu yüzden Hacı Bektaş Veli tüm sözlerinde ve öğretisinde bunu vurgulamıştır. Sevgi ve Mahabbet yani IŞK (AŞK) yolunu seçmiştir.

SONUÇ

Hayat sonsuz. O sonsuzlukta, Sevgi içindeysen ölümsüzleşirsin ancak. İşte tüm sır burada.

Bu kitap, araştırma amaçlı yazıldı, ilim ile yoğruldu, sevgi ile gönüllerinize sunuldu. Lâyık olması tek dileğimdir. Okuyanlara sonsuz saygılarımla.

IŞIK ERİ HÜNKÂR HACI BEKTAŞ

Kaynaklar

Hacı Bektaş Veli Makalat 15/11/1954 basım tarihli. Sefer Aytekin çevirisi.

Hacı Bektaş Müzesi Rehberi. Hazırlayan Abdullah Taşdelen ve Ali Sümer. 1976 Basım tarihli.

Hacı Bektaş İncelemelerine Giriş. Hâlim Baki Kunter. 1951 basım tarihli.

Velâyetname-i Hacı Bektaş Veli. Hazırlayan Sefer Aytekin. 1954

İmam Cafer-i Sadık Buyruğu. Hazırlayan Adil Ali Atalay. 1993

Bütün Yönleriyle Bektaşilik ve Alevilik. Bedri Noyan Dedebaba

Ene'l Hakk Gizli Öğretisi. Bookcity.Co/UK Yayınları, 2018 basım tarihli yeni edisyon, Kevser Yeşiltaş

Ledün İlmi Hayy, Bookcity.Co/UK Yayınları, 2018 basım tarihli yeni edisyon, Kevser Yeşiltaş

Tevhid Sırları Mevlânâ Öğretisini Kavramak, Bookcity.Co/UK Yayınları, 2017, Kevser Yeşiltaş

Arif için Din Yoktur, Bookcity.Co/UK Yayınları, 2018 basım tarihli yeni edisyon, Kevser Yeşiltaş

Kuantum Fiziği ve Felsefesi, Demos Yayınları, 2017, Kevser Yeşiltaş

www.kuranmeali.org